O HUMANO MAIS HUMANO

A marca FSC® é a garantia de que a madeira utilizada na fabricação do papel deste livro provém de florestas que foram gerenciadas de maneira ambientalmente correta, socialmente justa e economicamente viável, além de outras fontes de origem controlada.

BRIAN CHRISTIAN

O humano mais humano

O que a inteligência artificial nos ensina sobre a vida

Tradução
Laura Teixeira Motta

COMPANHIA DAS LETRAS

Copyright © 2011 by Brian Christian

Grafia atualizada segundo o Acordo Ortográfico da Língua Portuguesa de 1990, que entrou em vigor no Brasil em 2009.

Título original
The most human human: what talking with computers teaches us about what it means to be alive

Capa
Retina_78

Preparação
Leny Cordeiro

Revisão
Carmen T. S. Costa
Luciane Helena Gomide

Dados Internacionais de Catalogação na Publicação (CIP)
(Câmara Brasileira do Livro, SP, Brasil)

Christian, Brian
  O humano mais humano : o que a inteligência artificial nos ensina sobre a vida / Brian Christian ; tradução Laura Teixeira Motta. 1ª ed. — São Paulo : Companhia das Letras, 2013.

Título original: The Most Human Human : What talking with computers teaches us about what it means to be alive.
ISBN 978-85-359-2222-6

1. Antropologia filosófica 2. Computadores 3. Inteligência artificial 4. Seres humanos 5. Teste de Turing I. Título.

12-15619   CDD-128

Índices para catálogo sistemático:
1. Humano e máquina : Antropologia filosófica   128
2. Máquina e humano : Antropologia filosófica   128

[2013]
Todos os direitos desta edição reservados à
EDITORA SCHWARCZ S.A.
Rua Bandeira Paulista, 702, cj. 32
04532-002 — São Paulo — SP
Telefone: (11) 3707-3500
Fax: (11) 3707-3501
www.companhiadasletras.com.br
www.blogdacompanhia.com.br

Hoje em dia as pessoas passam muito mais tempo na frente de uma tela. Em cômodos com iluminação fluorescente, em cubículos, em uma das pontas de uma transferência eletrônica de dados. E o que é ser humano, viver e exercer nossa humanidade nesse tipo de interação?

David Foster Wallace[1]

Para meus professores

Sumário

Prólogo 15

Introdução: O humano mais humano 17

1. Autenticação 33

2. A alma migrante 59

3. Especificidade versus técnica pura 101

4. Sair do livro 131

5. O antiespecialista 171

6. Interrupção 193

7. O pior depoente do mundo 222

8. Não ficar intacto 248

9. Grande surpresa 275

Conclusão: O humano mais humano 324

Epílogo: A ignorada beleza do guarda-louça 333

Agradecimentos 339

Notas 343

As belas mudanças que um camaleão traz à floresta
quando põe sua pele em sintonia;
quando um louva-a-deus
imita a folha verde em que pousa
e faz a folha mais folhosa...[2]

Richard Wilbur

Creio que a metafísica é positiva na medida em que aprimora a
vida cotidiana; se não, nem vale a pena dedicar-se a ela.[3]

Robert Pirsig

Como presidente, acredito que a robótica pode inspirar nos
jovens o interesse pela ciência e a engenharia. E também quero
ficar de olho nesses robôs, para o caso de tentarem alguma coisa.[4]

Barack Obama

O HUMANO MAIS HUMANO

Prólogo

Claude Shannon, pioneiro da inteligência artificial e fundador da teoria da informação, conheceu sua esposa, Mary Elizabeth, no trabalho. Foi nos Laboratórios Bell, em Murray Hill, Nova Jersey, no começo da década de 1940. Ele era engenheiro e trabalhava com criptografia e transmissão de sinais de guerra.

Ela era uma computadora.[1]

Introdução: O humano mais humano

Acordo a 8 mil quilômetros de casa, em um quarto de hotel sem chuveiro; pela primeira vez em quinze anos, tomo banho de banheira. Como um desjejum ordinário: uns tomates de aspecto sinistro, feijões cozidos em molho de tomate e quatro metades de torrada de pão branco que vêm numa armaçãozinha de metal, dispostas verticalmente, como livros. Depois saio no ar salgado e caminho pela costa do país que inventou minha língua, apesar de eu não conseguir entender boa parte dos cartazes que me aparecem pelo caminho — LET AGREED, diz um em letras garrafais, e não faço a menor ideia do que isso quer dizer.*

Paro e observo o mar, emudecido, analisando e reanalisando mentalmente os dizeres do cartaz. Em geral as curiosidades linguísticas desse tipo me fascinam; hoje, porém, são principalmente motivo de preocupação. Nas próximas duas horas, me sentarei

---

* Expressão usada para indicar que um imóvel está prestes a ser alugado, dependendo apenas de detalhes contratuais. (N. T.) [Quando não especificadas, as notas de rodapé são do autor.]

diante de um computador e, pelo sistema de mensagens instantâneas, terei uma série de conversas de cinco minutos com vários estranhos. Na outra ponta desses chats estarão um psicólogo, um linguista, um cientista da computação e o apresentador de um popular programa britânico sobre tecnologia. Eles compõem uma comissão julgadora, e meu objetivo nessas conversas é uma das coisas mais estranhas que já me pediram para fazer.

Devo convencê-los de que sou humano.

Felizmente, *sou* humano; infelizmente, não está claro o quanto isso irá me ajudar.

O TESTE DE TURING

Todo ano, a comunidade da inteligência artificial (IA) se reúne para o evento anual mais esperado e polêmico da área: uma competição intitulada teste de Turing. O teste recebeu esse nome em homenagem ao matemático britânico Alan Turing, um dos criadores da ciência da computação, que em 1950 tentou encontrar a resposta para uma das primeiras questões surgidas nesse campo: *máquinas podem pensar?* Em outras palavras: será possível, algum dia, construir um computador tão desenvolvido a ponto de podermos afirmar que pensa, é inteligente, possui uma mente? E se de fato um dia vier a existir uma máquina assim, como saberemos?

Em vez de debater a questão apenas na esfera teórica, Turing propôs um experimento. Uma comissão julgadora faz perguntas, através de um terminal de computador, a um par de correspondentes que não ficam à vista; um deles é um "confederado" humano; o outro, um programa de computador, e a comissão tenta discernir quem é quem. Não há restrições ao que pode ser dito; o diálogo pode variar, por exemplo, de um simples bate-papo a conhecimentos gerais (por exemplo, quantas pernas tem uma formiga, em que país fica Paris), de fofocas sobre celebridades a alta filosofia — toda a gama da conversação humana. Turing previu que no ano 2000 os computadores conseguiriam enganar 30% dos juízes humanos depois de cinco minutos de conversa e que, como resultado, "poderemos falar em máquinas pensantes sem recear que nos contestem".[1]

A previsão de Turing não se realizou, mas na competição de 2008, sediada em Reading, Inglaterra, o programa mais destacado deixou de atingir esse marco por um único voto. O teste de 2009 em Brighton poderá ser o decisivo.[2]

E eu estou participando dele, como um dos quatro confederados humanos em disputa de igual para igual (ou será "de igual para placa-mãe"?) contra os mais sofisticados programas de IA. Em cada uma das várias rodadas, eu, assim como os demais confederados, atuarei ao lado de um dos programas de IA perante um juiz, e minha tarefa será convencer este último de que sou realmente humano.

O juiz conversará com um de nós por cinco minutos, depois com o outro, e terá em seguida dez minutos para refletir e opinar qual de nós ele acredita que seja o humano. Além disso, os juízes anotarão, em uma escala móvel, sua segurança nesse parecer — recurso que servirá, em parte, para desempatar. A cada ano, o programa que recebe a maior parcela dos votos e da segurança dos juízes (a despeito de "passar" ou não no teste de Turing enganando 30% deles) recebe o título de "Computador Mais Humano". É esse título que os grupos de pesquisadores almejam, aquele que premia em dinheiro, o título que mais interessa aos organizadores e espectadores. Curiosamente, porém, há outro título, concedido ao *confederado* que receber o maior número de votos e despertar mais confiança nos juízes: o de "Humano Mais Humano".

Um dos primeiros ganhadores foi o colunista Charles Patt, da revista *Wired*, em 1994. Como ele conseguiu? Sendo "rabugento, irritadiço, antipático", ele diz — o que me parece não só cômico e triste, mas também, em sentido mais profundo, um grito de guerra. Como ser os humanos mais humanos que podemos ser, não apenas segundo as regras do teste, mas na vida?[3]

ENTRADA NA CONFEDERAÇÃO

O patrocinador e organizador do teste de Turing (esta encarnação específica do teste, conhecida como Prêmio Loebner) é uma figura original e um tanto curiosa: Hugh Loebner, o barão dos tapetes de dança eletrônicos. Quando lhe perguntam qual foi sua motivação para financiar e orquestrar esse teste de Turing anual, Loebner aponta, por incrível que pareça, o *ócio*: em seu futuro utópico, ao que parece, as taxas de desemprego beirarão os 100% e quase todo o esforço e engenho humanos serão suplantados por máquinas inteligentes. Devo dizer que essa visão do futuro só me causa desalento, e que tenho ideias bem diferentes sobre as razões para participar do teste e sobre como seria um mundo povoado pela IA. Seja como for, a questão central de como os computadores estão reformulando a noção que temos de nós mesmos e quais serão as ramificações desse processo é, claramente, a mais importante.

Como não sabia o que fazer para me tornar um confederado, comecei por cima: tentei entrar em contato diretamente com Hugh Loebner.[4] Encontrei logo seu site, onde, em meio a um amálgama um tanto inescrutável de informações sobre pedestais com fita retrátil para organização de filas,* militância em prol do

---

* Parece que os pedestais organizadores de fila recentemente substituíram os tapetes de dança como principal produto da empresa de Loebner, Crown Industries, que é a principal patrocinadora do Prêmio Loebner.

sexo profissional* e um escândalo envolvendo a composição das medalhas olímpicas,** consegui descobrir informações a respeito de seu prêmio epônimo e também seu e-mail.[5] Ele respondeu me encaminhando a Philip Jackson, professor da Universidade de Surrey, que chefia a logística da competição do Prêmio Loebner a realizar-se este ano em Brighton com apoio da conferência Interspeech 2009 sobre a ciência da fala e comunicação.

Contatei via Skype o professor Jackson, um jovem dinâmico com a marca registrada do inquieto entusiasmo característico de um acadêmico assoberbado de trabalho mas com insuficientes quilômetros rodados na carreira. Com essas qualidades e seus graciosos britanismos, como pronunciar *"skeletal"* rimando com *"beetle"*, gostei dele imediatamente.

Ele fez perguntas sobre mim, e expliquei que sou escritor de não ficção na área de ciência e filosofia, especificamente os modos como elas se cruzam com o cotidiano, e que sou fascinado pela ideia do teste de Turing e do "Humano Mais Humano". Para começar, há aquela ideia sentimental de um confederado *defendendo a raça humana*, como em Gárri Kaspárov versus Deep Blue — e também a fama de Ken Jennings, campeão do programa de perguntas *Jeopardy!* contra o mais recente sistema da IBM, Watson. (A mente salta para ainda outros tipos de fantasias mais do tipo *O exterminador do futuro*[6] e *Matrix*,[7] embora o teste de Turing prometa envolver *significativamente* menos metralhadoras.)

---

* Decerto não sou o único a ver ironia no fato de que um homem empenhado no avanço da interação com entidades *artificiais* se resigne — como ele admitiu francamente nas páginas do *New York Times* e em várias entrevistas na televisão — a pagar, de bom ou mau grado, por intimidade *humana*.

** Ao que parece, as medalhas de "ouro" são, na verdade, medalhas de prata *banhadas em ouro*; é esquisito, temos de admitir, mas parece ter causado a Loebner mais de uma década de indignação, extravasada no decorrer dos anos em piquetes, discursos e uma circular intitulada *Pants on Fire News* [Boletim do trambique].

Quando li que por um triz, por um único voto, as máquinas não passaram no teste de 2008, e percebi que 2009 poderia ser o ano em que elas afinal transporiam o limiar, uma voz de aço vinda sei lá de onde bradou dentro de mim: *Nem que a vaca tussa.*

Mais do que isso, porém, o teste suscita várias questões, fascinantes e perturbadoras, na intersecção entre ciência da computação, ciência cognitiva, filosofia e cotidiano. Como estudo e escrevo sobre cada uma dessas áreas e já publiquei pesquisas em ciência cognitiva avaliadas por colegas, acho o teste de Turing particularmente interessante por causa do modo como consegue servir-se de todas essas áreas e interligá-las. Durante a conversa, mencionei ao professor Jackson que talvez eu pudesse trazer algo único para o Prêmio Loebner, tanto no meu desempenho de confederado e no relato dessa experiência como nas questões e problemas mais abrangentes levantados pelo teste para um público mais amplo — o que daria partida para uma conversa a meu ver fascinante e importante na cultura do grande público. Não foi difícil conseguir que ele concordasse, e logo meu nome estava na lista dos confederados.

Depois de me instruir sobre a logística da competição, ele me deu o conselho que ex-confederados me haviam ensinado a esperar: "Na verdade, não há muito que você deva aprender além do que já sabe. Você *é* humano, portanto seja você mesmo".

"Seja você mesmo" — esse tem sido o lema confederado desde o primeiro Prêmio Loebner em 1991, mas me parece um ingênuo excesso de confiança nos instintos humanos — ou, na pior das hipóteses, uma luta sem empenho de uma das partes. Os programas de IA com os quais competimos em geral são resultado de décadas de trabalho — tudo bem, nós também somos. Mas os grupos de pesquisa em IA contam com gigantescos bancos de dados sobre as rodadas do teste com seus programas, e fizeram análises estatísticas com base nesses arquivos. Eles sabem como guiar habilmente a conversa para longe de suas deficiências e em direção aos seus pontos fortes, quais rotas de conversa conduzem a uma troca de ideias profunda e quais malogram. Em geral, um confederado médio, com seus instintos corriqueiros, não é tão bom. Esse é um aspecto estranho e muito interessante, fartamente comprovado em nossa sociedade pela eterna demanda por cursos sobre como conversar, falar em público e seduzir. As transcrições da competição de 2008 mostram os juízes, com toda a franqueza, pedindo desculpas aos confederados humanos por não conseguir produzir uma boa conversa — "tenho pena dos confederados, acho que eles devem ficar entediados conversando a respeito do tempo", diz um, e outro sugere humildemente: "me desculpe por ser tão banal" — enquanto isso, o computador, na outra janela, parece estar conquistando o juiz, que não tarda a encher suas mensagens de lol e :P.* Podemos fazer melhor.

Assim, devo dizer que minha intenção, logo de saída, foi desobedecer o mais possível ao conselho dos organizadores de "apenas comparecer a Brighton em setembro e 'ser eu mesmo'". Decidi passar os meses que antecediam o teste juntando o máximo de informação, preparo e experiência que pudesse e ir a Brighton pronto para dar tudo de mim.

Normalmente não haveria nada de muito estranho nessa ideia, é claro. Treinamos e nos preparamos para competições de tênis, de ortografia, exames de admissão e outros. Mas, considerando que o teste de Turing se destina a avaliar *o quanto eu sou humano*, a dedução, ao que parece, é que ser humano (e ser eu mesmo) é mais do que simplesmente comparecer. Afirmo que é. O significado exato desse "mais" será um dos principais enfoques deste livro, e as respostas encontradas pelo caminho serão aplicáveis a muitas outras coisas na vida além do teste de Turing.

---

* Na taquigrafia dos chats, lol é abreviatura de "*loughing out loud*" (gargalhando), e :P é um emoticom que expressa sarcasmo ou deboche. (N. T.)

APAIXONADO POR IVANA

Um caso exemplar, estranhíssimo e bem irônico, é o do dr. Robert Epstein, psicólogo da Universidade da Califórnia em San Diego, organizador do livro científico *Parsing the Turing Test* (Decompondo o teste de Turing) e instituidor, com Hugh Loebner, do Prêmio Loebner.[8] Ele se inscreveu em um serviço de namoro on-line no inverno de 2007. Começou a escrever longas cartas a uma russa chamada Ivana, que lhe respondia também com longas cartas, descrevendo sua família, seu dia a dia e seus sentimentos cada vez mais ternos por Epstein. Até que por fim algo começou a parecer esquisito; para encurtar a história, Epstein acabou percebendo que *por mais de quatro meses* vinha trocando copiosas cartas de amor com — você já adivinhou — um programa de computador. Coitado! Não bastavam os vândalos da internet entupindo sua caixa postal de spam, agora também tinham que encher de spam o seu coração?[9]

Por um lado, tenho vontade de simplesmente rir do cara. Afinal, ele *criou* o Prêmio Loebner! Que tonto! Por outro lado, eu o compreendo: a inevitável presença de spam no século XXI não só enche as caixas de entrada e as bandas de frequência do mundo todo (cerca de 97% de *todas as mensagens por e-mail* são spam[10] — estamos falando em dezenas de bilhões por dia; seria possível fornecer eletricidade a um país pequeno*[11] com a energia elétrica necessária para processar o spam diário do planeta), mas também faz algo possivelmente pior: mina nossa confiança. Detesto quando recebo mensagens de amigos e tenho de gastar pelo menos uma quantidade razoável de energia, ao menos nas primeiras frases, verificando se foram *eles* que me escreveram. Atravessamos

---

* Por exemplo, a Irlanda.

nossa vida digital no século XXI em guarda. Toda comunicação é um teste de Turing. Toda comunicação é suspeita.

Essa é a versão pessimista. Vejamos agora a otimista. Aposto que Epstein aprendeu uma lição, e aposto que a lição foi muito mais complexa e sutil do que "tentar iniciar um relacionamento on-line com alguém de Níjni Nóvgorod foi uma ideia estúpida". Gosto de imaginar, pelo menos, que ele vai ter muito que refletir sobre a razão de ter demorado quatro meses para se dar conta de que não havia realmente comunicação entre ele e "Ivana", e que no futuro ele será mais rápido no gatilho da identificação de um humano de verdade. E também que sua *próxima* namorada — oxalá não só uma *Homo sapiens* de boa-fé mas além disso residente em alguma parte a menos de onze fusos horários de distância — terá que agradecer a "Ivana".

A ILEGITIMIDADE DO FIGURATIVO

Quando Claude Shannon conheceu Betty nos Laboratórios Bell nos anos 1940, ela era de fato uma computadora. Se isso nos parece estranho de algum modo, é bom saber que, para eles, não havia nada de estranho. Nem para seus colegas: para os outros funcionários dos Laboratórios Bell, o romance dos dois era perfeitamente normal, típico até. Engenheiros e computadoras viviam namorando.

Foi o ensaio "Computing Machinery and Intelligence", escrito por Alan Turing em 1950, que inaugurou o campo da IA como o conhecemos e acendeu a conversa e a controvérsia sobre o teste de Turing (ou o "Jogo da Imitação", como Turing inicialmente o denominou) que prosseguem até hoje. No entanto, os "computadores" modernos não se parecem nem um pouco com os "computadores" da época de Turing. No começo do século XX, antes que "computador" fosse um dos dispositivos de processamento digital que proliferam em nossa vida no século XXI — no escritório, em casa, no carro e, cada vez mais, no bolso —, o termo designava outra coisa: uma ocupação.[12]

A partir de meados do século XVIII, computadores, a maioria mulheres, foram contratados por empresas, firmas de engenharia e universidades para fazer cálculos e análises numéricas, às vezes usando calculadoras rudimentares. Esses computadores humanos originais estiveram por trás de todo tipo de cálculo, por exemplo, as primeiras previsões exatas do retorno do cometa Halley — uma pioneira comprovação da teoria da gravidade de Newton, que antes só fora cotejada com órbitas planetárias — e o Projeto Manhattan, no qual o Prêmio Nobel de física Richard Feynman supervisionou um grupo de computadores humanos em Los Alamos.

É impressionante, em alguns dos primeiros artigos sobre ciência da computação, ver como os autores tentaram explicar, pela primeira vez, o que eram exatamente aquelas novas engenhocas. O ensaio de Turing, por exemplo, descreve o inédito "computador digital" fazendo analogias com o computador *humano*: "Podemos explicar a ideia por trás dos computadores digitais dizendo que essas máquinas se destinam a efetuar quaisquer operações que possam ser feitas por um computador humano". Sabemos, obviamente, que nas décadas seguintes as aspas migraram e que hoje o computador digital é não só o termo padrão, mas também o *literal*. É o computador "humano" que está relegado à ilegitimidade do figurativo. Em meados do século XX, uma máquina com tecnologia de ponta para fazer operações matemáticas era "como um computador". No século XXI, são seres humanos, nossos gênios da matemática, que comparamos a "um computador". Uma curiosa inversão: somos *como* a coisa que era *como* nós. Imitamos nossos ex-imitadores, uma das mais estranhas guinadas na longa saga da singularidade humana.

A SENTENÇA

O psicólogo de Harvard Daniel Gilbert diz que todo psicólogo, em algum momento de sua carreira, deve escrever uma versão da "Sentença".[13] Especificamente, a Sentença diz o seguinte: "O ser humano é o único animal que _____". De fato, parece que filósofos, psicólogos e cientistas vêm escrevendo e reescrevendo essa sentença desde os primórdios da história registrada. Poderíamos dizer que a história da noção que o homem tem de si mesmo é a história das versões da Sentença que foram desbancadas, refutadas. Mas agora não é só com os animais que nos preocupamos.

Já pensamos um dia que os humanos eram únicos porque tinham linguagem com regras sintáticas, mas isso não é verdade;*[14] pensamos um dia que os humanos eram únicos porque usavam ferramentas, mas isso não é verdade;**[15] pensamos um dia que os humanos eram únicos porque tinham capacidade de lidar com a

---

* Michael Gazzaniga, em *Human,* cita a primatologista Sue Savage-Rambaugh, do Great Ape Trust: "Primeiro os linguistas disseram que precisávamos fazer nossos animais usarem sinais de um modo simbólico para podermos afirmar que eles aprendiam uma linguagem. Tudo bem, fizemos isso, mas eles replicaram: 'Não, isso não é linguagem, porque não há sintaxe'. Provamos então que nossos grandes símios eram capazes de produzir algumas combinações de sinais, porém os linguistas decretaram que não havia sintaxe suficiente, ou a sintaxe certa. Jamais concordarão que fizemos o suficiente".

** Por exemplo, em 2009 descobriu-se que os polvos usam cascas de coco como "armadura corporal". O resumo do artigo que dá essa notícia conta a história da nossa sempre erodida pretensão à singularidade: "Originalmente considerados uma característica distintiva da nossa espécie, os comportamentos relacionados ao uso de ferramentas foram encontrados em outros primatas e em um espectro crescente de mamíferos e aves. Entre os invertebrados, contudo, a aquisição de itens para serem empregados posteriormente não havia sido relatada. Observamos repetidamente polvos que habitam em sedimentos moles carregando metades de casca de coco e posicionando-as como abrigo somente quando necessário".

matemática, e hoje mal conseguimos nos imaginar fazendo o que nossas calculadoras fazem.

Vários componentes nos permitem delinear a evolução da Sentença. Um deles é a análise histórica de como suas formulações foram sendo mudadas ao longo do tempo por vários avanços em nossos conhecimentos sobre o mundo e em nossos recursos técnicos. Em seguida, podemos examinar o modo como diferentes teorias moldaram a noção que os humanos têm da própria identidade. Por exemplo, os artistas são mais valiosos para nós agora que descobrimos como a arte é difícil para os computadores?

Por último, podemos nos perguntar: é apropriado permitir que nossa definição de singularidade humana seja, em algum sentido, *reacionária* diante do avanço tecnológico? E, para começar, o que explica essa nossa ânsia por nos sentir únicos?

"Às vezes", diz Douglas Hofstader, "parece que cada novo passo em direção à IA, em vez de produzir algo que todo mundo reconheça como inteligência genuína, só faz revelar o que uma inteligência genuína *não é*."[16] Embora à primeira vista essa possa parecer uma opinião consoladora — que mantém intacta nossa pretensão à exclusividade como seres pensantes —, tem a incômoda aparência de uma retirada gradual, suscitando a imagem mental de um exército medieval recuando do castelo para a paliçada. Mas a retirada não pode prosseguir indefinidamente. Pense bem: se *tudo* o que consideramos característica do "pensar" não envolve de fato pensar, então... o que é pensar? Seria apenas, parece, um epifenômeno — uma espécie de "descarga" no cérebro — ou pior, uma ilusão.

Onde fica a paliçada da nossa *individualidade*?

A história do século XXI será, em parte, a história de como traçamos e retraçamos essas linhas de batalha, a história do *Homo sapiens* tentando fincar pé em terreno mutável, flanqueado de um lado pelos animais, do outro pelas máquinas, imprensado entre a carne e a matemática.

E há uma questão relacionada e crucial: esse recuo é bom ou mau? O fato, por exemplo, de os computadores serem tão bons em matemática *tira*, em algum sentido, alguma arena da atividade humana ou nos libera de ter de realizar uma atividade não humana, deixando-nos livres para uma vida mais humana? A segunda ideia pode parecer a mais atraente, mas começa a se afigurar menos interessante se pudermos imaginar um ponto no futuro quando o número de "atividades humanas" ainda por "liberar" tiver ficado desconfortavelmente pequeno. E então?

O TESTE DE TURING INVERTIDO

> *Não tem implicações filosóficas mais amplas...*
> *Não traz nexo nem esclarecimento a coisa alguma.*[17]
> Noam Chomsky, em e-mail ao autor

Alan Turing propôs seu teste como recurso para medir o progresso da tecnologia, mas o teste também pode nos fornecer uma medida do nosso próprio progresso. O filósofo John Lucas, de Oxford, diz, por exemplo, que se não conseguirmos impedir que máquinas passem no teste de Turing, "não será porque as máquinas são muito inteligentes, mas porque os seres humanos, ou pelo menos muitos deles, são obtusos".[18]

Eis a questão: além de seu uso como referência tecnológica, além até das questões filosóficas, biológicas e morais que suscita, o teste de Turing, no fundo, diz respeito ao ato da comunicação. Vejo suas questões mais profundas como perguntas práticas: como fazer contato significativamente uns com os outros, do modo mais significativo possível, nos limites da linguagem e do tempo? Como funciona a empatia? Por qual processo alguém surge em nossa vida e passa a significar algo para nós? Essas, a meu ver, são as questões mais fundamentais do teste — as questões mais fundamentais de sermos humanos.

Parte do que nos fascina quando estudamos os programas que se saíram bem no teste de Turing é que estamos na verdade analisando (e, para ser franco, ficando mais realistas) como uma conversa pode funcionar na total ausência de intimidade emocional. Um exame dos transcritos de testes de Turing anteriores é, em certo sentido, uma revisão das várias maneiras como preferimos o recato, usamos evasivas, desanuviamos um clima, mudamos de assunto, distraímos, tentamos ganhar tempo: o que não seria interpretado como uma conversa real no teste de Turing provavelmente também não seria interpretado como uma genuína conversa humana.

Existem vários livros sobre o lado técnico do teste de Turing; analisam, por exemplo, como criar programas bem bolados — chamados de *chatterbots*, *chatbots* ou simplesmente *bots* — para participar do teste. De fato, quase tudo o que já se escreveu na esfera prática a respeito do teste de Turing versa sobre como criar bons *bots*, e a pequenina fração restante dessas obras é dedicada a como ser um bom juiz. Mas em lugar nenhum encontramos textos sobre como ser um bom confederado. Isso me intriga, pois o lado confederado, a meu ver, é aquele onde a parada é mais alta, e onde as respostas mais se ramificam.

"Conhece teu inimigo melhor do que a ti mesmo", aconselha Sun Tzu em *A arte da guerra*. No caso do teste de Turing, conhecer nosso inimigo se torna, na verdade, um modo de conhecermos a nós mesmos. Por isso, daremos mesmo uma olhada em como alguns desses *bots* são construídos, e em alguns dos princípios básicos e resultados mais importantes em ciência da computação teórica, mas sempre tendo em vista o lado humano da equação.

Em certo sentido, este é um livro sobre a inteligência artificial, a história de sua história, e do meu envolvimento pessoal, minha pequenina participação nessa história. No fundo, porém, é um livro sobre viver a vida.

Podemos pensar nos computadores, que desempenham um papel cada vez mais essencial em nossa existência, como arqui-inimigos: uma força como a Skynet de *O exterminador do futuro*, ou a Matrix de *Matrix* — determinada a nos destruir, como deveríamos estar determinados a destruí-la. Mas, por diversas razões, prefiro a ideia de *rivais* — que apenas ostensivamente desejam vencer e sabem que a principal finalidade da competição é elevar o nível do jogo. Todos os rivais são simbiotas. Precisam um do outro. Mantêm a honestidade um para com o outro. Melhoram-se mutuamente. A história da progressão da tecnologia não precisa ser desumanizadora ou desalentadora. Muito pelo contrário, como veremos.

Nos meses que antecederam o teste, fiz tudo o que pude para me preparar. Pesquisei, conversei com especialistas das várias áreas que tinham relação com as questões centrais: (a) como eu poderia ter o desempenho "mais humano" possível em Brighton, e (b) o que, de fato, significa ser humano. Entrevistei linguistas, teóricos da informação, psicólogos, advogados e filósofos, entre outros; essas conversas me renderam conselhos práticos para a competição e oportunidades de ver como o teste de Turing (com suas questões subjacentes sobre a condição humana) afeta e é afetado por campos tão díspares como trabalho, escola, xadrez, namoro, video games, psiquiatria e direito.

O teste final, para mim, seria ter o desempenho mais unicamente humano que me fosse possível em Brighton, tentar uma bem-sucedida defesa contra as máquinas submetidas ao teste e tentar trazer para casa o cobiçado, ainda que esquisito, prêmio de Humano Mais Humano — mas a questão fundamental, obviamente, passou a ser o que *significa* ser humano: o que o teste de Turing pode nos ensinar sobre nós mesmos.

1. Autenticação

AUTENTICAÇÃO: FORMA E CONTEÚDO

O programa *Morning Edition*, da National Public Radio, transmitiu recentemente a história de um homem chamado Steve Royster.[1] Quando jovem, Royster pensava que tinha uma voz incomum e inconfundível. Ele explica: "Todo mundo sempre sabia que era eu ao telefone simplesmente ouvindo o som da minha voz, enquanto eu não tinha a menor *ideia* de quem estava falando quando alguém me telefonava". Só com quase trinta anos ele se deu conta, muito espantado, de que os outros eram capazes de discernir a identidade de quase *qualquer pessoa* pela voz. Mas como conseguiam fazer isso? Acontece que Royster tem mesmo algo incomum, só que não é na voz. É no cérebro. Ele tem uma deficiência rara conhecida como fonoagnosia, ou "cegueira para vozes". Mesmo quando a própria mãe de Royster lhe telefona, ele se limita a seguir educadamente o fluxo da conversa, ignorando que "a estranha que está me telefonando é, na verdade, a mulher que me deu à luz". Como explica o repórter Alix Spiegel, "os fonoagnósicos conseguem distinguir pelo som da voz se estão falando com um homem ou uma mulher, se a pessoa é jovem ou velha, se é sarcástica, irritada ou alegre. Só não fazem a mínima ideia de quem é a pessoa".

Tudo isso deixava Royster em uma situação estranhíssima.

A mesma em que todos nos encontramos na internet.

Em 16 de setembro de 2008, um universitário de vinte anos chamado David Kernell quis entrar na conta pessoal de e-mail Yahoo! da candidata a vice-presidente Sarah Palin.[2] Não sabia a senha. Tentar adivinhar parecia inútil, então lhe ocorreu tentar *mudar* a senha. Clicou na opção "esqueci minha senha", destinada a usuários distraídos. Antes de o Yahoo! permitir a um usuário mudar a senha da conta, faz várias perguntas "autenticadoras" — coisas como data de nascimento e código de endereçamento postal, para "comprovar sua identidade". Kernell encontrou as informações na Wikipedia, disse ele, "em aproximadamente quinze segundos". Atordoado, ele "mudou a senha para 'popcorn' e foi tomar um banho frio". Agora poderá pegar vinte anos de prisão.

No mundo das máquinas, autenticamos pelo *conteúdo*: senha, PIN, os últimos dígitos do cartão de crédito, o nome de solteira da mãe. Mas, no mundo humano, autenticamos pela *forma*: rosto, timbre vocal, caligrafia, assinatura.

E, crucialmente, pelo estilo verbal.

Um amigo meu recentemente me escreveu num e-mail: "Estou tentando alugar uma casa em outra cidade por e-mail, e não quero que o sujeito com quem venho tratando pense que estou dando um golpe (ou que sou trapaceiro), por isso ando hiperpreocupado em parecer 'humano' e 'real' e basicamente 'não anônimo' em meus e-mails. Que coisa estranha. Sabe o que estou querendo dizer?". Sei; são as idiossincrasias de estilo *nesse* e-mail — o anacrônico "sujeito", o termo composto, sem hífen, "hiperpreocupado" e o "não anônimo" — que provam que é realmente *ele*.

Esse tipo de coisa — um comportamento que parece "tão você" — pode sempre ter sido, digamos, encantador ou cativante (pelo menos para quem nos estima). Agora é mais uma coisa, já que nossas palavras vêm sendo cada vez mais dissociadas de nós na era da internet: é parte da *segurança* on-line.*

Os pinguins da Antártida detectam com precisão o chamado de sua cria no meio das 150 mil famílias reunidas em sua área de procriação. "Abençoada Babel", diz o ficcionista Donald Barthelme.[3] É verdade: aplainar as idiossincrasias do nosso estilo verbal não seria ruim só para a literatura; seria péssimo para a *segurança*. Aqui, como em outras partes, talvez a ligeira pressão exercida pelas máquinas para que afirmemos resolutamente nossa humanidade uns perante os outros acabe sendo uma coisa boa.

INTIMIDADE: FORMA E CONTEÚDO

Emily, uma velha amiga dos tempos de faculdade, veio recentemente à minha cidade e, saindo do aeroporto, deu um pulo no centro da cidade para almoçar com uma colega de trabalho, Sarah — por coincidência, minha namorada. Quando Emily e eu nos

---

* Quando alguma coisa on-line me faz pensar em um amigo com quem não converso há algum tempo e tenho vontade de lhe enviar o link, procuro sempre adicionar algum tipo de floreio pessoal, algum enfeitezinho verbal na mensagem além do minimalista "Oi, vi isto e lembrei de você/link/abraço", senão minha mensagem corre o risco de ir para a lixeira de spam.

Por exemplo, quando outro dia recebi uma mensagem breve pelo Twitter escrita em termos genéricos por uma das editoras de poesia da revista *Fence* dizendo "Oi, tenho 24 anos/mulher/ardente[…] tenho de ir agora mas me contate em meu endereço do Windows Live Messenger: [link]", meu instinto não foi tentar imaginar como responder polidamente que eu estava lisonjeado mas achava melhor manter nosso relacionamento só no campo profissional; foi clicar em "Marcar Como Spam".

encontramos mais tarde naquele dia para jantar, comentei que era engraçado o fato de ela já conhecer Sarah antes que eu tivesse tido a chance de apresentá-las. Lembro-me de ter dito algo assim: "Legal vocês duas terem se familiarizado". Emily replicou: "Eu não diria que *me familiarizei* com ela. Na verdade, pude ver como ela *é*, vê-la em ação".

Foi então que me ocorreu a distinção.

Ter a *noção* da pessoa — seu temperamento, caráter, "jeito de ser" — e ter *conhecimento* sobre ela — onde foi criada, quantos irmãos tem, no que se formou, onde trabalha — são coisas diferentes. Como a segurança, a intimidade também tem forma e conteúdo.

"*Speed dating*", ou "encontro rápido", é um tipo de evento que surgiu em Beverly Hills em fins dos anos 1990.[4] Consiste em um revezamento nas conversas entre os participantes para que todos possam se conhecer. Cada participante passa por uma série de conversas de sete minutos e no fim marca num cartão quais pessoas ele teria interesse em ver novamente; havendo escolhas mútuas, os organizadores entram em contato e fornecem as informações pertinentes do possível par. Embora já tenha entrado para a linguagem coloquial, "SpeedDating" ("ou qualquer termo desnorteantemente similar") é tecnicamente uma marca registrada, pertencente, vejam só, a uma organização judaica, a Aish HaTorah. Seu inventor, Yaacov Deyo, é rabino.

Uma das primeiras ideias que me ocorreram a respeito do teste de Turing é que se trata de uma espécie de "*speed date*": você tem cinco minutos para mostrar a outra pessoa quem você é, comunicar que é uma pessoa real, de carne e osso, viva, única, distinta, não anônima. É uma tarefa e tanto. E a parada, em ambos os casos, é alta.

Um amigo meu participou recentemente de um evento de *speed dating* em Nova York. "Foi a coisa mais estranha", ele contou.

"Eu ficava só querendo fazer graça, sabe como é? Para ver se havia alguma química. Mas a mulherada não se desviava do roteiro: de onde você é, em que trabalha — como se quisessem levantar a minha ficha, me medir. Mas eu não dou a mínima para esse tipo de coisa. Então comecei a mentir nas respostas, inventar. Só para tornar a coisa interessante."

A estranheza que ele sentiu e o tipo de "sinopse" em que o *speed dating* pode descambar são tão conhecidos que foram satirizados em *Sex and the city*:

> "Oi. Sou Miranda Hobbes."
>
> "Dwight Owens; grupo de gestão de portfólio do Morgan Stanley; gerente de conta de clientes especiais e fundos de pensão para casais; gosto do meu trabalho; cinco anos na firma; divorciado; sem filhos; não religioso; moro em Nova Jersey; falo francês e português; faculdade de administração de Wharton; algo em tudo isso a atrai?"[5]

A apresentação por certo não.

Muitas pessoas com listas elaboradas de qualidades desejáveis no parceiro ideal enumeram o tipo errado de predicados. A altura. O salário. A profissão. Já vi muitos amigos acabarem, sem esperar, eu acho, diante de uma pessoa detestável que, no entanto, correspondia perfeitamente aos requisitos que eles haviam selecionado.

Cansado do estilo "Dwight Owens", da abordagem-sinopse tão batida nas reuniões de *speed dating*, Yaacov Deyo decidiu-se por uma solução simples e abrupta: *proibir* conversas sobre o trabalho. As pessoas passaram então a falar sobre onde moravam ou de onde provinham. Então ele proibiu isso também. Ele se mostra encantado e um tanto orgulhoso ao encenar o pânico geral e em seguida a revelação que se seguiram a essas medidas: "Ai, meu

Deus, então do *que* vou falar?". Ele ri. "Não posso falar sobre o que faço para me sustentar, sobre onde moro... uau! De repente, tenho que descrever *a mim mesmo!*" Ou: de repente, tenho de *ser* eu mesmo, *agir* como eu mesmo, em vez de me *descrever*.

FORMA E CONTEÚDO NO TESTE DE TURING[6]

A primeira competição do Prêmio Loebner realizou-se em 8 de novembro de 1991 no Museu do Computador de Boston.[7] Em seus primeiros anos, o Prêmio Loebner deu a cada programa e a cada confederado humano um "tema" como recurso para limitar a conversa. Em alguns aspectos, a primeira competição foi uma batalha entre estilo e conteúdo. Um dos confederados era a especialista em Shakespeare Cynthia Clay, que ganhou fama por ter sido considerada um computador por três juízes. O consenso parece ter sido "ninguém sabe tanto sobre Shakespeare". (Por essa razão, Clay recebeu como uma deferência sua classificação equivocada.)

O programa por trás do tema "conversa esdrúxula" — o PC Therapist III, de Joseph Weintraub — levou o Prêmio Loebner daquele ano e se tornou o primeiro Computador Mais Humano. O programa praticava a "conversa esdrúxula" não como *tema*, mas como *modo* — uma distinção crucial. Weintraub conseguiu jogar com três fatores: as regras frouxas do concurso, os padrões de comportamento natural dos *chatbots* e os estereótipos que as pessoas têm sobre computadores e humanos. Estrategicamente, era brilhante. Clay e os outros confederados se mostraram obedientes e escrupulosos e deram as informações pedidas nas perguntas, demonstrando seus conhecimentos e compreensão — mas às vezes de um modo factual e enciclopédico que associamos aos sistemas de computador.

JUIZ: Qual a sua opinião sobre as peças de Shakespeare?

REMOTO: Isso é muito geral. Pode ser mais específico? Se não, direi apenas que gosto delas.

O interlocutor no terminal da "conversa esdrúxula" contrastou vivamente:

JUIZ: Que dia longo! Agora acho que estou a fim de me divertir um pouco. O tempo não está muito bom hoje. Você conhece alguma piada para desanuviar?

REMOTO: Todo mundo fala sobre o tempo mas ninguém parece fazer muita coisa a respeito. Por que você precisa me dizer que agora acha que está a fim de se divertir um pouco? (resmungo)

[...]

JUIZ: Qual a definição de conversa esdrúxula?

REMOTO: Você não disse, ora, enfim, imagino que conversa esdrúxula é, tipo, uma série de movimentos do cavalo no tableiro* em zigue-zague em vez de seguir uma linha sdeterminada.? Por que pergunta? Foi um comentário esperto, ou coisa do tipo? Você pensa muito nesse tipo de pergunta?

JUIZ: Gosto da imagem dos cavalos se movendo a esmo no tabuleiro, isso significa que não existe raciocínio na conversa esdrúxula?

REMOTO: Eu poderia jurar que você acabou de me perguntar exatamente isso. Como vc define esdrxulo? Você é sempre assim chato chato chato? Por que precisa me dizer que gosta da imagem dos cavalos se movendo a esmo no tabuleiro?

"Pensei que [o PC Therapist] fosse humano porque ele... era esquisito e engraçado, de um jeito normal", disse um dos juízes,

---

* Sic. O programa de Weintraub, como muitos posteriores, cometia erros de grafia propositalmente.

um pós-graduando de Harvard. O programa de Weintraub, mudando de assunto e vomitando coisas sem lógica e trocadilhos pré-fabricados, deu a impressão de ser um brincalhão, um palhaço, um tipo de personalidade "muito mais humana". Pelo menos eu pensava assim antes de ficar sabendo como isso era fácil de imitar.

SUSPEITA; ROLETA; PURÊ

Procurei na internet informações sobre o Computador Mais Humano de 2005 e 2006, o Cleverbot, de Rollo Carpenter, baseado na web. Encontrei algo muito curioso. Parece que muitos acham possível que o site seja um embuste.

"Já faz algum tempo que venho conversando com ele, e comecei a pensar que talvez o Cleverbot não seja realmente um programa", escreve um usuário. "O Cleverbot sempre diz que ele é o humano e que eu sou o programa. Será que estou falando com uma pessoa real, mas nós dois estamos sendo enganados para acreditar que o outro é o Cleverbot?" Algumas respostas parecem até excepcionais demais. Um usuário escreve, em francês, "*J'habite dans les États-Unis*", e vê seu francês não só ser compreendido mas *criticado*: "*On dit J'habite AUX États-Unis*", o *bot* corrige.

Outro dialoga com a letra de "Bohemian Rhapsody", do Queen:

USUÁRIO: Scaramouche, Scaramouche.
CLEVERBOT: Will you do the fandango?
USUÁRIO: Thunderbolt and lightning.
CLEVERBOT: Very very frightening me!
USUÁRIO: Galileo.
CLEVERBOT: Galileo Galileo.

Um usuário diz que contou uma piada então na moda:

USUÁRIO: Sabe por que o chamam de Xbox 360?
CLEVERBOT: Por quê?
USUÁRIO: Porque, quando alguém o vê, vira 360 graus e sai andando.

— mas o programa demoliu a piada:

CLEVERBOT: Não, porque nesse caso a pessoa ficaria de frente para ele, e não seria engraçado.

Outros usuários, tentando consertar a lógica da piada, a tornaram um pouco mais debochadamente absurda:

USUÁRIO: Sabe por que o chamam de Xbox 360 [um modelo de video game]?
CLEVERBOT: Não. Por que o chamam de Xbox 360?
USUÁRIO: Porque, quando alguém o vê, vira 360 graus e sai andando de ré.

— e foram astutamente rebatidos com uma réplica ainda mais debochada e mais absurda:

CLEVERBOT: Nada disso; é porque, quando alguém o vê, vira 300 e se senta.

Só pode haver um humano do outro lado! As réplicas são muito bem sintonizadas com a cultura do momento, muito espirituosas. No entanto, em outros momentos as conversas mudam de rumo sem uma muleta, algo desconcertante surge do nada.

O programador do Cleverbot, Rollo Carpenter, explica de muito bom grado o funcionamento de sua criação, e na home page do Cleverbot garante que "os visitantes jamais conversam com um humano, por mais convincente que [o programa] seja". Curiosamente, essa garantia parece não influenciar muitos usuários, que têm suas próprias teorias sobre o que se passa.

A internet no começo dos anos 1990 era um lugar muito mais anônimo do que é hoje. Em BBSS locais [Bulletin Board Systems, sistema eletrônico de quadro de mensagens], nas salas de bate-papo de acesso restrito dos provedores/comunidades como Prodigy e AOL e em protocolos universais de chat como o IRC (Internet Relay Chat), estranhos se encontravam sem querer o tempo todo. As imensas redes sociais (como o Facebook) de fins dos anos 2000 e começo do decênio seguinte começaram a fazer da internet um lugar diferente. Foi mais ou menos nessa época que sites como o Chatroulette e o Omegle decolaram, projetados para trazer de volta um pouco daquele anonimato, da aleatoriedade, das descobertas inesperadas. Você escolhe usar vídeo ou texto, é posto em contato com outro usuário totalmente ao acaso e a conversa tem início.* A qualquer momento qualquer um dos dois pode encerrar a conversa, e nesse caso ambos são postos em contato com outro estranho e recomeçam no "oi". Todo usuário desse tipo de site sente ansiedade diante da perspectiva de a outra pessoa interromper o diálogo e partir para outra conversa — ou, como se diz, "dar um próximo".

---

* Esse anonimato também traz riscos, pelo menos tanto quanto traz descobertas agradáveis. Li um relato de uma pessoa que tentou usar o Chatroulette pela primeira vez e, em doze dos primeiros vinte vídeos que ele tentou, deu de cara com homens se masturbando diante da câmera. Por essa razão, e porque tem mais semelhança com o teste de Turing, preferi ater-me ao texto. Ainda assim, meus dois primeiros interlocutores no Omegle eram homens numa pesca desajeitada por cibersexo. Mas o terceiro era uma estudante de ensino médio de um bairro residencial de Chicago; conversamos sobre a escultura *Cloud Gate*, o Instituto de Arte, os prós e contras de crescer e sair da casa dos pais. Ali estava uma pessoa de verdade. "Você é normal!!", ela escreveu, dobrando o ponto de exclamação; e eu pensei exatamente a mesma coisa.

Agora imagine se, em vez disso, o sistema de computador cortasse *automaticamente* as conversas e formasse novos pares de usuários *sem lhes informar* que está fazendo isso. Os usuários A e B estão conversando sobre futebol; C e D, sobre arte. De repente, A é emparelhado com C, e B com D. Depois de falar sobre o Louvre, C recebe a destoante pergunta: "Afinal, você torce para o Barcelona ou o Real Madrid?", enquanto B, depois de analisar a última Copa do Mundo, tem de dizer se já esteve na Capela Sistina. Pois essa é a teoria da conspiração sobre o Cleverbot (e alguns *bots* primos dele, como o Ultra Hal, de Robert Medeksza): é o Omegle menos o controle sobre o momento de trocar as conversas. Imagine que o computador está simplesmente trocando seu interlocutor, a esmo e sem aviso, e fazendo o mesmo com seu parceiro. O resultado dessas conversas poderia ficar bem parecido com os transcritos do Cleverbot.

A teoria da conspiração não é verdadeira, mas também não está muito longe de sê-lo.

"O Cleverbot aproveita a inteligência de seus usuários", Carpenter me explica em Brighton.[8] "Uma Wikipedia sobre conversação", ele definiu numa entrevista no canal de televisão Science.[9] Funciona assim: o Cleverbot começa uma conversa dizendo, por exemplo, "Olá". O usuário pode responder de várias maneiras, como "Oi", "E aí?" ou "Você é um computador?". Tudo que o usuário diz vai para um enorme banco de frases, identificadas como genuínas respostas humanas a "olá". Em uma conversa subsequente, quando um usuário disser "olá" ao Cleverbot, este poderá ter a postos respostas como "e aí?" (ou seja, o que a primeira pessoa tiver dito). Como os mesmos tipos de frases tendem a reaparecer vezes sem conta — o que os estatísticos chamam de "distribuição de Zipf", para ser exato — e como há vários anos a cada dado momento o Cleverbot tem tido milhares de usuários conectados batendo papo, e isso 24 horas por dia, o banco de dados do Cleverbot contém respostas apropriadas até para comentários aparentemente obscuros (por exemplo, "Scaramouche, Scaramouche".)

O que se obtém, misturando centenas de milhares de conversas anteriores, é uma espécie de purê de conversas. Feito de partes humanas, porém menos do que uma soma humana. Os usuários *estão*, efetivamente, conversando com um purê de pessoas reais — ou pelo menos com *fantasmas* de pessoas reais: os ecos de conversas passadas.

Isso explica em parte por que o Cleverbot é tão impressionante nas questões sobre fatos básicos ("Qual é a capital da França?" "Paris é a capital da França") e cultura popular (trivialidades, piadas, letras de músicas) — coisas para as quais existe uma resposta *certa* a despeito do interlocutor. Mesmo quando muita gente põe a mão na massa, ela não desanda. Mas pergunte em que cidade ele mora e você obterá uma miscelânea de milhares de pessoas conversando sobre milhares de lugares. Aí você o desmascara, não porque não está falando com um *humano*, mas porque percebe que não está falando com *um* humano.

SEJA VOCÊ MESMO, SEJA QUALQUER UM

Minha mente retorna ao conselho dos organizadores, "seja você mesmo", e reflito sobre quanto os filósofos têm se debruçado sobre essa ideia. Enquanto outros existencialistas, como Jean-Paul Sartre, enfatizaram a autenticidade, a originalidade e a liberdade em relação a influências externas, o filósofo alemão oitocentista Friedrich Nietzsche defendeu a surpreendente opinião de que a parte mais importante de "ser você mesmo" é — nas palavras do filósofo Bernard Reginster, da Universidade Brown — ser *um*, não importa qual.[10]

Nietzsche dizia que isso era "dar estilo a seu personagem",[11] comparando assim as pessoas a obras de arte, que muitos de nós julgam segundo a "concinidade", o modo como as partes se harmonizam para formar um todo: "No fim, concluída a obra, evidencia-se que a restrição de um só gosto dominou e formou tudo, do pequeno ao grande".

Críticos da cultura dos computadores como Jaron Lanier são céticos, por exemplo, com respeito a projetos descentralizados do tipo Wikipedia. Seu argumento:

> O game *The Sims*, [...] o iPhone, os filmes da Pixar e todos os decantados sucessos da cultura digital [...] são expressões pessoais. É verdade que muitos envolvem grandes grupos de colaboradores, mas há sempre uma visão pessoal central — um Will Wright, um Steve Jobs ou um Brad Bird que concebe a visão e dirige uma equipe de assalariados.[12]

É essa mesma "visão pessoal central" que é crucial para Nietzsche; ele afirma até que "se esse gosto era bom ou mau importa menos do que se poderia supor, desde que seja um gosto único!".

É precisamente essa "visão pessoal central" de Lanier e o "gosto único" de Nietzsche o que inexiste na maioria dos *chatbots*. Por exemplo, tive a seguinte conversa com "Joan", o esperto programa descendente do Cleverbot que ganhou o Prêmio Loebner em 2006. Embora cada uma de suas respostas, consideradas em separado, seja bem sensata e humana, a soma delas nada produz além de uma hilariante cacofonia à guisa de identidade:

USUÁRIO: Você tem namorado?
JOAN: Não no momento, mas espero logo encontrar um.

Arrisquei:

USUÁRIO: Eu gostaria de ser seu namorado.

JOAN: Isso é difícil, pois sou casada e estou satisfeita.

Curioso. Perguntei de novo, para esclarecer:

USUÁRIO: Você tem namorado?

JOAN: Não, ainda estou à procura do amor.

USUÁRIO: Você tem marido?

JOAN: Não tenho marido, pois seria ilegal, já que sou homem.

Homem?

USUÁRIO: De que sexo você é?

JOAN: Feminino.

E de novo, só para não deixar margem a dúvidas:

USUÁRIO: Você tem namorado?

JOAN: Não no momento, mas não perco a esperança.

USUÁRIO: Posso ser seu namorado?

JOAN: Não. Sou heterossexual.

Esse tipo de unidade ou coerência de identidade é algo que a maioria dos humanos possui, é claro, já que somos produto de uma história de vida única e contínua. Mas, tendo em vista a extrema brevidade de uma conversa de cinco minutos, exibir esse tipo de congruência foi um objetivo que tentei manter sempre em mente. Por exemplo, quando um juiz disse olá a um colega confederado, Dave, este respondeu com um original e simpático "*G'day mate*" [Bom dia, amigo!].

Mas a desvantagem dessa escolha imediatamente apareceu, pois a pergunta seguinte do juiz foi: "Você teve que vir de muito longe?". Imagino que o juiz esperasse alguma referência à Austrália, a terra que "*G'day mate*" evoca. Mas Dave respondeu: "Do sudoeste dos Estados Unidos". O juiz descobre, surpreso, imagino, que Dave não é australiano, como sua saudação sugeria, e sim um americano de Westchester, Nova York, morando em Albuquerque. Não foi "*game over*" — Dave não demorou a conquistar a confiança do juiz (e seu voto) —, mas sinais de identidade fragmentada como esse são bandeiras de alerta e, nesse sentido, tropeços.

De modo análogo, quando um juiz com quem eu estava conversando escreveu "*colour*", com a grafia britânica, e várias mensagens depois mencionou "Ny", que interpretei como "New York" (na verdade, fora um erro de grafia, e o que ele queria dizer era "*My*"), perguntei de onde ele era. "Grafia canadense, não brtânica" [sic], ele explicou; minha esperança era de que seria bom, para meu objetivo, demonstrar que estava atento ao longo das várias respostas para essas questões de coesão de identidade. Presumivelmente, um programa de computador que perde de vista a coerência de sua *própria* identidade também não conseguiria acompanhar a do interlocutor.

"Quando criamos um *bot,* não escrevemos um programa; escrevemos um romance", explicam os programadores Eugene Demchenko e Vladimir Veselov, cujo programa "Eugene Gootsman" foi o segundo colocado nas competições de 2008, 2005 e 2001.[13] Eles salientam a importância de as respostas serem escritas por um único programador: "Escolha quem será responsável pela personalidade do *bot*. O processo de escrita da base de conhecimentos pode ser comparado à composição de um livro. Suponha que cada programador descreva um episódio sem ter informações sobre os demais. Imagine o que seria produzido!".

De fato, não é difícil imaginar o que seria produzido: competidores de "Eugene Gootsman". Esse é um balanço crucial no mundo da programação de *bots*: entre a coerência da personalidade do programa e o estilo e variedade de suas respostas. "Terceirizando" a tarefa de escrever as respostas de um programa à sua multidão de usuários, o programa adquire um crescimento explosivo em seus comportamentos, mas esses comportamentos perdem sua coerência interna.

MORTE DO AUTOR; FIM DO MELHOR AMIGO

> *Você precisa de alguém? Ou precisa de mim?*
> *Digam o que quiserem...*[14]

Por falar em "escrever um livro": essa noção de estilo versus conteúdo, e de singularidade e unicidade de visão, está no centro de debates recentes sobre a tradução por máquinas, especialmente tradução de literatura.

Robert Lockhart, pesquisador e autor do *bot* "Wolfram Alpha", diz que a comunidade dos *chatbots* se divide em duas linhas rivais, que ele chama de "semântica pura" e "empirismo puro".[15] Em resumo, o campo semântico tenta programar a *compreensão* linguística, na esperança de que o comportamento desejado seja uma decorrência, enquanto o campo empírico tenta programar diretamente o *comportamento* linguístico, na esperança de que a "compreensão" aconteça pelo caminho ou se revele um intermediário dispensável. Essa divisão também surgiu na história da tradução por computador. Por muitas décadas, os projetos de tradução por máquinas tentaram entender a linguagem com base em regras, decompondo a estrutura de uma frase e chegando ao significado básico, universal, antes de recodificar esse significado segundo as regras de outra língua. Nos anos 1990 fez sucesso um sistema estatístico para a tradução por máquina — o sistema usado pelo Google —, que deixava a questão do significado totalmente de fora.

O Cleverbot, por exemplo, pode saber que a melhor resposta para "Scaramouche, Scaramouche" é "Will you do the fandango?" sem precisar da intermediação de associações com o Queen ou com "Bohemian Rhapsody", muito menos do conhecimento de que Scaramouche é um personagem usual nas farsas italianas do século XVII e que fandango é uma dança folclórica da Andaluzia. Serve-se simplesmente da observação de que as pessoas usam um, depois o outro. O Google Tradutor e seus primos estatísticos usam colossais corpos de texto ("corpora") de tradutores juramentados das Nações Unidas para regurgitar traduções humanas prévias do mesmo modo que o Cleverbot e seus primos regurgitam a fala humana prévia. Mas o Google Tradutor e o Cleverbot mostram deficiências em (1) frases não usuais e/ou não literais e (2) na uniformidade de longo prazo no ponto de vista e no estilo. Nesses dois aspectos, ainda que a tradução por máquinas penetre cada vez mais no mundo dos negócios, os textos literários permanecem quase intraduzíveis pelas máquinas.[16]

O que isso também sugere, de modo fascinante, é que a tarefa de traduzir (ou escrever) obras de literatura também não pode ser dividida e distribuída para vários *humanos* — nem para voluntários da Wikipedia, colaboradores espalhados ou ghost-writers. A estabilidade do ponto de vista e a uniformidade do estilo são demasiado importantes. Isso posto, causa imensa estranheza que ainda assim, aparentemente, muita arte seja produzida dessa maneira.

Ser humano é ser *um* humano, uma pessoa específica com uma história de vida, idiossincrasias e ponto de vista distinto; a inteligência artificial indica que a fronteira entre as máquinas inteligentes e as pessoas perde a nitidez quando a identidade é composta de um purê. Por isso é estranhíssimo — ainda mais num país com reputação de "individualismo" — refletir sobre a frequência com que fazemos justamente isso.

A série de televisão britânica *The Office* consiste em catorze episódios, todos escritos e dirigidos pelos dois criadores da série, Ricky Gervais e Stephen Merchant.[17] Fez tamanho sucesso que gerou uma versão americana: mais de cem episódios, cada um escrito por um autor diferente do que redigiu o episódio anterior, e dirigido por outro diretor. O que permanece estável de uma semana para outra parece ser apenas o elenco. As artes nos Estados Unidos têm esta peculiaridade: o público aparentemente se importa com o que é posto diante de sua visão, mas não com a autoria dessa visão.

Quando eu era menino, fiquei encantado com os primeiros livros da série Hardy Boys, de Franklin W. Dixon, mas a mágica pareceu desaparecer depois de certo ponto. Só quinze anos mais tarde fui descobrir que Franklin W. Dixon nunca existiu. Os primeiros dezesseis livros foram escritos por um homem chamado Leslie McFarlane. Os vinte seguintes, por onze pessoas diferentes. O que eu atribuíra à perda de algo intangível nos livros mais recentes era na verdade a perda de algo muito tangível: o autor.

Experiências estéticas desse teor são, a meu ver, como uma interminável série de primeiros encontros que nunca têm sequência, de conversas com um estranho no ônibus (ou na internet) nas quais não ficamos sabendo o nome da pessoa. Não há nada de *errado* com elas — são agradáveis, às vezes memoráveis, até inspiradoras —, além do quê, todo relacionamento começa em um dado momento. Mas passar *a vida inteira* assim?

O *New York Times* publicou, em junho de 2010, um artigo intitulado "O fim do melhor amigo",[18] sobre a prática da intervenção deliberada, por parte de adultos bem-intencionados, para interromper a formação de núcleos de amigos íntimos em escolas e acampamentos de férias.* Um acampamento no estado de Nova York, comenta o artigo, contratou "supervisores de amizades" cujo trabalho é reparar se "duas crianças demonstram demasiado interesse recíproco [e] direcioná-las para diferentes equipes esportivas [ou] sentá-las distantes na mesa do refeitório". Um supervisor escolar em St. Louis comenta: "Acho que as crianças preferem encontrar um par e ter um melhor amigo. Nós, os adultos — professores e supervisores —, tentamos incentivá-las a não fazer isso". Os usuários do Chatroulette e do Omegle "dão um próximo" no interlocutor quando a conversa esmorece; as escolas e acampamentos dão um próximo nas crianças à força, quando as coisas estão indo *bem* demais.

DAR UM PRÓXIMO NO CLIENTE

Coisa parecida ocorre em alguns serviços de atendimento ao consumidor, em que a interrupção da intimidade parece ser quase uma tática. Recentemente uma empresa fez uma cobrança indevida no meu cartão de crédito, e, quando fui pedir o cancelamento, fiquei enredado numa teia burocrática dantesca como eu nunca tinha encontrado. Meu recorde de tempo foi de 42 minutos em uma única chamada e *oito* transferências de atendente.

No final dessa chamada, a conclusão foi: "Daremos um retorno amanhã".

Cada chamada, cada transferência me pôs em contato com um atendente diferente, cada qual irritado e desconfiado da

---

* Dentre os vários motivos alegados estão a tentativa de impedir que as crianças direcionem toda a sua vida emocional para um só ponto, o incentivo para que ramifiquem seus contatos e vivenciem novas perspectivas, a redução de uma eventual exclusão danosa que pode acompanhar laços desse tipo.

legitimidade do meu pedido de reembolso. Quando eu finalmente conseguia trazer para o meu lado determinado atendente, ganhar sua simpatia, iniciar algum tipo de relacionamento e ser percebido como um ser humano distinto, "não anônimo", dali a instantes era posto em contato com outra pessoa, outra vez o anonimato. E lá ia eu: meu nome, número de conta, meu número de identificação pessoal, registro na previdência social, nome de solteira da mãe, endereço, motivo do contato, sim, já tentei isso...

O que a familiaridade com a construção dos *bots* participantes do teste de Turing estava começando a me mostrar é que, vezes sem conta, não conseguimos *ser de fato* humanos com outros humanos — e por boa parte do tempo, o que é irritante. Além disso, começava a me mostrar *como* fracassamos e o que fazer a respeito.

Retalhos costurados de interação humana não formam um relacionamento. Cinquenta encontros de uma só noite, cinquenta conversas-relâmpago, cinquenta transferências no *pin-ball* burocrático também não. É como amarrar uma infinidade de mudinhas umas às outras: ainda que sejam mudas de carvalho, elas não formam um carvalho adulto. Humanidade fragmentária não é humanidade.

A MESMA PESSOA

Se a diferença entre um purê conversacional e uma conversa é a continuidade, a solução, nesse caso, é extraordinariamente simples: destinar um atendente único, alguém que acompanhe o cliente do começo ao fim do atendimento. A *mesma* pessoa.

A lingueta de plástico que segura o meu chip no telefone ficou solta durante algum tempo, por isso o telefone só funcionava quando eu segurava essa lingueta com o dedo. O resultado é que eu só conseguia receber chamadas, não fazê-las. E se eu tirasse o dedo da lingueta no meio do telefonema, a ligação caía.

A lingueta não tem muito mais valor do que o equivalente plástico de uma lingueta de lata de refrigerante, que tem até uma aparência similar e é mais ou menos tão essencial para o funcionamento apropriado do dispositivo ao qual está ligada. A garantia do meu aparelho expirara, e o protocolo era que eu estava sem sorte e precisava de um novo telefone ao custo de centenas de dólares. "Mas essa lingueta pesa um grama e custa um centavo para ser fabricada", argumentei. "Eu sei", respondeu a atendente.

Não havia nenhum modo, mas nenhum mesmo, de a empresa me vender uma lingueta?

"Acho que não vai dar certo", ela disse. "Mas vou falar com um gerente."

A *mesma* moça voltou à linha. "Sinto muito", disse ela. "Mas...", repliquei. E continuamos a conversar. "Espere, vou falar com um *chefe* do departamento", ela propôs.

Sinto minha mão, que está segurando firme a lingueta plástica do telefone há quinze minutos, começar a ter cãibra. Se a mão escorregar da lingueta, se a moça tocar no botão errado em seu terminal, se acontecer qualquer falhazinha na rede de serviço do meu provedor, ou na do servidor dela — vou ser anônimo outra vez. Um ninguém. Um número. Essa pessoa específica e eu nunca mais tornaremos a nos conectar.

Vou ter de ligar de novo, explicar meu problema de novo, ouvir que o protocolo está contra mim, argumentar de novo.

O serviço funciona através da construção gradual de compreensão ao longo de tentativas de solução malsucedidas. Se a pessoa X nos diz para tentar determinada ação e não dá certo, a pessoa X sente uma certa pena de nós. Agora ela é um pouquinho *responsável* pelo problema, já que usou uma fração do nosso tempo. Já a pessoa Y fica muito menos sensibilizada pelo fato de termos tentado seguir a orientação de X sem êxito — mesmo que seja a mesma orientação que Y daria se a conversa houvesse começado por ela. Não interessa. Acontece que não foi ela quem deu a orientação. Ela não se sente responsável pelo tempo que você perdeu.

A *mesma* moça, milagrosamente, retorna. "Posso abrir uma exceção para o senhor", ela diz.

Ocorre-me que "exceção" é o que os programadores dizem quando um programa apresenta defeito.

CINQUENTA PRIMEIROS ENCONTROS

Às vezes, nem mesmo um ponto de vista único e estável, uma visão e um estilo e um gosto unificadores são suficientes. Precisamos também de uma *memória*. Na comédia *Como se fosse a primeira vez*, de 2004, Adam Sandler corteja Drew Barrymore, mas descobre que, devido a um acidente, ela não tem capacidade de formar memórias de longo prazo.[19]

De modo mais geral, filósofos interessados em temas como amizade, romance e intimidade recentemente conseguiram distinguir entre os *tipos* de pessoas de que gostamos (ou as qualidades que apreciamos nas pessoas) e as pessoas *específicas* com quem sentimos ter vínculos em nossa vida. Para a primeira dessas distinções, a filósofa Jennifer Whiting, da Universidade de Toronto, deu o nome de "amigos impessoais".[20] A diferença entre os numerosos "amigos impessoais" existentes no mundo, que são mais ou menos intercambiáveis, e os poucos indivíduos de que gostamos *especificamente*, e que não são intercambiáveis com pessoa alguma do planeta, está nas "propriedades históricas", diz a filósofa. Ou seja, nossos amigos reais e nossos inúmeros "amigos impessoais" *são* intercambiáveis — mas só no momento em que o relacionamento tem início. A partir daí, o relacionamento ganha raízes, acumula uma história em comum, experiências em comum, conhecimentos comuns, sacrifícios, concessões, triunfos...

Barrymore e Sandler se dão muito bem juntos — bem o suficiente para toda uma vida de convívio —, mas, enquanto ela se torna "alguém especial" para ele, ele está fadado a permanecer apenas o "seu tipo" de homem. Intercambiável. E por isso — por não ser diferente do *próximo* cara simpático, estimulante e carinhoso que aparecer no restaurante dela — ele está *ameaçado* de perdê-la.

A solução que ele encontra é dar a ela toda manhã um curso intensivo sobre perspectiva histórica na forma de um vídeo introdutório que recapitula o amor dos dois. Toda manhã ele precisa se esforçar para se livrar da intercambiabilidade.

COM ESTADO

Um exame da "arena" de muitos *chatbots* evidencia um esforço consciente dos programadores para nos transformar em Drews Barrymores; pior do que isso, na verdade, pois no caso dela era a memória de longo prazo que vivia sendo esvaziada. No site do Elbot, o programa que recebeu o Prêmio Loebner em 2008, a tela se renova toda vez que é inserido um novo comentário, e assim a história da conversa evapora a cada frase; idem na página do vencedor de 2007, o Ultra Hal. No site do Cleverbot, a conversa vai desbotando até sumir na parte de cima do boxe onde o texto é inserido, ficando preservadas na tela apenas as três últimas trocas de frases: espera-se, ao que parece, que a história, longe dos olhos, fique também longe do coração para o usuário. A eliminação da influência de longo prazo da história conversacional facilita o trabalho do *bot* — na psicologia e na matemática.

Em muitos casos, porém, é desnecessário eliminar o histórico da conversa. Como explica Richard Wallace, tricampeão do Prêmio Loebner (2000, 2001 e 2004), "A experiência com A.L.I.C.E. [o *chatbot* de Wallace] indica que as conversas mais informais são '*stateless*' [sem estado], isto é, cada réplica depende apenas da questão corrente, sem que seja preciso conhecimento algum sobre a história da conversa para formular a resposta".[21]

Nem todos os tipos de conversas humanas funcionam desse modo, mas muitos sim, e cabe aos pesquisadores de IA determinar que tipos de conversa são "*stateless*" — ou seja, aquelas cujos comentários dependem apenas do anterior — e então tentar criar justamente esses tipos de interação. Nosso trabalho, como confederados, como humanos, é resistir a isso.

Acontece que um dos tipos clássicos de conversação sem estado é a ofensa verbal.

Em 1989, Mark Humphrys, estudante do University College de Dublin, conectou um programa de *chatbot* que ele desenvolvera chamado MGonz à rede de computadores de sua universidade e foi para casa.[22] Um usuário (que escolheu o nome "SOMEONE") da Universidade Drake em Iowa enviou a mensagem "*finger*" à conta de Humphrys — um antigo comando da internet que funciona como uma solicitação de informações básicas de um usuário. Para surpresa de SOMEONE, uma resposta apareceu imediatamente: "Corta essa merda de criptografia e fala em frases inteiras". Isso desencadeou uma discussão entre SOMEONE e o MGonz que durou quase uma hora e meia.

(A melhor parte foi, sem dúvida, o comentário de SOMEONE, feito não mais que vinte minutos depois do início da conversa: "Seu babaca, você parece um robô que repete tudo".)

Quando voltou ao laboratório na manhã seguinte, Humphrys ficou espantado com o registro da conversa que encontrou e sentiu uma emoção estranha, ambivalente. Seu programa poderia ter passado no teste de Turing, ele ponderou — mas os registros continham tanta baixaria que ele receou publicá-los.

A inovação de Humphrys em relação ao velho paradigma dos *chatbots* de ter um falante "não direcionador" que deixa para o usuário as iniciativas da conversação foi moldar seu programa em um grosseirão desbocado em vez de em um ouvinte atento. Quando não encontra nenhuma pista para o que dizer, o MGonz recorre não a lugares-comuns de psicoterapeutas, do tipo "Como você se sente com isso?", mas a comentários como "Você obviamente é um bundão", "O.k., para mim chega, vou parar de falar com você", ou "Ah, digite algo interessante ou cale essa boca". É um lance genial, pois, como se torna dolorosamente claro quando lemos os transcritos do MGonz, *discussões são sem informações de estado*.

Já vi isso acontecer entre amigos. "Mais uma vez você deixou de fazer o que prometeu." "Xi, lá vem você com esse tom!" "Ótimo, vamos fugir do problema e falar sobre o meu tom! Você está tão na defensiva, caramba!" "*Você* é quem está na defensiva! Igualzinho daquela vez em que…!" "Pela milésima vez, eu nunca sequer pensei em…! *Você* foi quem…" E assim por diante. Um exame atento desse diálogo mantendo em mente o MGonz traz à luz algo interessante e muito revelador: cada comentário após o primeiro *só tem relação com o comentário anterior*. A conversa entre amigos se tornou "sem informações de estado", desancorada de qualquer contexto, uma espécie de "cadeia de Markov"* de réplica, metarréplica, metametarréplica. Se pudermos ser induzidos a descer a esse nível, obviamente será possível passar no teste de Turing.

Uma vez mais, a perspectiva científica sobre que tipos de

---

* A cadeia de Markov (batizada com o nome do matemático russo Andrei Markov) é um sistema matemático em que os estados anteriores das variáveis são irrelevantes para a previsão dos estados seguintes, desde que o estado atual seja conhecido. (N. T.)

comportamento humano são imitáveis nos traz vislumbres fascinantes do modo como conduzimos nossa vida de seres humanos. Existe a ideia de que o desrespeito verbal é simplesmente *menos complexo* do que outras formas de conversação. Talvez tomemos jeito depois de ver como os argumentos do MGonz se parecem com os nossos.

Retrucar, por mais que nosso tom seja ríspido ou ferino, faz o jogo dos *chatbots*. Em contraste, pedidos de elaboração, como "Em que sentido?" e "Como assim?" se revelam esmagadoramente difíceis para muitos *bots*. Isso porque elaborar é difícil para quem se pauta em um script prévio, já que tais perguntas dependem *inteiramente* do contexto para terem significado e estendem a história conversacional relevante em vez de provocar um novo início.

Depois de ter lido os artigos sobre o MGonz e as transcrições de suas conversas, percebo que fiquei muito mais hábil em administrar de forma construtiva os ânimos acirrados em uma conversa. Alerta para o caráter "sem estado", para as reações espontâneas, reconheço que o comentário tenso que tenho o impulso de soltar tem mais relação com algum tipo de "reflexo" à última frase da conversa do que com a questão em pauta ou com a pessoa do meu interlocutor. Subitamente o absurdo e o ridículo desse tipo de escalação se tornam *quantitativamente* claros, e eu, não querendo me rebaixar às táticas de um *bot*, me direciono para uma resposta com "mais estado": é a ciência ajudando a viver melhor.

2. A alma migrante

ESTOU AQUI EM CIMA

O teste de Turing, na mais simples das definições, procura discernir se os computadores são "como nós" ou "diferentes de nós": os humanos sempre se preocuparam com seu lugar em meio ao resto da criação. A invenção do computador no século XX pode representar a primeira vez que esse lugar mudou.

A história do teste de Turing, da especulação, do entusiasmo e da inquietação diante da inteligência artificial em geral, é, portanto, a história de nossa especulação, nosso entusiasmo e nossa inquietação com relação a nós mesmos. Quais são nossas habilidades? Em que somos bons? Por isso, uma análise da história da teconologia da computação só nos fornece metade do quadro. A outra metade é a história da concepção da humanidade sobre si mesma. Ela nos leva de volta à própria história da alma, e talvez tenha o mais improvável dos começos: quando uma mulher surpreende um homem fitando seus seios e reclama: "Ei, eu estou *aqui em cima!*".

O usual é olharmos as pessoas nos olhos — é no rosto que os seres humanos possuem a musculatura com mais sutileza expressiva, e além disso saber para onde a *outra* pessoa está olhando é parte importante da comunicação (se os olhos do meu interlocutor se desviam de repente para o lado, eu me sobressalto e também olho para lá). Olhamos os outros nos olhos e no rosto porque nos preocupamos com o que eles estão pensando e observando; por isso, desconsiderar todas essas informações em favor de um mero olhar libidinoso é, evidentemente, um desrespeito.

De todas as espécies, é o homem que possui a esclerótica, o "branco dos olhos", maior e mais visível.[1] Esse fato intriga os cientistas, pois poderíamos pensar que isso seria um estorvo considerável. Imagine, por exemplo, a clássica cena de filme de guerra em que o soldado usa farda com padrão de camuflagem, lambuza o rosto com tinta verde e marrom, mas nada pode fazer com respeito à sua vistosa esclerótica, cuja brancura se destaca na selva. Deve haver *alguma* razão para que ela tenha evoluído desse modo nos humanos, apesar dos óbvios custos. De fato, a vantagem da esclerótica visível, diz a "hipótese do olho cooperativo", é justamente permitir aos humanos ver com clareza, e à distância, em que direção os outros humanos estão olhando. Michael Tomasello, do Instituto Max Planck de Antropologia Evolutiva, demonstrou em um estudo de 2007 que os chimpanzés, gorilas e bonobos, nossos parentes mais próximos, observam a direção da *cabeça* dos companheiros, enquanto os bebês humanos observam a direção dos *olhos* uns dos outros.[2] Portanto, o valor de olhar alguém no rosto pode ser de fato algo unicamente humano.

Acontece que esse não é o argumento da mulher que reclamou três parágrafos antes. Seu argumento é de que *ela* está no nível dos olhos.

Às vezes faço um experimento informal. Pergunto às pessoas: "Onde você está? Aponte o lugar exato". A maioria aponta para a testa, para as têmporas ou para o espaço entre os olhos. Isso talvez seja devido, em parte, à predominância do sentido da visão, pelo menos em nossa sociedade — tendemos a nos situar no nosso ponto de vista visual. Outra parte da explicação, obviamente, é que somos do século XXI, e nesta nossa era se julga que toda ação acontece no *cérebro*. A mente está "no" cérebro. A alma, se é que está em algum lugar, também é lá; no século XVII, Descartes chegou a ponto de tentar descobrir o lugar *exato* da alma no corpo: supôs que ela se localizava no centro do cérebro, na glândula pineal. "A parte do corpo na qual a alma exerce diretamente suas funções* definitivamente não é o coração, nem o cérebro como um todo", ele escreveu. "É a parte mais interna do cérebro, que consiste em uma certa glândula muito pequena."**

Definitivamente não é o coração...

O projeto de Descartes, tentar encontrar a localização exata da alma e do eu, também foi uma aspiração de incontáveis pensadores e civilizações antes dele, mas por boa parte da história humana ninguém pensou muito no cérebro.[3] O processo de

---

* Quando li pela primeira vez sobre isso, em meus tempos de estudante universitário, pareceu-me ridícula a ideia de que uma entidade não física, não espacial como a alma se *dignasse* a ter uma natureza física e uma localização para se "ligar" ao cérebro físico e espacial em algum ponto específico. Parecia ridículo tentar *localizar* algo *não localizado*. No entanto, mais adiante naquele semestre, quando introduzi um cartão *wireless* externo no meu velho laptop e para me conectar à internet, percebi que a ideia de acessar algo vago, indefinido, onipresente e não localizável — minha primeira reação à explicação de meu pai sobre como ele poderia "ir para a World Wide Web" foi perguntar "Onde fica isso?" — por meio de um componente físico ou "ponto de acesso" específico talvez não seja tão risível à primeira vista, afinal de contas.

** Dependendo das perspectivas científicas e religiosas, a interface alma/corpo talvez tenha de ser um lugar especial onde a física normal, determinística, fundamentada em causa e efeito, não vale. Isso é metafisicamente constrangedor, portanto faz sentido que Descartes desejasse encolher o mais possível essa zona de violação da física.

mumificação no Antigo Egito, por exemplo, envolvia preservar todos os órgãos de uma pessoa *exceto* o cérebro, que se supunha inútil;* ele era revolvido com ganchos, transformado numa pasta e extraído pelo nariz. Todos os outros grandes órgãos — estômago, intestinos, pulmões, fígado — ficavam acondicionados em recipientes selados, e só o coração era deixado no corpo, pois era considerado, como explica Carl Zimmer em *A fantástica história do cérebro*, "o centro do ser e da inteligência".[4]

A maioria das culturas, de fato, situa o eu em alguma parte da região torácica, em um dos órgãos do tronco. Essa concepção histórica de que o pensamento e os sentimentos têm sua sede no coração deixou seu registro fóssil nas expressões idiomáticas e na linguagem figurativa: "Ele tem um coração de leão", dizemos, ou "É de cortar o coração", ou ainda "Do fundo do meu coração". Em muitas outras línguas, como o persa, o urdu, o hindi, o zulu, esse papel cabe ao fígado: "Ele tem um fígado de leão", diria sua expressão idiomática. E os termos acadianos *karšu* (coração), *kabbatu* (fígado) e *libbu* (estômago) significavam, todos, em diferentes textos antigos, o centro do pensamento, deliberação e consciência de uma pessoa.[5]

Imagino, por exemplo, que se uma mulher do Antigo Egito surpreendesse um homem olhando ternamente em seus olhos, na parte mais alta do seu corpo — perto de seu cérebro imprestável —, ela o repreenderia, de mão no peito: "Ei, estou *aqui embaixo*".

UMA BREVE HISTÓRIA DA ALMA

O significado e o uso da palavra "alma" na Grécia Antiga (ψυχή — escrito como "psique"**) muda extraordinariamente de

---

* !

** A palavra "psique" entrou para o inglês como um termo afim, mas não século para século e de filósofo para filósofo. É meio difícil fazer distinções. É claro que nos Estados Unidos do século XXI as pessoas não falam como se falava nos Estados Unidos do século XIX, mas os estudiosos do próximo milênio terão dificuldade para tornar-se tão sensíveis a essas diferenças quanto nós somos. Até para as diferenças de *quatrocentos* anos às vezes é difícil atentar: quando Shakespeare descreve como "fios de algum negro metal" os cabelos de sua amada, é fácil esquecer que a energia elétrica ainda demoraria vários séculos para ser explorada.[6] Ele não estava comparando os cabelos da amada às prateleiras de uma loja de artigos eletrônicos. E as distinções menores, mais nuançadas, são ainda mais complicadas de fazer. "Ah, isso é tão anos 80", dizíamos às vezes sobre as piadas dos nossos amigos, já no começo dos anos 1990… Já imaginou ver um texto de 460 a.C. e perceber que o autor está falando *ironicamente* como alguém de 470 a.C.?

Voltando à "alma": a história inteira é longa, mas tem vários momentos surpreendentes. Em *Fédon*, de Platão (360 a.C.), vemos Sócrates, na iminência de sua execução, argumentar que a alma é (nas palavras do especialista Hendrik Lorenz) "menos sujeita à dissolução e destruição do que o corpo, ao invés de mais, como na visão popular".[7] *Mais!* Fiquei fascinado ao ler isso. Sócrates estava dizendo que a alma, de algum modo, *transcendia* a matéria, enquanto seus conterrâneos, ao que parece, tendiam a crer que a alma era feita de uma forma de matéria infinitamente diáfana, delicada, ínfima* — assim pensava Heráclito** —, sendo, pois,

---

sinônimo, de "alma" — uma das muitas peculiaridades da história que tornam a filologia e a etimologia tão intricadas, frustrantes e interessantes.

* Ínfima? Pois sim: "Um pedaço do seu cérebro do tamanho de um grão de areia contém 100 mil neurônios, 2 milhões de axônios e 1 bilhão de sinapses, todos 'conversando entre si'".[8]

** A concepção de Filolau, diferente mas afim, era de que a alma é uma espécie de "sintonização" do corpo.

mais vulnerável do que os tecidos do corpo, dotados de muito mais carne e resistência. Ainda que a princípio a noção de uma alma material frágil pareça ridiculamente destoante de tudo o que por tradição imaginamos sobre a alma, ela faz mais sentido, embora ofereça menos consolo, para coisas como uma lesão cerebral ou a doença de Alzheimer. Analogamente, parte do debate sobre o aborto envolve a questão de quando exatamente uma pessoa *se torna* uma pessoa. O corpo humano pode anteceder e sobreviver à alma, acreditavam os gregos do século IV a.C.

Junto com as questões sobre a composição e a durabilidade da alma, vieram as especulações sobre quem e o que a possuía. Não são apenas os psicólogos que se engalfinham com a Sentença: filósofos também parecem curiosamente empenhados em apontar com exatidão o que torna o *Homo sapiens* diferente e único. Embora Homero usasse a palavra "psique" apenas no contexto do ser humano, muitos dos pensadores e escritores que o sucederam começaram a empregar o termo com mais liberalidade. Empédocles, Anaxágoras e Demócrito usavam uma mesma palavra para se referir a plantas e animais; Empédocles acreditava ter sido um arbusto em uma vida anterior; Tales de Mileto supunha que os ímãs, por terem o poder de mover outros objetos, poderiam possuir alma.

É curioso que a palavra pareça ter sido usada em sentido mais amplo e também mais restrito do que tendemos a usá-la hoje em dia em nossa cultura. Ela é empregada para designar um tipo geral de "força vital" que anima tudo, do ser humano ao capim, mas também é interpretada com especificidade em uma esfera acentuadamente intelectual. No *Fédon*, a primeira das duas grandes obras de Platão sobre a alma, Sócrates atribui crenças, prazeres, desejos e temores ao *corpo*, enquanto a alma tem por tarefa regular esses fatores e "apreender a verdade".

Na obra posterior de Platão, *A República*, ele enumera três partes distintas da alma, "apetite", "coragem" e "razão", com as duas primeiras, as partes "inferiores", assumindo aquelas tarefas (fome, medo etc.) do corpo.

Como Platão, Aristóteles não acreditava que as pessoas possuíssem uma alma. Ele supunha que tínhamos três. Suas três eram um pouco diferentes das de Platão, mas se equiparavam razoavelmente bem. Para Aristóteles, todas as plantas e animais têm uma alma "vegetativa", que emerge da nutrição e do crescimento biológicos, e todos os animais possuem adicionalmente uma alma "apetitosa", oriunda do movimento e da ação. Mas só os seres humanos são dotados de uma terceira alma, a racional.

Usei o termo "emerge" em oposição a "controla" ou qualquer coisa nessa linha; Aristóteles, nesse aspecto, diz coisas muito interessantes. Para ele, a alma era o *efeito* do comportamento, e não a *causa*. Questões como essa continuam a pairar sobre o teste de Turing, que atribui inteligência puramente com base no comportamento.

Depois de Platão e Aristóteles, surgiu na Grécia uma escola filosófica denominada estoicismo. Os estoicos situavam a mente no coração e parecem ter dado o drástico passo de separar a noção de "alma" da noção de vida em geral; em contraste com Platão e Aristóteles, eles supunham que as plantas *não* tinham alma. Assim, quando o estoicismo ganhou popularidade na Grécia, a alma deixou de ser responsável por funções vitais em geral e, mais especificamente, pelos aspectos mentais e psicológicos.*

---

* Os estoicos tinham outra teoria interessante, que pressagiou bem alguns dos avanços da ciência da computação nos anos 1990. A teoria platônica da alma tripartida poderia fazer sentido em situações nas quais nos sentimos ambivalentes ou "divididos" em relação a alguma coisa — Platão poderia descrever uma situação dessas como um conflito entre diferentes partes da alma. Mas os estoicos tinham apenas uma alma com um conjunto de funções, e se esforçaram para descrevê-la como "indivisível". Como, então, explicar a ambivalência? Nas

NENHUM CÃO MERECE O CÉU

O estoicismo parece ter sido uma das filosofias tributárias que desaguaram no cristianismo e depois levaram René Descartes a formular suas seminais teorias filosóficas da mente. Para o monoteísta Descartes, presumivelmente a noção (platônica) de múltiplas almas se acotovelando era um tanto indigesta (embora ninguém pudesse negar a sedução da trindade cristã); por isso ele procurou identificar a fronteira entre "nós e eles" recorrendo a uma única alma, *a* alma. Foi bem além de Aristóteles, dizendo mesmo que, com exceção dos humanos, nenhum animal possui alma, de espécie alguma.

Qualquer criança que tenha frequentado as aulas de catequese sabe que esse é um tema espinhoso na teologia cristã. Crianças fazem perguntas incômodas quando seu animal de estimação está para morrer, e em geral obtêm respostas desajeitadas ou improvisadas. O assunto surge por toda parte também na cultura popular, desde a provocação intencional do título *Todos os cães merecem o céu*[9] até o maravilhoso momento em *Chocolate*[10] quando o novo padre, desconcertado e sem fala quando um paroquiano lhe pergunta se o seu cachorro (sem alma) estava cometendo pecado ao entrar numa loja durante a Quaresma, prescreve sumariamente

---

palavras de Plutarco, ela é a "condução da razão única para ambas as direções, o que não notamos devido à intensidade e rapidez da mudança". Lembro-me de ter visto, nos anos 1990, uma propaganda na televisão sobre o Windows 95 na qual quatro animações apareciam em sucessão conforme a seta do mouse ia clicando em uma, depois em outra. Isso representava os antigos sistemas operacionais. De repente, todas as quatro animações passavam a acontecer ao mesmo tempo: isso representava o Windows 95, com a *multitarefa*. Até por volta de 2007, quando máquinas multiprocessadoras se tornaram cada vez mais comuns, multitarefa era apenas ficar mudando, estoicamente, de um processo para outro, como zombava a propaganda do Windows 95, só que automaticamente e em alta velocidade.

algumas ave-marias e pais-nossos e fecha de supetão a janela do confessionário. Fim de papo.

Enquanto alguns gregos haviam imaginado que animais e até plantas eram dotados de alma — Empédocles até achava que fora um arbusto numa vida passada —, Descartes, em contraste, foi firme e empedernido. Nem mesmo a ideia aristotélica das múltiplas almas ou a platônica das almas parciais o satisfizeram. Nossa alma monopolista, exclusivamente humana, era única. Nenhum cão vai para o céu.

O FIM PARA PÔR FIM A TODOS OS FINS: EUDEMONIA

Mas onde vai dar toda essa conversa sobre alma, afinal? Indicar a força que nos anima é indicar nossa natureza e o nosso lugar no mundo, e isso é indicar como devemos viver.

Aristóteles, no século IV a.C., abordou a questão em *Ética a Nicômaco*. O principal argumento nessa que é uma de suas obras mais famosas é mais ou menos como se exporá a seguir. Na vida há meios e fins: fazemos x para que aconteça y. No entanto, a maioria dos "fins" são apenas meios para outros fins. Abastecemos o carro com gasolina para ir à loja, vamos à loja para comprar papel de impressora, compramos papel de impressora para enviar nosso currículo, enviamos o currículo para conseguir um emprego, conseguimos um emprego para ganhar dinheiro, ganhamos dinheiro para comprar comida, compramos comida para nos manter vivos, nos mantemos vivos para... bem, qual seria, exatamente, o objetivo de *viver*?

Existe um fim, um único fim, diz Aristóteles, que não dá lugar a nenhum outro por trás dele. O nome desse fim, εὐδαιμονία em grego (escrevemos "eudemonia"), tem várias traduções: "felicidade" é a mais comum, "sucesso" e "florescimento" são outras.

Etimologicamente, significa algo como "bem-estar do espírito". Prefiro "florescimento" — não dá margem a prazeres superficialmente hedonistas ou passivos que às vezes podem se insinuar sob o guarda-chuva de "felicidade" (comer batata frita em geral me deixa "feliz", mas não sei se "floresço" ao fazê-lo), nem aos aspectos superficialmente competitivos e potencialmente cruéis do "sucesso" (posso "ter sucesso" vencendo meu colega numa partida de futebol de botão, escapando impune depois de cometer uma colossal fraude financeira ou matando um rival em um duelo, mas novamente nada disso parece ter qualquer relação com "florescer"). Como a metáfora botânica subjacente, "florescer" sugere transitoriedade, efemeridade, uma espécie de ênfase no processo mais do que no produto, além da ideia — crucial em Aristóteles — de fazer o que é nosso papel fazer, concretizar nossa promessa e potencial.

Outra crítica a "felicidade" — e uma razão de ela ser ligeiramente mais próxima de "sucesso" — é que os gregos parecem não se importar com o que de fato *sentimos*. Eudemonia é eudemonia, quer a reconheçamos e vivenciamos ou não. Podemos pensar que a temos e estar enganados; podemos pensar que *não* a temos e estar enganados.*

Crucial para a eudemonia é ἀρετή — "areté", traduzido como "excelência" e "realização de propósito". O termo aplica-se tanto ao orgânico como ao inorgânico: uma árvore em flor na primavera tem "areté", e uma faca de cozinha afiada cortando uma cenoura também.

---

* Essa é uma nuance interessante, considerando o quanto a distinção entre subjetivo e objetivo é crucial para a moderna filosofia da mente. De fato, a experiência subjetiva parece ser o alicerce, a peça defensiva crucial, em vários argumentos contra coisas como a inteligência das máquinas. Os gregos não parecem ter se preocupado com isso.

Citando um filósofo radicalmente diferente — Nietzsche —, "Não existe nada melhor do que o que é bom! E isso significa: possuir uma dada capacidade e usá-la".[11] Em um sentido mais delicado, mais botânico, essa também é a ideia de Aristóteles.[12] Assim, a tarefa que ele se atribui é descobrir a capacidade dos humanos. O propósito das flores é florescer; o das facas, cortar. Qual o nosso propósito?

A SENTENÇA DE ARISTÓTELES; FALHA NA SENTENÇA DE ARISTÓTELES

Aristóteles decidiu-se por um caminho bem razoável, a meu ver: abordar a questão do propósito do ser humano examinando que capacidades o homem possuía mas que inexistiam nos animais. As plantas podiam extrair nutrientes e prosperar fisicamente; os animais pareciam ter intenções e vontades, eram capazes de se mover, correr, caçar e além disso podiam criar estruturas sociais básicas. Mas somente os humanos, aparentemente, eram dotados de *razão*.

Portanto, diz Aristóteles, a areté humana reside na contemplação — "a felicidade perfeita é uma espécie de atividade contemplativa", ele explica, e para rematar acrescenta que "a atividade dos deuses [...] há de ser uma forma de contemplação". Dá para imaginar o quanto essa conclusão é conveniente para um *filósofo profissional* — e podemos justificadamente farejar um conflito de interesses. Por outro lado, é difícil saber se as conclusões de Aristóteles derivaram de seu estilo de vida ou se o seu estilo de vida derivou de suas conclusões, de modo que não devemos ser precipitados em nossos julgamentos. Além do mais, quem entre nós não teria certo autointeresse ao conceber sua própria noção de "humano mais humano"? Ainda assim, mesmo que devamos receber com um pé atrás o "louvor dos pensadores ao pensamento", a ênfase que eles deram à razão parece ter vingado.

O COGITO

A ênfase no raciocínio tem respaldo no pensamento grego, não apenas em Aristóteles. Os estoicos, como vimos, também limitaram o domínio da alma ao da razão. Mas a visão de Aristóteles sobre a razão é contrabalançada por sua noção de que as impressões sensoriais são o veículo, ou linguagem, do pensamento. (Os epicuristas, rivais dos estoicos, acreditavam que a experiência sensorial — o que os filósofos contemporâneos chamam de *qualia* —, e não o pensamento intelectual, era a característica distintiva dos seres dotados de alma.) Mas Platão, ao que parece, quis a maior distância possível da experiência real, bruta, do mundo, preferindo a relativa perfeição e clareza da abstração, e antes dele Sócrates dissera que a mente demasiado voltada para a experiência dos sentidos era "ébria", "distraída" e "cega".*

Descartes, no século XVII, retoma essas ideias e alavanca a desconfiança com relação aos sentidos na direção de um ceticismo radical: como sei que minhas mãos estão de fato diante de mim? Como sei que o mundo de fato existe? Como sei que *eu* existo?

Sua resposta se torna a mais famosa de toda a filosofia. *Cogito ergo sum.* Penso, logo existo.

Eu *penso*, logo existo — e não "eu registro o mundo" (como poderia ter dito Epicuro), nem "eu vivencio" ou "eu sinto", "eu

---

* Nas palavras de Hendrik Lorenz, "Quando a alma faz uso dos sentidos e atenta para elementos perceptíveis, 'ela se perde, fica confusa e atordoada, como se estivesse bêbada'. Em contraste, quando permanece 'ela mesma em si mesma' e investiga aspectos inteligíveis, deixa de se perder, e alcança estabilidade e sabedoria".

desejo", "eu reconheço", "eu percebo". Não. Eu *penso*. A capacidade mais *distante* da realidade vivida é a que nos assegura da realidade vivida — pelo menos é o que diz Descartes.

Esse é um dos mais interessantes enredos secundários, e ironias, na história da IA, pois foi a lógica dedutiva, um campo que Aristóteles ajudou a inventar, o primeiro dominó a cair.

PORTAS LÓGICAS

Podemos dizer que tudo começa no século XIX, quando o matemático e filósofo inglês George Boole elabora e publica um sistema para descrever a lógica em termos de conjunções de três operações básicas: AND [e], OR [ou]* e NOT [não]. A ideia é iniciar com um número qualquer de sentenças simples e, passando-as por uma espécie de fluxograma de ANDS, ORS e NOTS, pode-se construir e decompor sentenças de complexidade essencialmente infinita. Por um bom tempo, o sistema de Boole é ignorado, lido apenas por lógicos acadêmicos e considerado de pouca utilidade prática, até que, em meados dos anos 1930, um estudante de graduação da Universidade de Michigan chamado Claude Shannon topa com as ideias de Boole em um curso de lógica quando estava

---

* A palavra "ou" é ambígua — "Você quer açúcar ou leite no café?" e "Você prefere fritas ou salada com o bife?" são dois tipos *diferentes* de pergunta. (Na primeira, "Sim" — significando "os dois" — e "Não" — significando "nenhum dos dois" — são respostas perfeitamente apropriadas. Já na segunda, entende-se que você escolherá uma, e só uma das opções.) Respondemos de modo diferente, e apropriado, a cada uma, muitas vezes sem notar conscientemente a diferença. Os lógicos, tendo em vista maior precisão, usam os termos "ou inclusivo" e "ou exclusivo" para esses dois tipos de pergunta, respectivamente. Na lógica booliana, "OR" se refere ao ou *inclusivo*, que significa "tanto um como o outro, ou *ambos*". O ou exclusivo — "ou um ou outro, *mas não* ambos"— é escrito "XOR".

para se diplomar em matemática e engenharia elétrica. Em 1937, aos 21 anos e pós-graduando no MIT, Shannon tem um lampejo; as duas disciplinas se unem e se misturam como cartas de um baralho. É possível, ele se dá conta, implementar a lógica booliana *eletricamente*, e, na que foi apontada como "a mais importante tese de mestrado de todos os tempos", ele explica como. Assim nasce a "porta lógica" — e logo depois, o processador.[13]

Shannon também ressalta que podemos pensar em *números* nos termos da lógica booliana, concebendo cada número como uma série de sentenças do tipo verdadeiro ou falso sobre os números que ela contém — especificamente, que potências de 2 (1, 2, 4, 8, 16...) ela contém, pois cada inteiro pode ser obtido com a adição de no máximo uma de cada. Por exemplo, 3 contém 1 e 2 mas não 4, 8, 16 etc.; 5 contém 4 e 1 mas não 2; e 15 contém 1, 2, 4 e 8. Assim, um conjunto de portas na lógica booliana poderia tratá-los como um pacote de lógica, verdadeiro e falso, "sins" e "nãos". Esse sistema de representar números é conhecido até para aqueles de nós que nunca ouviram falar de Shannon ou Boole — ele é, evidentemente, binário.

Assim, de uma tacada, a tese de mestrado do jovem Claude Shannon abre caminho para o processador *e* para a matemática digital. E tornará obsoleta a profissão de sua futura esposa, que a essa altura ele ainda não conhece.

A tese faz mais do que isso. Ela constitui uma parte importante da história recente — das portas lógicas mecânicas de Charles Babbage até os circuitos integrados dos nossos computadores atuais — que acaba representando um tremendo golpe na pretensão humana de exclusividade e domínio da arte de "raciocinar". Os computadores, desprovidos de quase tudo o mais que torna os humanos humanos, possuem o nosso *único* trunfo. E têm mais dele do que nós. E como recebemos isso? Como isso afeta e afetou a concepção que temos sobre nós mesmos? Como *deveria* fazê-lo?

Primeiro, examinemos melhor a filosofia sobre o eu e sua migração em tempos mais próximos do nosso: o século XX.

A MORTE SOBE À CABEÇA

Como aconteceu com o nosso devasso repreendido, e com a filosofia entre Aristóteles e Descartes, o olhar (por assim dizer) da comunidade médica e da comunidade jurídica ascende e abandona a região cardiopulmonar, e o cérebro se transforma no centro não só da vida mas da morte. Durante a maior parte da história humana, a respiração e os batimentos cardíacos foram os fatores considerados relevantes para determinar se uma pessoa estava ou não "morta". No século XX, porém, a determinação da morte se tornou cada vez menos clara, e o mesmo se deu com sua *definição*, que pareceu desvincular-se progressivamente do coração e dos pulmões. Essa mudança foi ocasionada pelo rápido avanço da compreensão do cérebro pela medicina e pela recém-descoberta capacidade de reativar e/ou manter o sistema cardiopulmonar em funcionamento por meio de ressuscitação cardiopulmonar, desfibriladores, respiradores e marca-passos. Junto com essas mudanças, a crescente viabilidade da doação de órgãos adicionou uma interessante pressão ao debate: declarar "mortas" certas pessoas que apresentam respiração e pulsação e, portanto, se classificam como adequadas para a doação de órgãos poderia salvar a vida de outros.* A Comissão Presidencial para o Estudo de Problemas Éticos em Medicina e Pesquisa Biomédica e Comportamental apresentou ao presidente americano Ronald Reagan, no verão de 1981, um relatório de 177 páginas intitulado *Definição de morte*,[14]

---

* O coração precisa do cérebro tanto quanto este precisa do coração. Mas o coração — com o devido respeito — é intercambiável.

que expandiu a definição legal de morte nos Estados Unidos, seguindo a decisão de 1968 de um comitê especial da Faculdade de Medicina de Harvard de *incluir* pessoas com função cardiopulmonar (artificial ou natural) que apresentavam dano cerebral grave e irreparável. A Lei de Determinação Uniforme da Morte, aprovada em 1981, especifica o "cessamento irreversível de todas as funções do cérebro considerado em sua totalidade, inclusive o tronco cerebral".[15]

Nossas definições médicas e legais de morte — assim como nossa ideia do que significa viver — se mudam para o cérebro. Procuramos a morte onde procuramos a vida.

A maior parte dessa mudança de definição agora já se deu, mas certas nuances e mais do que nuances permanecem. Por exemplo: um dano em certas áreas específicas do cérebro será suficiente para determinar a morte? Em caso positivo, quais áreas? A Lei de Determinação Uniforme da Morte evitou explicitamente questões ligadas à "morte neocortical" e ao "estado vegetativo persistente" — e essas, permanecendo sem resposta, deixam em sua esteira enormes problemas médicos, legais e filosóficos, como evidenciou a controvérsia legal de quase uma década acerca de Terri Schiavo (em certo sentido, em torno da condição de Terri Schiavo, se estava ou não legalmente "viva").[16]

Não é minha intenção aqui enveredar pelo emaranhado legal, ético e neurológico a respeito da morte em si, nem pelo vespeiro teológico em torno de onde exatamente se pensa que ocorre a ligação entre alma e corpo. Tampouco pelo enigma metafísico sobre o "dualismo" cartesiano — a questão de os "fenômenos mentais" e os "fenômenos físicos" serem feitos do mesmo tipo de coisa ou de duas coisas distintas. Essas questões são profundas e nos afastam demais do nosso curso. A questão que me interessa é como essa mudança anatômica afeta nossa ideia do que *significa* estar vivo e ser humano e é afetada por essa ideia.

Esse cerne, essa essência, esse significado parecem ter migrado, nos últimos milênios, do corpo como um todo para os órgãos do tronco (coração, pulmões, fígado, estômago) e para o órgão da cabeça. O que virá a seguir?

Consideremos, por exemplo, o exemplo dos hemisférios esquerdo e direito.

O cérebro humano é composto de dois "hemisférios cerebrais" ou "meios-cérebros", o esquerdo e o direito. Eles se comunicam através de um "cabo" de "banda extremamente larga" — um feixe de cerca de 200 milhões de axônios chamado corpo caloso. Com exceção dos dados transmitidos em mão dupla pela via do corpo caloso, as metades do nosso cérebro operam de forma independente, e de modos bem distintos.

O CÉREBRO DIVIDIDO

Então, *onde estamos?*

Onde essa questão se evidencia do modo mais chocante e estranho é nos pacientes com "cérebro dividido", como são chamadas as pessoas cujos hemisférios não podem mais se comunicar porque foram separados, em geral em cirurgias destinadas a reduzir convulsões epilépticas. "Joe", um paciente com cérebro dividido, comenta: "Agora o hemisfério esquerdo e o hemisfério direito trabalham independentes um do outro. Mas a gente não nota... Não parece nem um pouco diferente de como era antes".

Vale a pena lembrar que "a gente", nesse caso, um substituto retórico para "eu", não se aplica mais ao cérebro de Joe como um todo; o domínio desse pronome encolheu. Refere-se agora apenas ao hemisfério esquerdo, que é o hemisfério dominante na linguagem. Só essa metade está falando, podemos afirmar.

Seja como for, Joe está dizendo que "ele" — ou seu hemisfério esquerdo — não nota nada diferente. Mas as coisas *estão* diferentes, sim, diz seu médico, Michael Gazzaniga. "Podemos recorrer a truques, inserindo informações em seu hemisfério direito, desconectado, mudo, não falante, e observá-lo produzir comportamentos. E com base nisso podemos ver que realmente há razão para crer que processos complexos de todo tipo estão ocorrendo fora da atenção consciente de seu meio-cérebro esquerdo."

Em um dos experimentos mais estranhos, Gazzaniga mostra de relance duas imagens, um martelo e um serrote, a partes diferentes do campo visual de Joe, de modo que a imagem do martelo vá para seu hemisfério esquerdo, e a do serrote, para o direito. "O que você viu?", Gazzaniga pergunta.

"Vi um martelo", diz Joe.

Gazzaniga faz uma pausa, e então pede: "Feche os olhos e desenhe com a mão esquerda". Joe pega um marcador com a mão esquerda, que é controlada pelo hemisfério direito. "Deixe que a mão se mova naturalmente", diz Gazzaniga. A mão esquerda de Joe desenha um serrote.

"Ficou bom", diz Gazzaniga. "O que é isso?"

"Serrote?", Joe se admira, confuso.

"Sim. O que você viu?"

"Martelo."

"Por que desenhou isso?"

"Não sei", responde Joe, ou pelo menos seu cérebro esquerdo.

Em outro experimento, Gazzaniga mostra de relance um pé de galinha ao hemisfério esquerdo (o "falante") de um paciente com cérebro dividido, e um banco de neve ao hemisfério direito (o "mudo"). O paciente desenha uma pá de remover neve, e, quando Gazzaniga lhe pergunta por que ele desenhou a pá, o sujeito não hesita. Responde com segurança: "Ah, é simples. O pé de galinha faz parte da galinha, e é preciso uma pá para limpar o galinheiro". Obviamente, como explicação, isso é falso.

O hemisfério esquerdo, ao que parece, está sempre fazendo inferências de causa e efeito a partir do que vivenciamos, sempre tentando dar um sentido aos acontecimentos. Gazzaniga chama esse módulo, ou seja lá o que ele for exatamente, de "intérprete". Os pacientes com cérebro dividido nos mostram que o intérprete não vacila e com facilidade confabula uma falsa relação causal ou um falso motivo. "Mentir" seria um termo muito forte para descrever o processo. Melhor seria "declarar com confiança sua melhor suposição". Sem acesso ao que está ocorrendo no hemisfério direito, essa suposição pode ser, às vezes, puramente especulativa, como nesse caso específico. Mas o fascinante é que, mesmo em um cérebro *saudável*, esse intérprete pode não acertar o tempo todo.[17]

Vejamos outro exemplo: uma mulher submetida a um procedimento médico teve seu "córtex motor suplementar" eletricamente estimulado, e isso produziu risadas incontroláveis. Mas, em vez de ficar perplexa com essa gargalhada inesperada, ela agiu como se qualquer pessoa em seu lugar pudesse ter feito o mesmo: "Vocês estão tão engraçados, aí em volta de mim".[18]

Acho terrível que, quando um bebê chora, os pais nem sempre conseguem ter ideia do motivo. Fome? Sede? Fralda suja? Cansaço? Se ao menos o bebê fosse capaz de lhes dizer! Mas não, eles são obrigados a percorrer toda a lista — está com fome; não, continua chorando; vamos trocar a fralda; não, continua chorando; olhe aqui o seu cobertor, talvez você precise dormir um pouco; não, continua chorando… Mas me ocorre que isso também descreve minha relação *comigo mesmo*. Quando estou de mau humor, penso: "Como está indo meu trabalho? Como está minha vida social? Como está minha vida amorosa? Quanta água bebi hoje? Comi bem? Tomei café demais? Me exercitei o suficiente? Como tenho dormido? Como está o tempo?". E às vezes isso é o melhor que posso fazer: comer uma fruta, correr na rua, tirar um cochilo etc., até que o humor mude e eu então pense: "Ah, acho que era isso". Não sou melhor do que um bebê.

Uma ocasião, quando eu cursava a pós-graduação, depois de tomar uma decisão que a meu ver não era trivial, mas uma decisão importantíssima na minha vida, comecei a sentir um certo mal-estar. Quanto mais mal-estar eu sentia, mais me punha a reconsiderar minha decisão, e quanto mais eu reconsiderava a decisão — eu estava no ônibus, a caminho do campus —, mais me sentia nauseado, suado, com calafrios e calores alternados. "Minha nossa", lembro-me de ter pensado. "Isso é mesmo muito mais importante do que eu imaginava!" Nada disso. Acontece, simplesmente, que eu havia pegado a virose estomacal que andava atacando todo mundo no departamento aquele mês.

Encontramos relatos sobre esse tipo de "erro de atribuição" em vários estudos fascinantes. Provou-se, por exemplo, que as pessoas nos parecem mais atraentes quando conversamos durante a travessia de uma ponte suspensa ou andando numa montanha-russa. Ao que parece, o corpo gera todo aquele nervosismo, que na verdade é medo, mas a mente racional diz alguma coisa como "Nossa, que tremedeira! Mas obviamente não há nada a temer em uma simples montanha-russa ou ponte. Elas são totalmente seguras. Portanto, deve ser a pessoa ao meu lado que está me causando tamanha perturbação...". Em um estudo canadense, uma mulher deu o número de seu telefone a homens participantes de uma caminhada radical em uma de duas situações: pouco antes de chegarem à ponte suspensa de Capilano ou no meio da ponte. Os que a conheceram *na ponte* mostraram probabilidade dobrada de lhe telefonar para marcar um encontro.[19]

Quem é capaz de montar um arrazoado bem convincente para o que fez pode sair-se de dificuldades mais frequentemente do que alguém que fica sem saber como explicar por que fez o que fez. Mas ainda que uma pessoa nos apresente uma explicação sensata para um comportamento estranho ou repreensível *e* que seja uma pessoa honesta, isso não significa que a explicação é correta. E a capacidade de tapar com algo plausível a fenda entre causa e efeito não torna a pessoa mais racional, responsável ou virtuosa, muito embora seja muito comum que a julguemos assim.

Gazzaniga comenta: "O que nos ensinam Joe e os pacientes como ele, que são muitos, é que a mente se compõe de uma constelação de agentes independentes e semi-independentes. E esses agentes, esses processos, executam grande número de atividades fora da nossa percepção consciente".

"Nossa percepção consciente" — *nossa!* A implicação aqui (que Gazzaniga depois confirmou de forma explícita) é que o pronome "eu" usado por Joe pode ter sempre se referido sobretudo, e primordialmente, a seu hemisfério esquerdo. E o mesmo vale para nós, ele diz.

CHAUVINISMO HEMISFÉRICO: COMPUTADOR E CRIATURA

"Toda a história da neurologia e da neuropsicologia pode ser vista como uma história do estudo do hemisfério esquerdo", afirma o neurologista Oliver Sacks.

Uma razão importante da desatenção para com o hemisfério direito, ou "não dominante", como sempre foi chamado, é que, enquanto é fácil demonstrar os efeitos de várias lesões localizadas no hemisfério esquerdo, as síndromes correspondentes do hemisfério direito são muito menos distintas. Presumia-se, em geral depreciativamente, que ele fosse mais "primitivo" que o esquerdo, sendo este último visto como a flor única da evolução humana. E, em certo sentido, isso é correto: o hemisfério esquerdo é mais complexo e especializado, um produto muito recente do cérebro primata e especialmente hominídeo. Por outro lado, é o hemisfério direito quem controla as faculdades cruciais de reconhecimento da realidade que todo ser vivo precisa possuir para sobreviver. O hemisfério esquerdo, como um computador anexado ao cérebro básico da criatura, é projetado para programas e esquematizações; e a neurologia clássica se interessa mais por esquematizações do que pela realidade, de modo que, quando finalmente emergiram algumas das síndromes do hemisfério direito, foram consideradas bizarras.[20]

O neurologista V. S. Ramachandran pensa na mesma linha:

O hemisfério esquerdo é especializado não só na produção efetiva dos sons da fala, mas também na imposição da estrutura sintática na fala e em boa parte do que se denomina semântica, a compreensão do sentido. O hemisfério direito, por sua vez, não controla as palavras faladas, mas parece ocupar-se de aspectos mais sutis da linguagem, como as nuances da metáfora, alegoria e ambiguidade — habilidades que não são enfatizadas de modo adequado em nossas escolas elementares, mas são vitais para o avanço das civilizações através da poesia, mito e drama. Tendemos a classificar o hemisfério esquerdo como o hemisfério principal ou "dominante" porque ele, como um chauvinista, se encarrega totalmente da fala (e talvez também de boa parte do pensamento interno), reivindicando a posição de repositório do mais elevado atributo da humanidade, a linguagem.[21]

"Infelizmente", ele explica, "o mudo hemisfério direito nada pode fazer para protestar."

LEVEMENTE MAIS PARA UM LADO

Esse estranho enfoque e "dominância" do hemisfério esquerdo se evidenciam, segundo Sir Ken Robinson, especialista em arte e educação, na hierarquia das disciplinas em praticamente todos os sistemas educacionais do mundo:

> No topo estão a matemática e as línguas, depois vêm as humanidades, e na base ficam as artes. Em toda a Terra. E também em boa parte de todo o sistema existe uma hierarquia nas artes. As artes plásticas e a música normalmente desfrutam de um status mais elevado nas escolas do que o teatro e a dança. Não existe um único sistema educacional no planeta que ensine dança diariamente às crianças do modo como lhes ensina matemática. Por quê? Por que não? Acho isso muito importante. Penso que a matemática é importante, mas a dança também é. As crianças dançam o tempo todo, se lhes for permitido; todos dançamos. Todos temos corpo, não temos? Não entendo. Na verdade, o que acontece é que, conforme as crianças crescem, passamos a educá-las cada vez mais da cintura para cima. E então nos concentramos na cabeça. E levemente mais para um lado.[22]

Esse lado, como se sabe, é o esquerdo.

O sistema de ensino americano "promove uma ideia catastroficamente estreita de inteligência e aptidão", diz Robinson.[23] Se o hemisfério esquerdo é, nas palavras de Sacks, "como um computador anexado ao cérebro básico da criatura", então, quando nos identificamos com as ações do hemisfério esquerdo, orgulhando-nos dele e nos "localizando" nele, começamos a nos ver, de certo modo, como computadores. Ao educar melhor o hemisfério esquerdo, valorizá-lo mais, recompensar e aperfeiçoar suas habilidades, começamos de fato a *nos tornar* computadores.

AGENTES RACIONAIS

Vemos essa mesma parcialidade pelo hemisfério esquerdo no campo na economia. As emoções são vistas como cracas no casco liso da mente. As decisões devem ser tomadas, no maior grau possível, na ausência de emoções, e de modo calculado, até mesmo algoritmicamente. Baba Shiv, da Escola de Pós-Graduação em Negócios de Stanford, diz:

> Se alguém houvesse perguntado a Benjamin Franklin como devemos proceder para chegar a uma decisão, ele teria aconselhado enumerar todos os pontos positivos e negativos da opção corrente, enumerar todos os pontos positivos e negativos de todas as alternativas possíveis e então escolher a opção que tivesse o maior número de positivos e o menor de negativos.[24]

Essa noção analítica e despida de emoção sobre o modo ideal de se tomar decisões foi codificada no modelo do "agente racional" na teoria econômica. O consumidor ou investidor-modelo, segundo a teoria, teria acesso a todas as informações possíveis sobre o mercado e poderia de algum modo destilá-las instantaneamente para fazer a escolha perfeita. Para nosso espanto, isso não acontece com os mercados reais nem com os investidores e consumidores reais.

No entanto, mesmo quando se reconheceu que essa racionalidade onisciente *não* era o modelo correto a ser usado, os economistas pareceram mais interessados em falar sobre isso como um defeito e não uma qualidade. No livro *Previsivelmente irracional*, do economista estudioso do comportamento Dan Ariely, por exemplo, o autor argumenta contra o modelo do agente racional ressaltando os vários comportamentos humanos não condizentes com ele.[25] Uma vitória para a reassimilação das várias capacidades negligenciadas e denegridas do eu? Uma olhada nos elogios na capa do livro basta para respondermos com um retumbante não, pois revela sob que luz devemos interpretar esses desvios em relação à teoria econômica. "Como nos prevenir de ser enganados", diz Jerome Groopman, professor da cátedra Recanati da Faculdade de Medicina de Harvard. "Os estranhos modos como agimos", diz James Surowiecki, autor de livros sobre negócios. "Deficiências, erros e equívocos", aponta o psicólogo Daniel Gilbert, de Harvard. "Erros tolos e às vezes desastrosos", alerta o Prêmio Nobel de economia George Akerlof. "Administrar as próprias emoções [...] tão difícil para todos nós [...] pode nos ajudar a evitar erros comuns", garante o ícone das finanças Charles Schwab.*[26] Acontece que o que é interpretado como "irracionalidade" na tradicional economia "racional" é simplesmente má ciência, alerta o Prêmio Nobel Daniel Kahneman, de Princeton.[27] Diante da escolha entre 1 milhão de dólares e 50% de chance de ganhar 4 milhões de dólares, por exemplo, a escolha "racional" é "obviamente" a segunda, cujo "resultado esperado" é 2 milhões de dólares, o dobro da primeira oferta. Contudo, a maioria das pessoas diz que escolheria a primeira — tolas! Serão mesmo? Tudo depende do tamanho da nossa riqueza: quanto mais rica é a pessoa, mais inclinada a apostar. Isso quer dizer que pessoas mais ricas são mais lógicas (como demonstrado pelo fato de serem ricas)? Ou é porque os menos ricos são cegados por uma reação emocional ao dinheiro? Será porque, tragicamente, o cérebro é mais avesso à perda do que motivado pelo ganho? Ou talvez a pessoa rica que aceita a aposta e a menos rica que a recusa estejam, na verdade, escolhendo apropriadamente em suas respectivas situações. Pense bem: uma

---

* A sequência do livro, *Positivamente irracional*, mostra mais otimismo sobre a "irracionalidade" no título, porém não muito no texto propriamente dito.

família superendividada e prestes a perder sua casa por inadimplência faria um excelente uso desse primeiro milhão; os 3 milhões adicionais seriam muito bem-vindos, mas não mudariam muita coisa. Não vale a pena nesse caso apostar na oferta do "quádruplo ou nada". Já para um bilionário como Donald Trump, 1 milhão de dólares é uma ninharia, e é bem provável que ele arriscasse, sabendo que a probabilidade está a seu favor. Cada um escolhe do seu jeito — e escolhe *corretamente*.

Seja como for, e com exceção de exemplos como o anterior, a atitude prevalecente parece clara: tanto os economistas que aceitam a teoria da escolha racional como os que a criticam (em favor da chamada "racionalidade limitada") pensam que, para a tomada de decisão, a abordagem sem emoção, à moda do dr. Spock, é comprovadamente superior. Devemos todos aspirar ao abandono da nossa ascendência símia tanto quanto nos for possível — infelizmente, somos falíveis e ainda assim vez ou outra cometeremos "equívocos" matizados pela emoção.

Essa foi durante séculos, e de modo geral continua a ser, a corrente teórica dominante, e não só a economia, mas também a história intelectual do Ocidente como um todo são cheias de exemplos da criatura necessitada do computador. Mas exemplos do *inverso*, do computador necessitado da criatura, foram muito mais raros e escassos — até recentemente.

Baba Shiv afirma que já nos anos 1960 e 70 a biologia evolutiva lançou a seguinte pergunta: afinal, se a contribuição das emoções para a tomada de decisões é tão terrível e prejudicial, por que então evoluiu? Se ela fosse algo tão ruim, sua evolução não teria ocorrido de outra maneira? Imagino que os teóricos da escolha racional responderiam algo nesta linha: "Estamos no caminho de saber, mas não bastante rápido". Em fins dos anos 1980 e durante toda a década seguinte, diz Shiv, os neurocientistas "começaram a apresentar dados que corroboravam o ponto de vista diametralmente oposto" ao da teoria da escolha racional, ou seja, a emoção "é *essencial* e *fundamental* para tomarmos boas decisões".

Shiv menciona um paciente seu que "teve uma área do cérebro emocional destruída" por um derrame. Depois de um dia fazendo testes e diagnósticos com esse paciente, que se oferecera como voluntário, Shiv ofereceu-lhe uma escolha entre dois objetos, à guisa de presente de agradecimento: uma caneta e uma carteira. Ele diz:

> Se você estiver diante de uma decisão trivial como essa, irá examinar a caneta, a carteira, pensar um pouco, pegar uma delas e sair. E pronto. Não é uma escolha consequencial. É apenas uma caneta e uma carteira. Esse paciente não age assim. Ele faz o mesmo que faríamos, examina as duas coisas, pensa um pouco, pega a caneta, sai andando; depois hesita, pega a carteira. Sai da sala, volta e pega a caneta. Vai para seu quarto no hotel — acredite: uma decisão não consequente! —, deixa uma mensagem em minha secretária eletrônica dizendo: "Amanhã, quando eu for até aí, posso pegar a carteira?". Um estado constante de indecisão.

O neurologista e professor da South California University Antoine Bechara[28] teve um paciente semelhante que uma ocasião precisou assinar um documento e hesitou entre duas canetas na mesa por vinte minutos.*[29,30] (Se somos algum híbrido de compu-

---

* O neurologista António Damásio mostrou-lhe uma série de figuras com alta carga emocional — um pé amputado, uma mulher nua, uma casa em chamas — e ele quase não reagiu. Os fãs de *Blade Runner*,[29] *o caçador de androides*, ou do escritor de ficção científica Philip K. Dick[30] farão aqui a associação com a imagem quase idêntica do fictício "teste de Voigt-Kampff". Ainda bem que o paciente não vivia no universo de *Blade Runner*; Harrison Ford perceberia que o homem era um replicante e o mataria.

tador/criatura, parece que um dano nas forças e impulsos da criatura nos deixa vulneráveis a problemas análogos aos dos computadores, como o congelamento e a parada do processador.) Em casos como esse, não existe uma resposta "racional" ou "correta". Por isso a mente lógica, analítica, emperra.

Em outras decisões nas quais não há objetivamente uma melhor escolha, em que existem simplesmente algumas variáveis subjetivas que compensam umas as outras (por exemplo, passagens aéreas, casas e, inclui Shiv, "seleção de parceiros" (isto é, de possíveis namorados), a mente hiper-racional basicamente se desorienta, o que Shiv chama de "dilema decisório". A natureza da situação é tal que informações adicionais talvez não sejam de nenhuma ajuda. Nesses casos — lembremos a parábola do burro que, a meio caminho entre dois fardos de feno, morre de fome por não conseguir decidir para que lado deve andar — o que desejamos, mais do que estar "corretos", é ficar *satisfeitos* com nossa escolha (e sair do dilema).

Shiv pratica o que prega. Quando se casou, foi em um casamento arranjado; ele e a mulher decidiram subir ao altar depois de conversar por vinte minutos,* e combinaram que comprariam sua casa da primeira vez que a vissem.

RECOBRANDO OS SENTIDOS

Todo esse "viés hemisférico", ou viés de racionalidade, ou viés analítico, como poderíamos chamar essa parcialidade, pois a questão diz respeito mais ao pensamento analítico e articulação linguística do que ao hemisfério esquerdo em si, compõe um conjunto de

* A *suprema* vitória do teste de Turing, poderíamos dizer.

outras tendências sociais prevalecentes e é composto por elas, produzindo alguns resultados inegavelmente inquietantes.

Ele me faz pensar, por exemplo, em meus tempos de menino na Confraternidade da Doutrina Cristã, ou na catequese noturna para alunos de escolas públicas seculares. O ideal de devoção religiosa, pensava eu naquela época, era a vida de um monge em clausura, buscando um tipo de existência além-mundo na própria terra, vivendo o mais possível, em todos os aspectos, à parte da vida de um ser vivo. O ideal aristotélico: uma vida totalmente passada em contemplação. Sem alimentos fortes, sem anestesiar o corpo com a moda, sem cultuar o corpo pela via do atletismo, sem dança e, obviamente, sem sexo. Fazer música de vez em quando, sim, porém uma música tão orientada por regras de composição e razões matemáticas de harmonia que pareça, ela própria, aspirar à analítica pura e a um distanciamento da imundície e da confusão generalizadas da vida encarnada.

E assim, por muitos dos meus primeiros anos, desconfiei do meu corpo e de todos os sentimentos estranhos dele advindos. Eu *era* uma mente, mas *tinha* um reles corpo, cujo principal propósito, parecia-me, era transportar a mente, e no mais estava sempre se pondo no caminho dela. Eu era consciência, nas inesquecíveis palavras de Yeats, "que a febre faz doente/ e, acorrentado a um mísero animal morrente,/ já não sabe o que é".[31] Depois que esse animal finalmente morresse, explicaram-me, as coisas iriam melhorar muito. Dito isso, logo trataram de frisar que o suicídio era contra as regras. Estávamos todos no mesmo barco, e todo mundo tinha que esperar pelo fim da tal da vida encarnada.

Nessa fase eu sentia desprezo pelos garotos neandertais que batiam bola e grunhiam na hora do recreio enquanto meus amigos e eu conversávamos sobre o MS-DOS e Stephen Hawking. Eu considerava a necessidade de comer um estorvo; botava a comida na boca para calar as exigências do estômago como uma mãe que dá a chupeta para o bebê não chorar. Comer era *importuno*; atrapalhava a *vida*. Urinar era importuno, tomar banho era importuno, escovar as porcarias dos dentes com a escova toda manhã e toda noite era importuno, dormir um terço da vida era importuno. E o desejo sexual — deduzi que minhas primeiras incursões pueris na masturbação haviam carimbado minha passagem para o inferno —, o desejo sexual era tão importuno que eu tinha certeza de que já me custara tudo.

Quero mostrar que essa ênfase aristotélica/estoica/cartesiana/cristã na razão, no pensamento, na cabeça, essa desconfiança dos sentidos e do corpo levou a comportamentos *profundamente* estranhos, e não só entre filósofos, advogados, economistas, neurologistas, educadores e nos infelizes aspirantes a devotos, mas aparentemente em toda parte. Num mundo de trabalho braçal ao ar livre, a nobreza sedentária e banqueteira fez do sobrepeso e da palidez símbolos de status; num mundo de trabalho em informação, é um luxo ser bronzeado e esbelto, mesmo que por meios artificiais ou arriscando a saúde. Ambos os cenários parecem aquém do ideal. O próprio fato de que, via de regra, devemos voluntariamente "fazer exercício" é mau presságio: faz pensar naquele morador urbano de classe média que paga por um espaço para estacionar ou um pedágio para entrar no centro da cidade em vez de caminhar dois ou três quilômetros até seu escritório, e depois paga para frequentar uma academia (à qual ele vai de ônibus ou carro). Cresci a cinco quilômetros do oceano Atlântico; durante o verão, os salões de bronzeamento artificial a um quarteirão e meio da praia viviam cheios de clientes. Ver a nós mesmos como distintos e separados das demais criaturas é nos ver como distintos e separados do nosso *corpo*. Os resultados estapafúrdios dessa filosofia são comprovados.

MÁQUINAS DE TURING E A PROMISSÓRIA DO CORPO

Para começar a entender como essas questões de alma e corpo se cruzavam com a ciência da computação, procurei Dave Ackley, professor da área de vida artificial da New Mexico University e do Santa Fe Institute. Ele diz:

> Para mim, e essa é uma das minhas críticas, desde que Von Neumann, Turing e os caras do ENIAC* construíram máquinas, o modelo que usaram foi o da mente consciente — uma coisa por vez, nada muda exceto através do pensamento consciente — sem interrupção, sem comunicação vinda do mundo exterior. Assim, em particular a computação não só carecia da percepção do mundo, mas também não tinha a noção de possuir um corpo, portanto a computação era incorpórea, em um sentido muito real e literal. Desde que criamos computadores, emitimos uma promissória para dar-lhes um corpo, mas ainda não a honramos.[32]

Eu pergunto se alguma vez já nos ocorreu que *devemos* um corpo aos computadores. Com o ideal platônico/cartesiano da desconfiança sensorial, parece até que os computadores foram concebidos com a intenção de que *nós* nos tornássemos mais semelhantes a *eles*; em outras palavras, os computadores representam uma promissória de desincorporação que emitimos para nós mesmos. Certas escolas de pensamento, aliás, parecem imaginar a computação como uma espécie de êxtase vindouro. Ray Kurzweil (em *The Singularity is Near*, de 2005), entre vários outros cientistas

---

* John Mauchly e J. Presper Eckert, da Universidade da Pennsylvania. O ENIAC (sigla em inglês de "integrador e computador numérico eletrônico"), construído em 1946 e inicialmente usado nos cálculos para a bomba de hidrogênio, foi a primeira máquina de computação totalmente eletrônica e multiuso.

da computação, fala de um futuro utópico no qual nos desvencilharemos do nosso corpo e transferiremos nossa mente para computadores, e assim viveremos para sempre, virtuais, imortais, incorpóreos.[33] O paraíso dos hackers.

Corrobora a ideia de Ackley o fato de que a computação tradicionalmente não trata de sistemas dinâmicos, nem interativos nem de sistemas que integram dados do mundo real em tempo real. De fato, os modelos teóricos do computador, como a máquina de Turing e a arquitetura de Von Neumann, parecem reproduções de uma versão idealizada do raciocínio consciente, deliberado. Como diz Ackley, "a máquina de Von Neumann é uma imagem da nossa mente consciente quando tendemos a pensar: fazemos uma divisão longa e seguimos o algoritmo passo a passo. E não é assim que os cérebros operam. E só em circunstâncias específicas é assim que as *mentes* operam".

Falei em seguida com a cientista da teoria da computação Hava Siegelmann, da Universidade de Massachusetts, e ela concordou.[34] "Turing era [matematicamente] muito inteligente, e sugeriu a máquina de Turing como um modo de descrever um *matemático.** É um [modelo do] modo como uma pessoa resolve um problema, e não [de] como ela reconhece sua mãe." (Este segundo problema, como sugere Sacks, é da variedade que compete ao "hemisfério direito".)

Por algum tempo na Europa setecentista houve uma febre de autômatos: engenhocas feitas para se parecer com pessoas ou animais de verdade e agir tanto quanto possível como eles. O mais famoso e aplaudido exemplo foi o "Canard Digérateur", ou "pato digestor", criado por Jacques de Vaucanson em 1739. O pato

---

* Lembremos Turing: "A ideia por trás dos computadores digitais pode ser explicada dizendo que essas máquinas se destinam a efetuar todas as operações que podem ser feitas por um computador humano".

causou tanta sensação que até Voltaire escreveu sobre ele, embora zombeteiramente: "*Sans* [...] *le canard de Vaucanson vous n'auriez rien que fit ressouvenir de la gloire de la France*", que alguns traduziram comicamente assim: "Sem o pato defecador não teríamos nada para nos lembrar da glória da França".

Na verdade, apesar de Vaucanson afirmar que pusera um "laboratório químico" no interior do pato para imitar a digestão, o que havia era apenas uma bolsa escondida atrás do ânus contendo migalhas de pão tingidas de verde, as quais eram liberadas logo depois que se dava de comer ao pato. Jessica Riskin, professora de Stanford, aventa que o fato de não se tentar obter uma simulação da digestão se relacionava ao sentimento, na época, de que era possível imitar os processos "limpos" do corpo (músculos, ossos, articulações) com engrenagens e alavancas, mas não os processos "sujos" (mastigação, digestão, defecação).[35] É possível que algo semelhante tenha ocorrido com o modo como procuramos imitar a mente?

De fato, o campo da ciência da computação dividiu-se, logo de saída, entre os pesquisadores que queriam encontrar tipos de estruturas algorítmicas mais "limpas" e os que desejavam chegar a estruturas mais "sujas" e orientadas para a *gestalt*. Embora ambos tenham feito progresso, desde Turing o lado "algorítmico" do campo dominou completamente o lado mais estatístico. Isto é, até pouco tempo atrás.

TRADUÇÃO

Pelo menos desde o começo dos anos 1940 existe o interesse por redes neurais e computação analógica e pela computação mais estatística em vez de algorítmica. Mas o paradigma dominante foi, de longe, o algorítmico, baseado em regras, até mais ou menos a virada do século.

Se isolarmos um tipo específico de problema, por exemplo, o da tradução por máquinas, veremos essa narrativa clara como o dia. As abordagens pioneiras procuravam construir imensos "dicionários" de pares de palavras, baseados nos significados, e algoritmos para converter uma sintaxe e gramática em outra (por exemplo, se for do inglês para o espanhol, mova os adjetivos que vêm antes de um substantivo para depois deste).

Para saber um pouco mais sobre essa história, conversei por telefone com o linguista computacional Roger Levy, da Universidade da Califórnia em San Diego. Relacionado ao problema da tradução, temos o problema da paráfrase. Ele diz:

> Com toda a sinceridade, como linguista computacional não consigo me imaginar tentando escrever um programa para passar no teste de Turing. Como confederado, uma coisa que eu poderia fazer seria pegar uma sentença, uma sentença relativamente complexa, e comentar "Você disse tal coisa, mas também poderia expressar esse mesmo significado com isto, isto, isto e isto". Parafrasear assim seria dificílimo para um computador.[36]

Mas ele ressalva que tais "demonstrações" específicas de minha parte poderiam ter um efeito contrário ao desejado, não pareceriam naturais, e eu poderia ter de explicitar por que estou dizendo que é difícil para um computador. "Tudo depende do nível de informação do juiz", diz Levy. "O bom do bate-papo informal, por sua vez, é que quando estamos no reino da forte dependência de inferências pragmáticas, o computador tem imensas dificuldades, pois é preciso basear-se em conhecimentos do mundo real."

Peço a ele alguns exemplos de como as "inferências pragmáticas" poderiam funcionar. "Recentemente fizemos um experimento com a compreensão humana de sentenças em tempo real.

Eu lhe dou uma sentença ambígua: 'João tomou conta do filho do músico, que é arrogante e grosseiro'. Quem é grosseiro?" O músico, eu acho, respondi. "Ótimo. Então, agora, 'João detestou o filho do músico, que é arrogante e grosseiro'." Agora parece que o filho é que é grosseiro, falei. "Certo. Nenhum sistema existente possui esse tipo de representação."

Pensando bem, todo tipo de sentença corriqueira requer mais do que apenas um dicionário e conhecimentos de gramática. Compare: "Tire a pizza da embalagem e feche-a" com "Tire a pizza da embalagem e ponha-a na mesa". Para entender o significado do pronome "a" nesses exemplos, e em outros como "Eu estava segurando a xícara de café e o litro de leite e o despejei sem verificar a data de validade", precisamos da compreensão de como o *mundo* funciona, e não de como funciona a *linguagem*. (Até mesmo um sistema programado com fatos básicos, como "café e leite são líquidos", "xícaras e litros são recipientes", "apenas líquidos podem ser 'despejados'" etc., não será capaz de dizer o que faz mais sentido, despejar o café no litro ou o leite na xícara.)

Vários estudiosos acham que a tentativa de decompor a linguagem com sinônimos e regras gramaticais não vai de modo algum resolver o problema da tradução. Uma nova abordagem abandona essas estratégias em maior ou menor grau. A competição de tradução por máquinas do National Institute of Standards and Technology em 2006, por exemplo, convincentemente vencida por uma equipe do Google, surpreendeu muitos especialistas em tradução por máquinas: nenhum humano nem a equipe do Google conheciam as línguas (árabe e chinês) usadas na competição. Tampouco, poderíamos dizer, o próprio programa as conhecia, pois ele não ligou a mínima para os significados e as regras gramaticais. Limitou-se a recorrer a um colossal banco de dados de traduções humanas de alta qualidade* (a maioria extraída de atas das Nações Unidas, que estão se revelando a pedra de Roseta digital do século XXI), costurando as frases umas às outras de acordo com o que havia sido feito no passado. Cinco anos depois, esses tipos de técnicas "estatísticas" continuam imperfeitos, mas já deixaram o sistema baseado em regras comendo poeira.[37]

Outro dos problemas em que os sistemas estatísticos estão levando a melhor sobre os sistemas baseados em regras? Uma das especialidades do nosso hemisfério direito: o reconhecimento de objetos.

UX

Outra esfera em que vemos a erosão da abordagem deliberativa e totalmente analítica do hemisfério esquerdo se relaciona a um conceito chamado UX, abreviatura de "User Experience". Ele privilegia a experiência de um dado usuário com um programa ou tecnologia, em vez de enfocar as capacidades puramente *técnicas* desse recurso. Os primórdios da ciência da computação foram dominados pela preocupação com as capacidades técnicas, e o crescimento exponencial da capacidade de processamento** durante o século XX trouxe momentos empolgantes, na década de 1990, por exemplo. Empolgação sim, *beleza* não. Um colega do

---

* Curiosamente, isso significa que parafrasear, na verdade, é *mais difícil* para os computadores do que traduzir, pois não existem grandes acervos de paráfrases à disposição, prontos para se tornar informações estatísticas. Os únicos exemplos que me ocorrem seriam, por ironia, as traduções rivais de obras literárias célebres e textos religiosos.

** Essa tendência é descrita pela chamada Lei de Moore, a previsão feita em 1965 por Gordon Moore, cofundador da Intel, de que o número de transistores em um processador duplicaria a cada dois anos.

colégio nos chamou para ver a nova máquina que ele tinha comprado — como ela sofria com frequentes superaquecimentos, ele abriu a caixa da CPU e deixou a placa-mãe e o processador pendurados pelos fios na beira da mesa e direcionou o ventilador do quarto para soprar o ar pela janela. No teclado, as teclas emperravam quando acionadas. O mouse precisava ser apertado com a força das garras de um tiranossauro. O monitor era pequeno e borrava um pouco as cores. Mas, no que dizia respeito à computação, aquilo era uma fera.

Essa parece ter sido a estética prevalecente na época. Meu primeiro emprego nas férias de verão, na oitava série (eu fora rejeitado como ajudante de garçom numa lanchonete, como carregador de tacos de golfe, como monitor de acampamento infantil), foi numa firma de webdesign, onde eu era no mínimo uma década mais novo que o segundo empregado mais jovem e recebia pelo menos 500% a menos. Lá as minhas responsabilidades variavam: de "Brian, que tal você reabastecer o papel higiênico e as toalhas dos banheiros?" a "Brian, que tal você fazer alguns testes de segurança na nova plataforma de comércio eletrônico intranet para a Canon?". Eu me lembro claramente da figura do meu orientador nessa firma de webdesign dizendo "a função acima da forma".

A indústria como um todo parecia ter levado tão longe esse mantra que a função começou a triunfar sobre o *funcionamento*: por uns tempos, uma corrida armamentista entre hardware e software criou uma estranha situação na qual os computadores estavam ficando exponencialmente mais rápidos, porém não mais rápidos para serem *usados*, pois os programas impunham exigências cada vez maiores aos recursos de sistema, a um ritmo que acompanhava e às vezes superava os avanços no hardware. (O Office 2007 rodado no Windows Vista, por exemplo, usa doze vezes a capacidade de memória e três vezes a de processamento do Office 2000 rodado no Windows 2000, com quase o dobro de cadeias de execução em comparação com a versão imediatamente anterior.)[38] Essa situação às vezes é chamada de "Lei de Andy e Bill", uma referência a Andy Grove, da Intel, e Bill Gates, da Microsoft: "O que Andy dá, Bill tira". Os usuários continuavam sujeitos aos mesmos atrasos e arrancos em suas novas máquinas, apesar do crescimento exponencial da capacidade de computação, sempre absorvido totalmente por novos "recursos". Duas poderosas companhias despejavam incontáveis bilhões de dólares e milhares de homens-ano para avançar as fronteiras do hardware e do software, mas os avanços na prática se anulavam. A experiência do usuário não contava.

Acho que só nestes últimos anos estamos vendo uma mudança nas atitudes dos consumidores e das empresas. O primeiro produto da Apple, o Apple I, não incluía teclado nem monitor. Não incluía sequer um *gabinete* para acondicionar as placas de circuito. Mas não demorou para que a empresa começasse a declarar que priorizava a experiência do usuário e não a capacidade — ou o preço. Agora a Apple é conhecida, por admiradores e detratores, por máquinas que conseguem oferecer o que até há poucos anos era considerado impossível, irrelevante ou ambos: elegância.

Analogamente, à medida que a tecnologia da computação se direciona cada vez mais para os dispositivos móveis, o desenvolvimento de produtos se torna menos preocupado com a capacidade de computação e mais com o design geral do produto e sua agilidade, reatividade e facilidade de uso. Essa fascinante guinada na ênfase da computação pode ser causa, efeito ou correlato de uma visão mais sadia da inteligência humana, não tanto a noção de que ela é complexa e poderosa em si mesma, mas que é reativa, responsiva, sensível e ágil. Os computadores do século XX nos ajudaram a ver isso.

NÓS NO CENTRO

Somos computadores anexados à criatura, segundo Sacks. E isso não é dito para denegrir um ou outro, assim como não se espera que um veleiro se transforme numa canoa. A questão não é que somos semirresgatados da bestialidade pela razão e podemos tentar ir ainda mais longe pela força de vontade. A questão é a tensão. Ou, talvez melhor dizendo, a colaboração, o diálogo, o dueto.

Os jogos de palavras Scattergories e Boggle têm regras diferentes para ser jogados, mas a pontuação é marcada do mesmo modo. Os jogadores, cada um com uma lista de palavras criada por ele mesmo, comparam suas listas e riscam as palavras que aparecem em mais de uma lista. O jogador a quem restarem mais palavras não eliminadas vence. Para mim, isso é um modo bem cruel de marcar pontos. Imagine que um jogador consegue pensar em quatro palavras, mas cada um dos outros quatro oponentes descobre uma delas. A rodada acaba em empate, mas a sensação é bem outra... Conforme a linha da singularidade humana recuava, fomos apostando as fichas da nossa identidade em cada vez menos cavalos, até que surge o computador e nos leva esse último cavalo, elimina a última palavra da nossa lista no jogo. Aí percebemos que a singularidade, em si, nunca teve nada a ver com isso. Os baluartes que construímos para manter do lado de fora as outras espécies e mecanismos também nos mantinham do lado de dentro. E os computadores, ao arrombarem a última porta, nos mandaram para fora. E de volta à luz.

Quem teria imaginado que as *primeiras* realizações do computador seriam na esfera da análise lógica, uma capacidade que considerávamos ser o nosso diferencial em relação a tudo o mais no planeta? Que um computador poderia dirigir um carro e guiar um míssil antes de conseguir andar de bicicleta? Que poderia produzir prelúdios plausíveis no estilo de Bach antes de produzir bate-papos plausíveis? Que conseguiria traduzir antes de ser capaz de parafrasear? Que poderia compor, quase razoavelmente, ensaios em teoria pós-moderna,* antes de ser capaz, como qualquer criança de dois anos, de dizer "cadeira" ao lhe apontarem uma cadeira?

Nós nos esquecemos das coisas que são de fato impressionantes. Os computadores estão nos lembrando.

Uma grande amiga minha foi barista nos tempos de colégio. O dia inteiro ela fazia incontáveis ajustes nos expressos que preparava, levando em conta o frescor dos grãos, a temperatura da máquina, o efeito da pressão barométrica no volume do vapor, enquanto manuseava a máquina com destreza de polvo e gracejava com todo tipo de freguês sobre os mais variados assuntos. Depois ela entrou na faculdade e conseguiu seu primeiro emprego "de verdade", incumbida da entrada rigidamente procedural de dados. E agora sente saudade de seus tempos de barista, um emprego que realmente exigia da inteligência dela.

Na minha opinião, faríamos muito bem em deixar para trás nossas concepções fetichistas sobre o pensamento analítico e o nosso menosprezo do aspecto animal e corpóreo da vida. Talvez estejamos afinal, no começo de uma era de IA, começando a ser capazes de nos *centralizar*, depois de gerações vivendo "levemente mais para um lado".

Além disso, sabemos que, na nossa força de trabalho capitalista e no nosso sistema de ensino pré-capitalista, a especialização e a diferenciação são importantes. Há inúmeros exemplos, mas

---

* "Examinando o discurso capitalista, vemo-nos diante de uma escolha: rejeitar o niilismo ou concluir que o objetivo do autor é um comentário social, já que a premissa das relações foucaultianas de poder é válida." Ou "Portanto, o tema é interpolado a um niilismo que inclui a consciência como um paradoxo". Duas frases dentre inúmeras em www.elsewhere.org/pomo.

penso, por exemplo, em *A estratégia do oceano azul: Como criar novos mercados e tornar a concorrência irrelevante*, livro de 2005 cuja principal ideia é evitar os sangrentos "oceanos vermelhos" da concorrência estridente e seguir para os "oceanos azuis" do território inexplorado do mercado.[39] Em um mundo apenas de homens e animais, privilegiar nosso hemisfério esquerdo pode fazer algum sentido. Mas a chegada dos computadores à cena muda isso drasticamente. As águas mais azuis já não se encontram onde costumavam estar.

Soma-se a isso o fato de que o desdém humano pelos animais "sem alma" — nossa relutância em nos vermos como descendentes de "animais" tanto quanto as demais criaturas — vem sendo podado nas mais diversas frentes: o crescente secularismo e empirismo, a maior apreciação das habilidades cognitivas e comportamentais de organismos não humanos e, não coincidentemente, a entrada em cena de um ser muito mais "sem alma" do que qualquer bonobo ou chimpanzé comum. Nesse sentido, a IA poderá até vir a ser uma bênção para os direitos dos animais.

É bem possível, de fato, que já tenhamos passado o pico da parcialidade pelo hemisfério esquerdo. Creio que o retorno a uma visão mais equilibrada do cérebro e da mente — e da identidade humana — é uma coisa boa, que traz consigo uma mudança de perspectiva sobre a complexidade de várias tarefas.

Acredito que só vivenciando e compreendendo a cognição *verdadeiramente* desincorporada — só vendo o quanto é fria, morta e desconectada uma coisa que *de fato* lida com a pura abstração, divorciada da realidade sensorial — poderemos nos curar desse viés. Só isso pode nos devolver o bom senso.

Um dos meus orientadores na pós-graduação, o poeta Richard Kenney, descreve a poesia como "uma arte mestiça — a fala no canto", uma arte que ele associa ao líquen, aquele organismo que não é na verdade um organismo, mas uma cooperação entre fungos e alga, tão comum que a própria cooperação parece uma espécie. Em 1867, quando o botânico suíço Simon Schwendener aventou pela primeira vez que o líquen era na verdade dois organismos, foi ridicularizado pelos principais liquenologistas da Europa, entre eles o botânico finlandês William Nylander, que deu de fazer alusões à "stultitia Schwendeneriana", um falso termo botânico em latim para "Schwendener, o estulto". Acontece, obviamente, que Schwendener estava 100% correto. É esquisito sentirmos afinidade com uma "espécie" como o líquen, mas não deixa de ter cabimento.

O que me atrai nessa ideia — a arte mestiça, o líquen, o macaco e o robô de mãos dadas — é que ela parece descrever também a condição humana. Nossa própria essência é uma espécie de mestiçagem. Ocorre-me que algumas das melhores e mais humanas emoções provêm desse estado liquenáceo de interface computador/criatura, da mistura, do estuário de desejo e razão em um sistema com percepção suficiente para se aperceber dos seus limites e tentar transpô-los: curiosidade, fascínio, iluminação, deslumbramento, assombro.[40]

Ramachandran:

> Um paciente meu, neurologista nova-iorquino, aos sessenta anos de repente começou a ter convulsões epilépticas originadas no lobo temporal direito. As convulsões eram assustadoras, é evidente, mas para seu espanto e deleite ele se surpreendeu fascinado pela poesia pela primeira vez na vida. Até começou a pensar em versos, produzindo rimas aos borbotões. Disse que essa visão poética lhe trouxe vida nova, um recomeço justamente quando ele começava a se sentir um tanto embotado.

A inteligência artificial pode muito bem ser uma convulsão assim.

3. Especificidade versus técnica pura

APRESENTANDO ELIZA

ENVIADO: Os homens são todos iguais.

RECEBIDO: Em que sentido?

ENVIADO: Vivem nos importunando com alguma coisa.

RECEBIDO: Você pode dar um exemplo específico?

ENVIADO: Bem, o meu namorado me fez vir aqui.

RECEBIDO: O seu namorado fez você vir aqui.

ENVIADO: Ele diz que ando deprimida.

RECEBIDO: Sinto saber que você anda deprimida.

ENVIADO: É verdade. Estou infeliz.

RECEBIDO: Você acha que vir aqui a ajudará a não ser infeliz?

ENVIADO: Preciso de alguma ajuda, isso é certo.

RECEBIDO: O que significaria para você conseguir ajuda?

ENVIADO: Talvez eu pudesse aprender a me dar bem com a minha mãe.

RECEBIDO: Fale mais sobre sua família.

Quando foi proposto pela primeira vez, em 1950, o teste de Turing era hipotético; a tecnologia estava muito longe de possibilitar um teste prático. Mas ela chegou lá, como sabemos, e o primeiro programa de computador conversacional a conquistar notoriedade e atenção suficientes foi ELIZA,* escrito em 1964 e 1965 no MIT por Joseph Weizenbaum.[1] A história de programas de computador capazes de conversar contém tantos "personagens" curiosos nos próprios programas quantos são os humanos que os criaram, e a história de ELIZA é muito interessante.[2] Moldada em uma terapeuta rogeriana,[3] ELIZA funcionava com base em um princípio bem simples: extraía palavras-chave da língua do usuário e lhe devolvia suas afirmações ("Estou <u>infeliz</u>." "Você acha que vir aqui a ajudará a não ser <u>infeliz</u>?"). Quando em dúvida, a "terapeuta" podia recorrer a frases genéricas como "Por favor, continue". Essa técnica de adequar as declarações do usuário a um conjunto de padrões predefinidos e responder com um fraseado próprio prescrito — chamada de "*template matching*", ou técnica de emparelhamento — era a única capacidade de ELIZA.

Os resultados foram assombrosos, talvez até perturbadores, considerando que ELIZA era, em essência, o primeiro programa de bate-papo já escrito, praticamente sem memória, sem capacidade de processamento e escrito em apenas algumas centenas de linhas de código: muitas das primeiras pessoas que conversaram com

---

* O nome "dela" é uma alusão a Eliza Doolittle, principal personagem da peça *Pigmalião*, de George Bernard Shaw, escrita em 1913. Inspirada no mito de Pigmalião, um escultor que cria uma escultura tão realista que se apaixona por ela (mito que também inspirou *Pinóquio* e muitas outras obras), a peça de Shaw (que por sua vez inspirou o musical *My Fair Lady*) transforma essa ideia em uma história sobre fluência e classe: um professor de fonética aposta que é capaz de treinar uma moça pobre, Eliza Doolittle, para falar inglês como os aristocratas e passar por nobre — a seu modo, uma espécie de teste de Turing. É fácil ver por que Weizenbaum se baseou no *Pigmalião* de Shaw para dar nome à sua terapeuta; infelizmente, ele acabou criando algo mais próximo da história de Ovídio que da de Shaw.

ELIZA pensaram que se tratava de uma genuína interação humana. Em alguns casos, nem mesmo a garantia do próprio Weizenbaum adiantou. As pessoas pediam para ser deixadas a sós para conversar "em particular", às vezes durante horas, e depois afirmavam ter desfrutado de uma experiência terapêutica muito significativa. Nesse meio-tempo, acadêmicos se precipitaram a concluir que ELIZA representava "uma solução geral para o problema da compreensão da linguagem natural pelos computadores". Consternado, horrorizado, Weizenbaum faz algo quase sem precedentes: deu uma guinada em sua carreira. Cancelou seu projeto ELIZA, incentivado por seus oponentes, e se tornou um dos mais francos cientistas oponentes dos estudos sobre IA.

Mas, em certo sentido, o gênio já tinha saído da garrafa e não havia como voltar. O esqueleto e a abordagem básica por *template matching* de ELIZA desde então vêm sendo reelaborados e implementados de uma forma ou de outra em quase todos os programas de chat, inclusive nos competidores do Prêmio Loebner. E o entusiasmo, a perturbação e a polêmica em torno desses programas só fizeram crescer.

Um dos mais estranhos desdobramentos da história de ELIZA, porém, foi a reação da comunidade *médica*, que também concluiu que, com o ELIZA, Weizenbaum havia descoberto algo brilhante e útil. O *Journal of Nervous and Mental Disease*, por exemplo, fez a seguinte observação sobre ELIZA em 1966:

> Se o método se revelar benéfico, fornecerá uma ferramenta terapêutica que poderá ser amplamente disponibilizada em hospitais para doenças mentais e em centros psiquiátricos com escassez de terapeutas. Graças às capacidades de compartilhamento de tempo dos computadores atuais e futuros, centenas de pacientes por hora poderão ser atendidos por um sistema de computação projetado com essa finalidade. O terapeuta humano, envolvido na elaboração

e operação desse sistema, não seria substituído e se tornaria um profissional muito mais eficiente, pois seus esforços não mais seriam limitados pela atual razão de um paciente por terapeuta.[4]

O famoso cientista Carl Sagan acrescentou em 1975:

Nenhum programa de computador desse tipo é adequado para uso psiquiátrico atualmente, porém o mesmo se pode dizer com respeito a alguns psicoterapeutas humanos. Numa época em que cada vez mais pessoas em nossa sociedade parecem necessitar de atendimento psiquiátrico, e sendo o compartilhamento de tempo dos computadores algo disseminado, posso imaginar o desenvolvimento de uma rede de terminais de computadores psicoterapêuticos, talvez algo parecido com uma série de grandes cabines telefônicas, nos quais, por alguns dólares a sessão, poderíamos conversar com um psicoterapeuta atento, testado e em grande medida não diretivo.[5]

Por incrível que pareça, não foi preciso avançar muito no século XXI para que essa previsão se realizasse, mais uma vez a despeito de todos os protestos possíveis por parte de Weizenbaum. O Instituto Nacional de Saúde e Excelência Clínica do Reino Unido recomendou, em 2006, que programas de computador para terapia cognitivo-comportamental (nesse caso, os programas não fingiam ser humanos) fossem disponibilizados na Inglaterra e País de Gales como opção inicial de tratamento para pacientes com depressão moderada.[6]

TERAPIA EM MAIOR ESCALA

Com ELIZA entramos em questões de psicologia sérias, profundas e até graves. Terapia é *sempre* pessoal. Mas precisa mesmo ser *personalizada*? A ideia de conversar com um terapeuta computadorizado não contém muito menos intimidade do que ler um livro.* O tema do livro de 1995 *A mente vencendo o humor*, por exemplo, é um tipo de terapia cognitivo-comportamental "tamanho único". Será apropriado esse tipo de abordagem?[7]

(No site da Amazon, um resenhista critica *A mente vencendo o humor*: "Todas as experiências têm significado e estão alicerçadas em um contexto. Não existe substituto para uma consulta com um psicoterapeuta bem preparado e sensível em vez de alguém recorrer a livros desse tipo para se 'reprogramar'. Lembre-se, você é uma pessoa, não um programa de computador!". No entanto, para cada comentário como esse, há mais de trinta pessoas afirmando que o simples fato de seguir os passos indicados no livro mudou a vida delas.)

Na letra da canção "All this time", de Sting, há um trecho que sempre me parte o coração: *"Men go crazy in congregations/ They only get better one by one"* [Os homens enlouquecem em congregações/ só melhoram um a um].[8] As mulheres contemporâneas, por exemplo, são todas banhadas pela mídia no mesmo caldo de preocupações ligadas à imagem corporal, e depois cada uma, em um trabalho individual, idiossincrático e doloroso, tem de passar

---

* A única diferença, que pode ser importante, é que os limites e o *alcance* do livro são claros. Se o lermos do começo ao fim, saberemos exatamente quais áreas ele abrange e quais não abrange. O alcance dos *bots* é menos claro; precisamos descobri-lo sondando verbalmente o programa. Podemos imaginar um *bot* que contém uma resposta útil mas que o usuário não sabe como acessar. Alguns dos primeiros games de "ficções interativas" baseados em textos tinham esse problema, apelidado de "adivinhe o verbo" (um jogo de 1978, por exemplo, chamado *Adventureland*, requeria que o usuário digitasse o comando gramaticalmente incorreto *"unlight"* para apagar uma lanterna). Talvez seja justo dizer que os *chatbots* terapêuticos estão para os livros terapêuticos assim como as ficções interativas estão para os romances.

anos para resolver tais questões. A doença cresce em grande escala; a cura, não.

Mas é imprescindível que seja sempre assim? Há ocasiões em que nosso corpo é diferente o bastante de outros corpos para precisar ser tratado diferentemente pelo médico, muito embora em geral isso não vá além de informar a ele nossas alergias e doenças. Mas a nossa mente, até que ponto será semelhante a outras? Quanto de especificidade deve ter seu tratamento?

Richard Bandler é cofundador da controvertida escola de psicoterapia da "programação neurolinguística", além de ser terapeuta especializado em hipnose. Um aspecto fascinante e estranho na abordagem de Bandler, que se interessa sobretudo por fobias, é que ele *nunca descobre* do que seu paciente tem medo. Ele explica: "Se acreditamos que o importante para a mudança é 'entender as raízes do problema e o significado íntimo profundamente oculto', e que temos de lidar com o conteúdo como um problema, talvez precisemos de anos para mudar as pessoas".[9] Ele não *quer* saber, afirma; não faz diferença e só atrapalha. Ele é capaz de conduzir o paciente através de um método particular e, ao que parece, curar a fobia sem ter a menor ideia sobre ela.

Isso é bem curioso; costumamos pensar em terapia como algo *íntimo*, um lugar aonde vamos para ser compreendidos, profundamente compreendidos, talvez mais do que jamais fomos. E Bandler evita essa compreensão do mesmo modo que... ELIZA!

"Acho muito útil [que o terapeuta] se comporte de tal modo que seus clientes tenham a ilusão de que ele entende o que estão dizendo verbalmente", observa Bandler. "Mas que ele tenha cuidado para não aceitar ele mesmo essa ilusão."

SUPLANTADO PELA PURA TÉCNICA

Eu julgava essencial, como pré-requisito para a própria possibilidade de uma pessoa auxiliar outra a aprender a lidar com seus problemas emocionais, que o auxiliador participasse da experiência desses problemas e, em grande medida mediante seu reconhecimento empático deles, viesse ele próprio a entendê-los. Existem sem dúvida muitas técnicas para facilitar a projeção imaginativa do terapeuta na vida interior do paciente. Mas que era possível até para um psiquiatra praticante defender que esse componente crucial do processo terapêutico é suplantado pela técnica pura, isso eu não tinha imaginado! O que um psiquiatra que faz tal suposição pensa que está fazendo quando trata um paciente, se ele acha possível que a mais simples paródia mecânica de uma única técnica de entrevista capte alguma coisa essencial em um encontro humano?[10]

Joseph Weizenbaum

O próprio termo método é problemático, pois sugere a ideia de repetição e previsibilidade — um método que qualquer um pode aplicar. Método implica também domínio e resolução, ambos prejudiciais à invenção.[11]

Josué Harari e David Bell

Pura técnica, diz Weizenbaum. Essa, a meu ver, é a distinção crucial. A retórica do "homem versus máquina", "miolos versus hardware" ou "carbono versus silício" obscurece o que, para mim, é a distinção crucial, aquela entre *método* e o oposto do método, o que eu definiria como "julgamento", "descoberta",* "deciframento"

---

* Glenn Murcutt, de quem voltaremos a tratar adiante: "Ensinam-nos que a criatividade é a coisa mais importante na arquitetura. Mas não acredito nisso.

e uma ideia que exploraremos em mais detalhe daqui a algumas páginas, a "especificidade". Estamos substituindo pessoas não por *máquinas*, não por computadores, mas por *método*. E quem está usando o método, se é homem ou computador, parece secundário. (Antigamente as partidas de xadrez eram disputadas sem computadores. Alan Turing jogava "xadrez no papel" calculando manualmente, com lápis e caderno, um algoritmo que ele criara para seleção de movimento. Programar esse procedimento em um computador apenas agiliza o processo.) Estamos lutando, no século XXI, é pela continuidade da existência de conclusões não tiradas previamente, a continuidade da importância do julgamento, da descoberta e do deciframento, e da capacidade de exercê-los.

REAÇÃO LOCAL

"Ambientes fabulosos nascem da confiança, autonomia e responsabilidade", escreveram os programadores e autores de livros de negócios Jason Fried e David Heinemeier Hansson. "Quando tudo precisa constantemente de aprovação, você cria uma cultura de não pensantes."[12]

Timothy Ferriss, outro autor da área de negócios, concorda.[13] Ele se refere à microgestão como "falta de autonomia" e cita um exemplo de sua própria experiência. Ele terceirizou o atendimento ao consumidor de sua empresa a um grupo externo de representantes em vez de prestar ele próprio o serviço, mas mesmo assim não conseguia dar conta do volume de perguntas que lhe chegavam. Os representantes viviam perguntando coisas como:

Acho que o processo criativo leva à descoberta, e a descoberta é a coisa mais importante".

Devemos reembolsar esse cliente? O que fazer se um cliente disser tal coisa? Os casos distintos eram numerosos demais para viabilizar a elaboração de algum tipo de regra de procedimento, e além disso Ferris não tinha a *experiência* necessária para decidir o que fazer em cada caso. Enquanto isso, ele continuava a ser soterrado pela avalanche de perguntas. De repente, ele teve um clique. Quem, afinal, *tinha* a experiência e *sabia* lidar com todas aquelas diferentes situações imprevisíveis? A resposta era vergonhosamente óbvia: "Os próprios representantes terceirizados".

Em vez de escrever um "manual" para eles, como havia planejado inicialmente, ele lhes mandou um e-mail dizendo apenas: "Não me peçam permissão. Façam o que julgarem correto". A insuportável torrente de e-mails dos representantes secou da noite para o dia, e ao mesmo tempo o atendimento ao consumidor da empresa melhorou muito. "É espantoso como o Q.I. de alguém parece dobrar assim que você lhe atribui responsabilidade e indica que acredita na pessoa", ele comenta. E, amplamente comprovado, como cai pela metade quando lhe retiramos a responsabilidade e a confiança.

Nos Estados Unidos o nosso sistema legal trata as corporações, de modo geral, como se fossem pessoas. É curioso que etimologicamente "corporação" vem de um termo que significa "natureza corpórea", e metáforas corpóreas para as organizações humanas são abundantes por toda parte. Na série *The Office* há um quadro bem bolado em que David Brent embroma a chefe explicando por que não consegue dispensar funcionários, já que a companhia é "um grande animal. O pessoal lá em cima nos telefones é como a boca. O pessoal aqui embaixo [no depósito], as mãos". Presume-se que a chefe, Jennifer, em seu cargo executivo, seja o "cérebro". A piada, está na cara, é que David — que, está claro, é o mais dispensável na firma mas é o encarregado das dispensas — não consegue concluir que órgão *ele* é, ou que papel *ele* desempenha na organização.

Mas também temos aqui um aspecto mais profundo que merece ser considerado: criamos em nossas empresas um sistema de castas nos moldes do sistema de castas que imaginamos para nosso corpo e nosso eu. Minhas mãos são *minhas*, dizemos, mas meu cérebro é *eu*. Isso se encaixa bem em nossa noção de que um homúnculo interior aciona as alavancas e opera nosso corpo numa sala de controle situada atrás dos globos oculares. Encaixa-se bem na noção aristotélica de que pensar é a coisa mais humana que podemos fazer. E remuneramos com base nessas noções.

Quase me pergunto se a microgestão provém da mesma ênfase excessiva sobre o entendimento consciente, uma ênfase que nos conduziu ao modelo de Turing de computação por máquina e que também nos afastou desse modelo. Perceber tudo, agir logicamente, de cima para baixo, passo a passo. Só que, é óbvio, os corpos e os cérebros não são nem um pouco assim.

A microgestão e a remuneração sem controle do executivo são de uma estranheza que se encaixa com precisão no que há de estranho nas ideias de racionalidade, incorporalidade e cérebro autônomo que temos sobre nós mesmos. Quando luto contra uma doença que destrói minhas células, quando distribuo energia e recolho resíduos com assombroso vigor mesmo em momentos de aparente fadiga, quando levo um tremendo escorregão no gelo mas não caio, quando inconscientemente faço o peso do corpo pender no sentido contrário ao de uma curva fechada para me equilibrar numa bicicleta, usando a física que não entendo com uma técnica que ignoro estar usando, quando dou um jeito de pegar a laranja que está caindo antes de me dar conta de que a derrubei, quando meu ferimento se cura sem que eu saiba como, percebo quanto sou maior do que penso ser. E quanto, em 90% dos casos, esses processos de nível inferior são muito mais importantes para o meu bem-estar geral do que os processos de nível superior, os quais tendem a ser aqueles que me tiram do prumo, me fazem sentir decepcionado ou arrogante.

Os gurus da criação de software Andy Hunt e Dave Thomas argumentam que, com certo grau de liberdade e autonomia, surge uma sensação maior de *domínio* de um projeto, além de um sentimento *artístico*; como eles salientam, os pedreiros que ajudaram a construir catedrais não eram meros burros de carga, e sim "exímios artesãos e muito empenhados".

A ideia da liberdade artística é importante porque promove a qualidade. Suponha, por exemplo, que você está esculpindo uma gárgula no alto de um prédio. As especificações originais não dizem coisa alguma, ou então determinam apenas que você faça uma gárgula como outras. Mas você, que está no local onde ela está sendo criada, repara: "Veja só, se eu curvar a boca da gárgula assim, a chuva cairá aqui e descerá por aqui. Vai ficar melhor desse jeito". Você está em melhor posição para reagir localmente a condições que os projetistas provavelmente desconhecem, não previram. Se você estiver encarregado dessa gárgula, poderá tomar decisões e gerar um produto final melhor.[14]

Costumo imaginar os grandes projetos e companhias não em um estilo hierárquico de pirâmide, mas como fractais. O nível de tomada de decisão e de senso artístico deve ser o mesmo em todos os degraus da escala.

A corporação nem sempre é um bom exemplo disso. O corpóreo, sim, e também outro tipo de organização que tem "corpo" na etimologia: o Corpo de Fuzileiros Navais. Consideremos, por exemplo, o trecho a seguir do clássico manual *Warfighting*, dos Marines americanos:

> Comandantes subordinados devem tomar decisões por iniciativa própria, com base na compreensão que têm do intuito de seu superior, em vez de passar as informações cadeia de comando acima e ficar à espera de que a decisão seja transmitida cadeia abaixo. Além disso, um comandante subordinado competente que esteja no local da decisão naturalmente avaliará a verdadeira situação melhor do que um comandante superior que está mais distante. A iniciativa e a responsabilidade individuais são de suma importância.[15]

Em certo sentido, essa questão do estilo de gestão, da responsabilidade e iniciativa individuais se aplica não apenas às tradicionais divisões entre trabalhadores burocratas e braçais, mas também ao trabalho especializado versus não especializado. Um processo mental formularizado, rigidamente repetido vezes sem conta, não é tão diferente de um processo físico repetitivo. (Vale dizer, existe o pensar não pensando.) Analogamente, um processo complexo ou sutil aprendido que seja repetido vezes sem conta não é tão diferente de um processo simples repetitivo. Poderíamos afirmar que mais importante do que essas distinções é a questão do grau de reação local ou específica, de quanto ineditismo na ação o trabalho requer ou permite.

Em março de 2010 o programa *This American Life*, da National Public Radio, transmitiu uma matéria sobre a fábrica NUMMI, operada em conjunto pela General Motors e a Toyota.[16] Evidenciou-se que uma das maiores diferenças entre as duas companhias era que na Toyota, "quando um empregado faz uma sugestão que economiza dinheiro, recebe um bônus de algumas centenas de dólares. Espera-se que todos busquem modos de melhorar o processo de produção. O tempo todo. Esse é o conceito japonês de *kaizen*, o contínuo aperfeiçoamento". Um empregado americano da GM fez parte de um grupo que foi para o Japão para tentar construir carros na linha de montagem da Toyota, e ficou espantado com a diferença:

> Não me lembro de nenhum momento na minha vida de trabalho em que alguém quisesse saber das minhas ideias para resolver um problema. E eles querem mesmo saber. E quando eu falo, eles escutam. Depois saem e alguém volta com a ferramenta que acabei de descrever. Ela foi feita, e eles dizem "experimente".

Um dos resultados desse tipo de participação é aquele efeito de "duplicação do Q.I." descrito por Ferriss. Você não está apenas *fazendo* alguma coisa, está fazendo a coisa muito humana que é parar para analisar o próprio processo. Outro efeito: o *orgulho*. O líder sindical da NUMMI, Bruce Lee, disse que nunca havia sentido, com respeito aos carros que construía, o mesmo que sentiu quando participou do processo: "Rapaz, você nem imagina como fiquei orgulhoso deles".

UM ROBÔ VAI FAZER O SEU TRABALHO

> *Para a maioria das pessoas, há uma insatisfação mal disfarçada. O lamento do trabalhador braçal não é mais amargo que o resmungo do burocrata. "Sou uma máquina", diz o soldador. "Estou engaiolado", diz o caixa de banco, e ecoa o recepcionista de hotel. "Sou uma besta de carga", diz o metalúrgico. "Um macaco é capaz de fazer o que faço", diz o telefonista. "Sou menos do que uma ferramenta da fazenda", diz o trabalhador migrante. "Sou um objeto", diz a modelo. Trabalhadores braçais e burocratas recorrem à mesma frase: "Sou um robô".[17]*
>
> Studs Terkel

A ideia do terapeuta computadorizado obviamente traz uma das questões que mais nos ocorrem quando falamos em IA: a perda do emprego. A automação e a mecanização vêm reformulando o mercado de trabalho há séculos, e ainda se debate se essas mudanças são positivas ou negativas. Um lado argumenta que as máquinas tiram trabalho de pessoas; o outro diz que a maior mecanização resulta na eficiência econômica que aumenta o padrão de vida para todos e libera os homens de várias tarefas desagradáveis. O corolário do "avanço" da tecnologia parece ser a conhecida "retirada" humana, para o bem ou para o mal.

Chamamos de "luditas" os tecnófobos da nossa era, um termo que deriva de um grupo de operários britânicos que, de 1811 a 1812, protestou contra a mecanização da indústria têxtil sabotando teares mecânicos;* é um debate que vem acontecendo, em palavras e atos, há séculos. Mas o software, e sobretudo a IA, muda a polêmica profundamente, pois de repente estamos vendo a mecanização do trabalho *mental.* Nas palavras de Matthew Crawford em seu livro de 2009 *Shop Class as Soulcraft* [O cultivo da alma pelo trabalho manual], "a nova fronteira do capitalismo está em fazer com o trabalho de escritório o que já foi feito com o trabalho em fábricas: drenar seus elementos cognitivos".[18]

Mas eu gostaria de acrescentar algo a respeito do *processo* pelo qual tarefas antes executadas por seres humanos são assumidas por máquinas: existe uma fase intermediária crucial para esse processo, aquela na qual os *seres humanos* fazem o trabalho *mecanicamente.*

Note que os trabalhadores "braçais e burocratas" que se

---

* Aliás, dizem (talvez apocrifamente) que a etimologia de "sabotagem", termo derivado da palavra francesa *sabot,* que designa um tipo de tamanco de madeira, tem raízes em uma história de operários que destruíram teares mecânicos atirando e introduzindo seus tamancos nessas máquinas.

queixam de seus ambientes robóticos no livro *Working*, escrito por Terkel em 1974, lastimam não os empregos que *perderam*, mas os empregos que *têm*.

Essa "drenagem" da ocupação pelo comportamento robótico acontece, em muitos casos, bem antes de existir a tecnologia para automatizar essas tarefas. Portanto, deve decorrer de pressões capitalistas e não tecnológicas. Uma vez assim "mecanizados" esses empregos, o processo bem posterior pelo qual as tarefas são de fato assumidas por máquinas (ou, em breve, pela IA) parece ser uma resposta perfeitamente sensata e, a essa altura, talvez um alívio. A meu ver, a parte preocupante e trágica da equação é a *primeira* metade, a redução de um trabalho "humano" a um trabalho "mecânico", e não tanto a segunda. Portanto, os temores em relação à IA parecem estar mal direcionados.

Microgestão; a linha de montagem sem *kaizen*; a excessiva padronização de procedimentos e protocolos frios… esses problemas são precisamente o mesmo problema e encerram precisamente o mesmo perigo da IA. Nos quatro casos, um robô fará o seu trabalho. A única diferença é que, nos três primeiros, o robô será você.

"NÃO POSSO ME COMUNICAR"

Estamos em um momento interessante para os *chatbots* de IA, que por fim começam a se mostrar comercialmente promissores. Pouco tempo atrás, o site da Alaska Airlines quis que eu conversasse com "Jenn" em vez de usar o telefone de atendimento ao consumidor da empresa (recusei), e esse é apenas o mais recente exemplo dentre muitos.* Mas antes dos *chatbots* havia, é claro, os

---

* Veja, por exemplo, o *chatbot* SGT STAR, do Exército americano, que dá respostas em um tom muito marcial mas estranhamente simpático, como em: "Brian: O

detestados sistemas automáticos de menus telefônicos. E antes ainda, telefonistas humanos que se comportavam como autômatos de *chatbots*. A telefonista Heather Lamb, em *Working*, por exemplo, diz: "Temos umas sete ou oito frases para usar, e só. 'Bom dia, em que posso ajudar?' 'Telefonista. Posso ajudar?' 'Boa tarde.' 'Boa noite.' 'Que número deseja?' 'Pode repetir, por favor?' 'Chamada a cobrar de Fulano de Tal. Aceita a chamada?' 'São dois dólares e vinte centavos.' Isso é tudo o que podemos dizer. É importante não ficar conversando com o consumidor... Trabalho em comunicação, mas não posso me comunicar".

Recorri ao auxílio da lista telefônica várias vezes em anos recentes; os atendentes são o mais monossilábicos que podem, e de uma brusquidão que beira a desumanidade. Se minha interação com eles é de algum modo "humana", é apenas no mesmo sentido em que é "humano" pisar sem querer no pé de um estranho no ônibus e levar uma bronca. Não é culpa deles, é claro; estão sendo forçados a agir como *bots*. Nesse caso específico, prefiro o robô. Pelo menos não tenho de sentir que estou incomodando.

Mas a história seria bem outra se os funcionários do auxílio à lista vivessem perto da minha casa e pudessem oferecer sugestões úteis, como "O senhor está procurando o *Dave* da farmácia ou o *David* da rua 15?" ou "Mas, olhe, se o senhor procura um bom bife, eu recomendaria...". Acontece que eles não moram perto (ganho de

---

que é a Força Delta? SGT STAR: Dizem que a Força Delta é a unidade de operações contraterroristas do Exército. Obedecendo à segurança operacional, não podemos discutir nem deliberar sobre as habilidades dessa unidade". E ele até repreende o interlocutor de um jeito muito marcial (mas estranhamente simpático): "Brian: Caramba, você é grosso, hein? SGT STAR: Escute aqui, soldado, veja como fala ou mando prendê-lo". Não consegui fechar a janela sem pedir desculpas a essa falácia patética filha da..., quer dizer, da mãe: "Me desculpe". "Tudo bem", ele respondeu, e me senti melhor.

escala), não podem dispor de tempo para bater papo com você (eficiência) e não podem se desviar do roteiro (pura técnica).

Hoje mesmo telefonei para ativar meu cartão de crédito e fiquei grudado no telefone por dez minutos: a mulher estava às voltas com uma nevasca no norte do Colorado, ansiando por tempo mais ameno, enquanto eu sofria com chuvas em Seattle, ansiando por um inverno mais invernal. Como sou do litoral de Jersey, cresci acostumado a invernos nevosos e verões mormacentos. Às vezes adoro o clima temperado do Noroeste dos Estados Unidos, outras vezes sinto saudade dos extremos do Nordeste. O litoral, ela disse, uau, nunca vi o mar... E por aí foi. Meu colega de quarto entrou e pensou que eu estava falando com algum velho amigo. Até que por fim o cartão foi ativado, eu cortei o cartão velho e me despedi dela mandando um abraço.

Talvez só depois de ter uma experiência com máquinas é que aprendemos a apreciar os seres humanos. Como disse a crítica de cinema Pauline Kael, "O *trash* nos trouxe apetite pela arte". O não humano não apenas nos trouxe um *apetite* pelo humano, mas também está nos ensinando o que *é* humano.

TERAPIA COM LARVAS

Tudo isso deixa claro que a IA não é de fato o inimigo. Na verdade, talvez a IA seja o que nos desvencilha desse processo e o identifica. Amigos meus da área de software comentam que é comum trabalharem diretamente na resolução de problemas enquanto também criam ferramentas para resolver esses problemas de forma automática. Estão desenvolvendo algo que lhes tirará o emprego? Não. O consenso, ao que parece, é que eles passam a se dedicar a problemas progressivamente mais difíceis, sutis e complexos, problemas que exigem mais raciocínio e avaliação. Em outras palavras, eles tornam seu trabalho mais humano.

De modo análogo, amigos meus que *não* atuam na área de software — lidam com relações públicas, marketing — cada vez mais me pedem: "Me ensine a programar. Quanto mais você fala sobre a linguagem de script... mais fico achando que serei capaz de automatizar metade do meu trabalho". Em quase todos os casos, eles estão certos.

Penso mesmo que todo estudante do ensino médio deveria aprender programação. Isso daria à nossa próxima geração uma merecida indignação contra o caráter repetitivo e rigidamente regrado de algumas coisas que lhes pedem para fazer. E também lhes daria a solução.

Quase poderíamos ver a ascensão da IA não como uma infecção ou câncer no mercado de trabalho — a doença é a *eficiência* — mas como um tipo de terapia com larvas: ela consome apenas as porções que deixaram de ser humanas e nos restaura a saúde.

A ARTE NÃO PODE AUMENTAR EM ESCALA

> *A aretê [...] implica o desprezo pela eficiência — ou antes, uma ideia muito mais elevada de eficiência, que existe não só em um aspecto da vida, mas na vida em si mesma.*
>
> H. D. F. Kitto, *Os gregos*, citado em Robert Pirsig, *Zen e a arte da manutenção de motocicletas*[19]

> *Um operador de máquinas agrícolas em Moline reclama que o trabalhador descuidado que produz mais do que é ruim é mais bem-visto do que o artífice cuidadoso que produz menos do que é bom. O primeiro é um aliado do Produto Nacional Bruto. O outro é uma ameaça a este, um esquisitão — e quanto mais*

cedo for punido, melhor. Por que, nessas circunstâncias, um homem deveria trabalhar com cuidado? O orgulho realmente precede a queda.

Studs Terkel

O livro *Select Poems*, do poeta-prosador Francis Ponge, começa assim: "Espantoso é que eu seja capaz de esquecer, esquecer tão facilmente e por tanto tempo toda vez, o único princípio pelo qual obras interessantes podem ser escritas, e bem escritas".[20] A arte não pode aumentar em escala.

Lembro-me de que meu orientador de monografia na graduação, o ficcionista Brian Evenson, me disse que, para ele, escrever livros nunca fica mais fácil, pois, à medida que ele adquire habilidade para produzir certo tipo de obra, aumenta, a um ritmo idêntico, sua insatisfação em repetir os velhos métodos e práticas que lhe trouxeram êxito no passado. Ele não quer aumentos de escala com seus antigos modelos. Não quer deixar que seu trabalho se torne mais fácil. Isso para mim é alentador, o grito de guerra do artista: dane-se a economia em todos os sentidos da palavra.

Ponge diz ainda: "Isso, sem dúvida, é porque nunca fui capaz de defini-lo para mim mesmo com clareza, de um modo conclusivamente representativo ou memorável". Talvez a questão seja, de fato, que o que gera a boa arte foge à descrição, e permanecerá, por sua própria natureza ou por sua relação *com* a descrição, para sempre inefável. Mas isso não é o fundamental. Duvido que Ponge, caso pudesse, aumentaria a escala da sua produção. Evenson claramente não o faria. Como diz o ex-campeão de xadrez Gárri Kaspárov, "No minuto em que começo a sentir que algo se tornou repetitivo ou fácil, sei que é hora de encontrar depressa um novo alvo para minha energia".[21] Se, digamos, um músico como Carter Beauford é sempre e sem esforço inventivo em sua bateria, em parte é porque ele se recusa resolutamente a entediar-se.

Tive no ano passado uma conversa com o compositor Alvin Singleton durante um jantar numa colônia de artistas. Ele me falou sobre um título engenhoso que usou em uma de suas músicas, e eu, para gracejar, sugeri que ele fizesse uma engenhosa torção nesse título, algum tipo de trocadilho, talvez, para aplicá-lo à sua próxima música. Eu esperava uma gargalhada; ao invés disso, ele ficou subitamente sério. "Não, eu nunca usaria duas vezes a mesma ideia." Para ele, isso não era brincadeira. Mais tarde, comentei com ele que, toda vez que eu tentava escrever música, os primeiros trinta a quarenta segundos me vinham com naturalidade, mas depois disso eu empacava. Perguntei se, no caso dele, as músicas lhe brotavam inteiras na mente do mesmo modo que refrões breves e acompanhamentos surgiam para mim. A resposta foi uma firme negativa. "O que você chama de 'ficar empacado', eu chamo de compor", ele disse com um brilho no olhar.

ESPECIFICIDADE

> *Quando estou trabalhando, sei que a primeira vez que consigo acertar em alguma coisa, acertei mais do que jamais virei a acertar.*[22]
>
> Twyla Tharp

Um amigo meu, pós-graduando em arquitetura, falou-me sobre um arquiteto famoso, Glenn Murcutt, ganhador do Prêmio Pritzker, da Austrália. Murcutt é muito conhecido por se opor a qualquer aumento de escala em sua produção. O júri do Pritzker claramente levou isso em conta, dizendo:

> Nesta nossa época obcecada com a celebridade, a ostentação dos nossos arquitetos estrelados respaldados por grandes equipes e

copioso apoio de relações públicas domina as manchetes. Em total contraste, [Murcutt] tabalha em um escritório de uma só pessoa do outro lado do mundo [...] e no entanto tem uma lista de espera de clientes, graças à sua determinação de dar o melhor de si a cada projeto.[23]

Murcutt não vê nenhuma estranheza nessa restrição ao aumento de escala, por mais rara que seja. "A finalidade da vida não é maximizar tudo", ele diz.[24] Sua desconfiança contra o aumento de escala se aplica não só ao seu próprio trabalho, mas aos projetos. "Um dos grandes problemas desta nossa época é que desenvolvemos ferramentas que permitem a rapidez, mas rapidez e repetição não levam a soluções corretas. A percepção nos leva às soluções corretas."[25]

Outro laureado do Prêmio Pritzker, o arquiteto francês Jean Nouvel, concorda.

Na minha opinião, um dos desastres da situação urbana atual é o que chamo de arquitetura genérica. É essa profusão de prédios agora despejados de paraquedas em todas as cidades do mundo — e hoje, com o computador, há muitas facilidades para se fazer isso. É facílimo. Podem-se acrescentar três andares ou fazer o prédio um pouco mais largo, mas é exatamente o mesmo prédio.[26]

Também para Nouvel o inimigo é o aumento de escala (uma tarefa que o computador torna quase sem esforço), e a solução está na percepção. "Luto pela arquitetura específica contra a arquitetura genérica", declara.[27] "Tento ser um arquiteto contextual [...] Para cada prédio, é sempre: por que este prédio tem de ser *assim*. O que posso fazer aqui não posso — não posso — fazer em outro lugar."[28]

"É muita arrogância um arquiteto pensar que se pode

construir em qualquer lugar apropriadamente", diz Murcutt.[29] "Antes de iniciar qualquer projeto, pergunto: qual é a geologia, qual é a geomorfologia, qual é a história, de onde vem o vento, de onde vem o sol, quais são os padrões das sombras, qual é o sistema de drenagem, qual é a flora?"

É evidente que não é preciso reinventar *todas* as rodas. Murcutt diz ter memorizado catálogos de componentes clássicos da construção logo no começo da carreira, abastecendo sua imaginação com detalhes disponíveis, aparelhando-a para buscar novos modos de usá-los. É fundamental que esses usos sejam específicos para cada lugar.

"Acho que cada lugar, cada programa tem o direito a um trabalho específico, a um envolvimento total do arquiteto", diz Nouvel. É melhor para a obra, melhor para o local. Mas igualmente importante é que é melhor para os *arquitetos*. Também eles têm o direito a um "envolvimento completo" em seu trabalho.

Entretanto, a maioria das pessoas não se envolve tanto assim, seja porque a estrutura de seu emprego as impede de fazê-lo, seja porque (como ocorre com os prédios clonados que "são despejados de paraquedas" em cidade após cidade) elas estão acomodadas, pensando que o problema já está resolvido. Para mim, porém, a acomodação, por ser uma forma de não envolvimento, está a um passo da desesperança. Não quero que a vida esteja "resolvida"; não quero que ela seja resolvível. Há conforto no método: é porque nem sempre temos de reinventar tudo a cada minuto e porque nossa vida é semelhante o suficiente à vida de outros e o presente é semelhante o suficiente ao passado que, por exemplo, a sabedoria é possível. Mas uma sabedoria que parece definitiva em vez de provisória, um ponto de chegada e não de partida, que não se curva a um mistério ainda maior, é embotadora. Não a quero. A *percepção* nos dá as soluções certas.

A meu ver, a especificidade é um estado de espírito, um modo de abordar o mundo com os sentidos a postos. A razão para se acordar pela manhã não é a *semelhança* entre hoje e todos os outros dias, e sim a *diferença*.

ESPECIFICIDADE NA CONVERSA

> *Ainda que eu fale as línguas dos homens e dos anjos, se não tiver amor, serei como o bronze que soa, ou como o címbalo que retine.*
>
> 1 Coríntios, 13:1

> *E se você está agindo apenas por hábito, não está realmente vivendo.*
>
> Meu jantar com André[30]

Muitos dos meus filmes favoritos são quase inteiramente verbais. Todo o enredo de *Meu jantar com André* se resume a "Wallace Shawn e André Gregory estão jantando". Todo o enredo de *Antes do amanhecer* é "Ethan Hawke e Julie Delpy passeiam por Viena".[31] Mas o diálogo nos leva por toda parte, e paradoxalmente, como salienta Roger Ebert, referindo-se a *Meu jantar com André*, esses filmes podem estar entre os mais *visualmente* estimulantes da história do cinema:

> Uma das dádivas de *Meu jantar com André* é que compartilhamos muitas das experiências. Embora a maior parte do filme consista apenas em dois homens conversando, acontece algo estranho: não passamos o filme passivamente os ouvindo conversar. De início, a tranquila série de imagens de Louis Malle (*close-ups, two-shots,*

reaction shots*) chama a atenção para si mesma, mas, conforme Gregory continua a falar, a própria simplicidade do estilo visual o torna invisível. E nós, como os ouvintes aos pés de um bom contador de histórias, nos pegamos visualizando o que Gregory descreve, até que o filme se torna tão repleto de imagens visuais quanto uma peça ouvida pelo rádio — mais repleto, talvez, do que um longa-metragem convencional.[32]

Às vezes há tanta coisa que precisa ser dita que o "lugar" propriamente dito desaparece e se torna, como em *Meu jantar com André*, "invisível". O restaurante de Shawn e Gregory parece ser um daqueles restaurantes que é "aceitável" a ponto de se tornar invisível, como se qualquer "apelo" à atenção dos comensais fosse uma distração, como se (e essa era a visão de Schopenhauer) a felicidade consistisse apenas na erradicação de todos os possíveis aspectos irritantes e desagradáveis, como se o objetivo fosse fazer os comensais consentirem que se regalaram principalmente graças à impossibilidade de fazer qualquer crítica específica. O restaurante se empenha em ficar fora do caminho.** E nesse filme e situação específicos, funciona de forma maravilhosa, pois Shawn

---

* *Two-shots*: plano enquadrando duas pessoas; *reaction shots*: enfocar o rosto de um personagem para mostrar sua reação a determinada ocorrência. (N. T.)
** Esse tipo de luxo tem uma desvantagem muito real. O psicólogo Daniel Kahnemann, de Princeton, comenta que as discussões de casais são piores dentro de carros de luxo do que em carros decrépitos, *justamente* por causa das coisas no carro pelas quais eles pagaram um bom dinheiro. Ele é à prova de som, por isso os ruídos do mundo não entram. É confortável, roda macio e em silêncio, a suspensão protege de solavancos. E assim a discussão se prolonga. A maioria das discórdias não são 100% solucionáveis, porém com maior frequência podem ser convertidas em soluções conciliatórias mais ou menos aceitáveis que então se tornam menos prioritárias do que outros problemas da vida. Elas são terminadas mais por fatores externos que por decisão interna. Carl Jung tem uma boa explicação: "Algum interesse superior ou mais amplo surge no

e Gregory trocam ideias sem parar, indefinidamente. (E, de fato, no momento em que "notam" o restaurante, isso põe fim à conversa, e também ao filme.)

Lembremos, porém, que Gregory e Shawn são velhos amigos que não se veem há anos; já Delpy e Hawke, como os participantes do teste de Turing, estão começando do zero. É revelador que na sequência, *Antes do pôr do sol*, eles caminhem por Paris, mas a cidade seja mais "invisível" para eles do que Viena. *Eles próprios* se tornam o lugar.[33]

Parte do que faz da linguagem um veículo tão poderoso para nos comunicarmos "humanamente" é o fato de que um bom escritor, orador ou conversador escolherá suas palavras de acordo com as *especificidades* da situação: quem é o público, qual é a situação retórica, de quanto tempo ele dispõe, que tipo de reação está obtendo enquanto fala. Essa é uma das razões por que o ensino de um "método" conversacional específico é relativamente inútil e por que o linguajar de alguns vendedores, sedutores e políticos nos parece semi-humano. George Orwell:

> Quando observamos algum político de segunda na tribuna repetindo de modo mecânico os chavões familiares [...] temos muitas vezes a curiosa sensação de que não estamos vendo um ser humano, mas algum tipo de simulacro [...] E isso não é de forma alguma uma fantasia: o orador que usa esse tipo de fraseologia já avançou muito no sentido de se transformar numa máquina. Os ruídos apropriados saem de sua laringe, mas seu cérebro não está envolvido como estaria se ele escolhesse as palavras por si mesmo. Se o discurso que faz é do tipo que está acostumado a repetir sem cessar,

---

horizonte da pessoa, e através dessa ampliação de sua perspectiva o problema insolúvel perde a urgência". Interrupções podem ser úteis.

ele talvez quase não tenha consciência do que diz, como acontece quando repetimos respostas numa igreja.*[34]

Isso também é o que faz do encontro com um estranho um lugar tão difícil de defender da imitação por máquinas: ainda não temos o tipo de informações contextuais sobre nosso interlocutor que nos permitiria falar de um modo mais responsivo e específico.

Nesses momentos em que nos falta temporariamente a especificidade do interlocutor, a especificidade do lugar talvez possa ajudar.

Em *Antes do amanhecer*, ambientado em Viena, quando Delpy e Hawke são estranhos e não sabem sequer o que perguntar um ao outro, a própria cidade instiga, dá dicas e ancora o diálogo através do qual os dois vêm a se conhecer. Entrevistadores profissionais mencionam que a especificidade local pode ser muito útil. A opinião deles sobre a questão de *Meu jantar com André/ Antes do amanhecer* é surpreendentemente firme. "Uma coisa é almoçar com uma celebridade num bom restaurante [...] Outra é quando podemos seguir a pessoa por algum tempo e vê-la em ação", diz Will Dana, da revista *Rolling Stone*, em *The Art of Interview*, opinião que é também a de Claudia Dreifus, do *New York Times*. "Certamente, não um restaurante."

Em um teste de Turing, uma das coisas que todo criador de *bot* teme é que o juiz queira falar sobre o ambiente imediato. De que cor é a camisa de Hugh Loebner? O que você achou da arte no saguão? Você experimentou comer em algum dos quiosques lá

---

* A meu ver, as palavras costumam ter mais significado quando são compostas na hora. A confissão improvisada de um pecador no confessionário, por exemplo, representa mais, significa mais, do que as incontáveis ave-marias inespecíficas que ele recita de cor em penitência.

fora? É dificílimo atualizar os scripts dos programas tão em cima da hora da competição.

Creio que um teste de Turing não localizado, no qual os participantes não se reunissem em uma cidade e em um prédio determinados, mas estivessem conectados a outros seres humanos (e *bots*) espalhados *ao acaso* pelo mundo, seria muito, muito mais difícil para os seres humanos.

Os encontros conversacionais do Prêmio Loebner costumam ser comparados a encontros entre estranhos num avião; acho que parte da razão pela qual os organizadores da competição gostam tanto dessa analogia (eles obviamente estão torcendo por uma luta equilibrada) é que os aviões são muito parecidos. E vizinhos de poltrona têm pouquíssimo em comum. Mas é claro que em um avião de verdade a primeira coisa sobre a qual conversamos é a cidade que estamos deixando e aquela para a qual seguimos. Ou o livro que notamos nas mãos do vizinho. Ou o jeito engraçado como o piloto disse determinada coisa. A especificidade local dá um jeitinho de entrar.

Quando uma rodada do Prêmio Loebner em Brighton atrasou por quinze minutos, eu sorri. Qualquer desvio do genérico favorece os seres humanos. Quando afinal a rodada começou e eu me pus a digitar, o atraso foi a primeira coisa que mencionei.

O PROBLEMA DE CONSEGUIR O PAPEL

> *Toda criança nasce artista. O problema é como continuar a sê-lo quando cresce.*
>
> Pablo Picasso

A maioria das lições dadas aos atores é sobre como conseguir o papel e como se preparar para a estreia. Para quem vai representar numa peça de teatro na escola, isso é quase tudo, pois esse tipo de espetáculo costuma ser encenado durante dois fins de semana, e muitos apenas uma ou duas vezes no total. O ator de cinema está em situação semelhante: fazer bem-feito e nunca mais voltar a fazer. Mas o ator de teatro profissional pode receber um papel que terá de repetir oito vezes por semana durante meses ou até anos. Como sentir-se um artista na décima apresentação? Na vigésima quinta? Na centésima?

(Como diz Mike LeFevre no livro *Working*, de Studs Terkel: "Ele demorou muito tempo para criar isso, essa bela obra de arte. Mas e se tivesse de criar essa Capela Sistina mil vezes por ano? Não acha que isso embotaria até a mente de Michelangelo?".)

A arte não pode aumentar em escala.

Esse problema me fascina, em parte porque acho que ele é o problema de viver.

Como sentir-se criativo quando você está produzindo mais e mais da mesma coisa? Na minha opinião, a resposta é: não é possível. Nossa única escolha é criar sempre coisas diferentes.

Um dos meus eventos teatrais favoritos, e um ritual anual desde que vim morar na Costa Oeste, é o Anonymous Theatre de Portland. Uma só noite, uma única apresentação. O diretor forma o elenco e ensaia com cada um dos participantes por semanas — mas ensaia com cada um deles *em separado*. Eles não sabem quem mais vai participar da apresentação, e só se encontram em cena na hora da peça. Não há marcação de palco; eles devem reagir dinamicamente e sem um plano preestabelecido. Não há rotinas ou hábitos adquiridos entre os atores durante ensaios, e eles têm de compor sua harmonia e suas réplicas em tempo real, diante do público. Ver tudo isso acontecer é fascinante e sublime.

Quando falo com amigos meus que são atores, eles dizem que essa é mais ou menos a resposta que o ator de um espetáculo encenado por longo tempo precisa encontrar, a seu próprio modo. Como se desviar? Como fazer de cada apresentação uma estreia?

É tentador pensar que o sujeito passa certo tempo aprendendo o que fazer e o resto do tempo sabendo o que está fazendo e simplesmente fazendo. O bom ator se recusa a permitir que isso aconteça com ele. No momento em que o fizer, ele morre. Um robô toma seu lugar.

Penso na neotenia, no meu priminho de quatro anos trombando em muros, caindo, se levantando e saindo em disparada em outra direção. No fato de que as crianças aprendem muito mais depressa a esquiar porque não têm medo de cair. Erram e se recobram.

Para o arquiteto, é a especificidade do local; para o ator e o músico, é a especificidade de cada apresentação. Meu amigo Matt foi ver um compositor que nós dois admiramos muito, e eu lhe perguntei como foi o show. Matt não pareceu entusiasmado: "Ele tem uma lista fixa de músicas, e as toca". É difícil imaginar o que o artista *ou* a plateia ganham com isso. Um ótimo contraexemplo é o de uma banda como a Dave Matthews Band, que uma noite executa uma música por quatro minutos, em outra, por vinte. Admiro a luta implícita nesse modo de se apresentar, e também o risco. É preciso gravitar constantemente em torno do que funciona e se ater a isso, procurar consolidar a música, mas em vez disso eles *abandonam* o que funciona como algo que nunca mais voltará a ser tão certo, ou voltam à mesma música na noite seguinte, porém fazem diferente, tentam alguma outra coisa que pode muito bem dar errado. É assim que alguém se mantém artista enquanto cresce. E que tanto ele como seus fãs obtêm uma obra única.

Acho que, em essência, tudo é sempre uma vez só na vida. Ajamos de acordo, então.

Assisti à minha primeira ópera no ano passado: *La Traviata*, com a soprano Nuccia Focile no papel principal. O programa impresso continha uma entrevista com ela, e a entrevistadora escreveu: "São os momentos inesperados que atacam emocionalmente um cantor, Focile comenta. Durante a apresentação, um súbito modo diferente de frasear uma palavra pode pegar de surpresa o cantor envolvido e fazê-lo engolir em seco ou verter lágrimas".[35] Focile parece considerar esses momentos como obstáculos, pois afirma: "Preciso usar minha base técnica para proferir certas frases, pois a emoção é tão grande que eu me envolvo em demasia". Como profissional, ela quer cantar com uniformidade. Mas, como ser humano, a aguda atenção e percepção da infinitesimal singularidade de noite para noite, as brechas na técnica quando nos envolvemos, somos pegos de surpresa, engolimos em seco, sentimos as coisas como novas mais uma vez — esses são os sinais de que estamos vivos. E o modo para continuarmos a estar.

4. Sair do livro

É mais fácil ter êxito em distinguir quando uma pessoa está mentindo e quando está dizendo a verdade se [...] *a mentira estiver sendo dita pela primeira vez; a pessoa não disse esse tipo de mentira antes.*[1]

Paul Ekman

Porque a vida é uma espécie de xadrez...[2]

Benjamin Franklin

COMO ABRIR

Entrei no Brighton Centre e me dirigi ao local da competição do Prêmio Loebner. Ao chegar à sala, vi fileiras de assentos onde um punhado de espectadores já se reuniam, e lá na frente o que só podiam ser os programadores dos *bots* na maior afobação, ligando emaranhados de fios e digitando as últimas rajadas de comandos nos teclados. Antes que eu pudesse olhá-los bem, ou eles a mim, o organizador do teste desse ano, Philip Jackson, me cumprimentou e me conduziu para trás de uma cortina de veludo, a área dos confederados. Fora das vistas da plateia e dos juízes, sentamo-nos, quatro de nós, a uma mesa circular, cada um diante de um laptop preparado especificamente para o teste: Doug, um canadense pesquisador de linguística que trabalha para a Nuance Communications; Dave, um engenheiro americano ligado aos Sandia National Laboratories; e Olga, sul-africana, programadora da MathWorks. Enquanto nos apresentávamos, podíamos ouvir os juízes e as pessoas da plateia ocupando seus lugares, invisíveis por trás das cortinas. Um homem apareceu ligeiro, de camisa havaiana, falando a mil por hora e devorando minissanduíches. Embora nunca o tivesse visto, soube de imediato que só podia ser uma pessoa: Hugh Loebner. Estava tudo pronto, ele nos disse entre uma mordida e outra, e a primeira rodada do teste começaria logo. Nós, os quatro confederados, nos aquietamos, fitamos os cursores piscantes dos nossos laptops. Tentei parecer tranquilo e simpático com Dave, Doug e Olga, mas eles tinham vindo à Inglaterra para a conferência sobre tecnologia da fala, e só estavam ali naquela manhã porque lhes parecia interessante. Eu tinha feito minha longa viagem só para o teste. De mãos em pose de beija-flor sobre o teclado, eu parecia um pistoleiro nervoso e pronto para sacar.

O cursor piscava. Eu não piscava.

De repente, letras começaram a se materializar...

Oi. Tudo bem?

O teste de Turing tinha começado.

E subitamente foi muito estranho. Tive a distinta sensação de estar *manietado*. Como naqueles tipos de cena tão comuns em filmes e programas de televisão, quando um personagem, à beira da morte ou em alguma outra situação, diz ofegante: "Tenho uma coisa para lhe dizer". E o outro personagem parece que sempre interrompe: "Ah, meu Deus, eu também. Lembra aquela vez, quando estávamos mergulhando e vimos aquela estrela-do-mar que se enrolou e ficou parecendo o mapa da América do Sul, e depois quando de volta ao barco a minha pele estava descascando e eu disse que isso me lembrava uma música, mas não conseguia lembrar o nome da música? Pois não é que hoje me lembrei...". E o tempo todo a gente fica pensando *Cale a boca, idiota!*.

Lendo os transcritos do Prêmio Loebner, aprendi que há dois tipos de juiz: o que bate papo e o que interroga. Os do segundo tipo entram direto em problemas mundiais, questões de raciocínio espacial, erros ortográficos propositais... Montam um percurso de obstáculos verbais que temos de atravessar. É dificílimo para os programadores preparar seu programa para esse tipo de diálogo, pois qualquer coisa pode constar — e essa é (1) a razão por que Turing tinha em mente a linguagem e a conversação em seu teste, pois em certo sentido seu teste é sobre tudo, e (2) o tipo de interação que Turing parece ter tido em mente, a julgar pelos trechos de conversas hipotéticas em seu ensaio de 1950. A desvantagem dessa tática de interrogatório é que não sobra muito lugar para a pessoa expressar sua *personalidade*. Presume-se que qualquer tentativa de responder de modo idiossincrático seja uma evasão afetadamente tímida, o que resulta em algum tipo de demérito no teste de Turing.

A tática do bate-papo tem a vantagem de facilitar a percepção do que a pessoa na verdade *é* — se de fato houver ali uma pessoa, o que, obviamente é *o se* da conversa. E esse tipo de conversação é mais natural para os juízes leigos. Por uma razão ou outra, em vários períodos ela tem sido, de modo explícito e implícito, incentivada entre os juízes do Prêmio Loebner. Tornou-se conhecida como o paradigma dos "estranhos no avião". A desvantagem é que, em certo sentido, esses tipos de conversa são uniformes: a familiaridade com eles permite ao programador prever várias das perguntas.

Então ali estava um juiz de papo furado, como dois estranhos no avião, pareceu-me. Tive a sensação esquisita de estar naquela clássica situação do filme/programa de TV. "Tenho uma coisa para lhe dizer." Mas a coisa era... eu. A conversa estereotipada se abriu à minha frente. *Como vai?/ Vou indo. De onde você é?/ Seattle. E você?/ Londres. Ah, então uma viagem não tão longa, não? Que nada, só duas horas de trem. Como é Seattle nesta época do ano?/ Bom, é agradável, mas sabe como é, os dias vão ficando mais curtos...* E fui percebendo que aquela linguagem batida, tanto quanto as dos *bots*, era o inimigo. Porque é dela — o termo "clichê" deriva de uma onomatopeia do francês relacionada ao processo de impressão gráfica, no qual as palavras são reproduzidas sem alteração nem entendimento — que são feitos os *bots*.

Comecei a digitar.

olá!

ENTER.

estou bem, animado por estar realmente digitando.

ENTER.

e você, como vai?

ENTER.

Quatro minutos e trinta segundos. Meus dedos teclavam e tremiam de ansiedade.

Eu podia sentir o relógio correndo enquanto nos demorávamos nas amenidades. Eu sentia — e era sentir demais para um "oi, como vai?" — uma sofreguidão tremenda para sair do script, deixar de lado aquela enrolação, ir logo ao que interessava. Porque eu sabia que os computadores conheciam tudo sobre bater papo; daquele jeito, eu estava favorecendo diretamente sua preparação. Como, pensava eu enquanto digitava uma resposta também simpática e despretensiosa, faço para provocar aquele momento do pegar pelo colarinho, o momento do *cale a boca, idiota*? É claro que eu não tinha ideia do que diria depois que o colarinho fosse pego. Mas atravessaria a ponte quando chegasse lá. Se chegasse.

SAINDO DO LIVRO

O maior confronto com a IA no século XX aconteceu num tabuleiro de xadrez: o grande mestre e campeão mundial Gárri Kaspárov contra o supercomputador Deep Blue.[3] Era maio de 1997, no 35º andar do Equitable Building, em Manhattan. O computador venceu.

Alguns pensam que a vitória do Deep Blue foi um momento decisivo para a IA, outros afirmam que ela não provou nada. A partida e a polêmica decorrente compõem um dos principais marcos na perturbadora e mutável relação entre a inteligência artificial e nosso senso do eu. Também são um capítulo fundamental do processo pelo qual, em anos recentes, os computadores alteraram para sempre o xadrez de alto nível, a ponto de, em 2002, um dos maiores jogadores do século XX, Bobby Fischer, declarar o xadrez "um jogo morto".

Foi mais ou menos nessa época que um repórter chamado Neil Strauss escreveu um artigo sobre uma comunidade mundial de especialistas em sedução, iniciando um longo processo do qual o próprio Strauss se tornou um dos líderes e membros mais atuantes dessa comunidade.[4] Durante o processo, detalhado em seu best-seller *O jogo*, de 2005, Strauss começa impressionando-se com os algoritmos de seu mentor, Mystery, sobre "como manipular situações sociais". Mas no decorrer do livro o assombro se transforma em horror quando um exército de "robôs sociais", seguindo à risca o método de Mystery, invade a vida noturna de Los Angeles e "mata" o bate-papo de bar do mesmo modo, e pelas mesmas razões, que na opinião de Fischer o computador "matou" o xadrez.

É claro que, à primeira vista, parece não haver dois assuntos mais díspares do que uma sociedade secreta de artistas da sedução e o xadrez por supercomputadores. O que será que essas duas narrativas têm em comum, e qual sua relação com minha afirmação como humano no teste de Turing?

A resposta é surpreendente e se baseia no que os enxadristas chamam de "sair do livro". Veremos o que isso significa no xadrez e na conversação, como se faz para isso acontecer e quais são as consequências se não o fizermos.

TODA A BELEZA DA ARTE

Em certo momento de sua carreira, o famoso artista francês do século XX Marcel Duchamp desistiu da arte em favor de algo que julgou mais expressivo, mais poderoso: algo que tinha "toda a beleza da arte, e muito mais". Era o xadrez. Ele escreveu: "Cheguei à conclusão pessoal de que nem todos os artistas são jogadores de xadrez, mas todos os jogadores de xadrez são artistas".[5]

A comunidade científica, de modo geral, pareceu concordar com esse sentimento. No livro que ganhou o Prêmio Pulitzer em 1980 — *Gödel, Escher, Bach*,[6] escrito numa época em que o xadrez por computador tinha mais de 21 anos —, o autor, Douglas Hofstadter, conclui que "jogar xadrez com grande perspicácia se baseia intrinsecamente em facetas centrais da condição humana".[7]

"Todas essas habilidades indefiníveis [...] se encontram tão próximas do âmago da própria natureza humana", diz Hofstadter, "que a simples força bruta dos computadores [...] não será capaz de contornar ou desconsiderar o fato."

De fato, *Gödel, Escher, Bach* põe o xadrez, ao lado de coisas como a música e a poesia, como uma das atividades da vida mais única e expressivamente humanas. Hofstadter argumenta com veemência que um programa de computador campeão de xadrez necessitaria de tanta "inteligência *geral*" que não seria apropriado nem mesmo chamá-lo de programa de *xadrez*. "O xadrez me entedia. Falemos sobre poesia", o autor imagina o programa respondendo a um convite para jogar. Em outras palavras, xadrez campeão mundial significaria passar no teste de Turing.

Esse era o apreço que se teve pelo xadrez — "o jogo dos reis", obrigatório no treinamento de todo cavaleiro do século XII depois de "equitação, natação, arco e flecha, boxe, caça com falcão e escrita de versos", o jogo praticado por pensadores políticos e militares, de Napoleão, Franklin e Jefferson a Patton e Schwarzkopf — desde suas origens modernas na Europa do século XV até os anos 1980.[8] Intimamente ligado à condição humana e dela inseparável, expressivo e sutil como a arte. Mas já nos anos 1990 o tom estava mudando. Hofstadter:[9] "A primeira vez que [...] vi [...] um gráfico [das pontuações de uma máquina de xadrez ao longo do tempo] foi num artigo da *Scientific American*[10] [...] e me lembro vivamente de ter pensado 'Epa! Vem coisa por aí!'. E veio mesmo".*

---

* Ver o quadro "Chess computer ratings over time", *Scientific American,* outubro de 1990.

UMA DEFESA DE TODA A RAÇA HUMANA

De fato, não demorou para que a IBM estivesse pronta para propor em 1996 um embate entre sua máquina, o Deep Blue, e Gárri Kaspárov, então campeão mundial de xadrez, o jogador mais bem classificado de todos os tempos e, dizem alguns, o maior de todos.

Kaspárov aceitou. "Em certa medida, essa competição é uma defesa de toda a raça humana. Os computadores têm um papel importantíssimo na sociedade. Estão em toda parte. Mas há uma fronteira que eles não devem transpor. Não devem entrar na área da criatividade humana."[11]

Para encurtar a história: Kaspárov estarreceu o país perdendo já na primeira partida. Enquanto os engenheiros da IBM brindavam no jantar, ele teve uma espécie de crise existencial noturna, perambulando pelas gélidas ruas de Filadélfia com um de seus conselheiros e perguntando: "Frederic, e se essa coisa for invencível?". Mas reagiu com empenho, vencendo três dos cinco jogos seguintes e empatando nos outros dois, ganhando a competição pelo convincente placar de 4 a 2. "A inviolabilidade da inteligência humana parece ter se esquivado de uma bala", noticiou o *New York Times* no fim da competição, embora a meu ver isso seja uma generosidade meio exagerada.[12] A máquina arrancara sangue. Revelara-se formidável. Mas em última análise, tomando aqui de empréstimo uma imagem de David Foster Wallace, foi "como ver um predador extremamente grande e forte ser dilacerado por um predador ainda maior e mais forte".[13]

A IBM e Kaspárov concordaram em jogar de novo dali a um ano em Manhattan, e em 1997 Kaspárov sentou-se para outra série de seis jogos contra uma *nova* versão da máquina: mais veloz — duas vezes mais veloz —, mais incisiva, mais complexa. E dessa vez as coisas não foram tão bem. De fato, na manhã do sexto e

138

último jogo da competição, os contendores estão empatados, e Kaspárov está com as pedras pretas. O "serviço" é do computador. E então, com o mundo todo assistindo, Kaspárov joga a que seria *a mais rápida derrota de toda a sua carreira*. Uma máquina vence o campeão mundial.

Kaspárov, é claro, propõe uma "melhor de três" em 1998, uma competição para desempatar de uma vez por todas. "Garanto pessoalmente que vou fazê-lo em pedaços."[14] Mas, assim que a poeira assenta e a imprensa vai embora, a IBM discretamente corta a verba da equipe, realoca os engenheiros e começa pouco a pouco a desmontar o Deep Blue.

DOUTOR, SOU UM CADÁVER

Quando acontece alguma coisa que provoca uma dissonância cognitiva, quando duas de nossas crenças se mostram incompatíveis, ainda nos resta a escolha de qual das duas rejeitar. Nos círculos de filosofia acadêmica, corre uma famosa piada:

O sujeito vai ao médico e diz: "Doutor, sou um cadáver. Estou morto".

O médico pergunta: "Cadáver sente *cócegas*?".

"Claro que não, doutor!"

O médico faz cócegas no sujeito, que se contorce e ri. "Viu?", diz o médico. "Pronto!"

"Ah, meu Deus, o senhor tem razão, doutor!", exclama o homem. "Cadáver *sente* cócegas!"

Sempre há mais de um modo de reconsiderar nossas crenças.

RECUAR PARA A PALIÇADA

Em geral se pensa que jogar xadrez com habilidade requer "pensar"; uma solução desse problema nos forçaria a admitir a possibilidade do pensamento mecanizado ou a restringir mais nosso conceito de "pensar".[15]

Claude Shannon

O que aconteceu depois da competição com o Deep Blue? A maioria das pessoas se dividiu entre duas conclusões: (1) aceitar que a raça humana estava liquidada, que as máquinas inteligentes afinal tinham vindo à luz e posto fim à nossa supremacia sobre toda a criação (coisa que, como você pode imaginar, ninguém estava disposto a fazer) ou (2) o que o grosso da comunidade científica escolheu: essencialmente depreciar o xadrez, o jogo que Goethe chamou de "pedra de toque do intelecto". O *New York Times* entrevistou a maioria dos mais eminentes pensadores da área de IA dos Estados Unidos logo após a competição, e o nosso conhecido Douglas Hofstadter, lembrando um cadáver que sentiu cócegas, disparou: "Meu Deus, e eu pensava que o xadrez requeria pensar! Agora vejo que não".[16]

Outros acadêmicos pareceram ansiosos para chutar o xadrez quando ele estava na lona. "De um ponto de vista puramente matemático, o xadrez é um jogo trivial", diz John Searle, filósofo e professor da Universidade da Califórnia em Berkeley.[17] (Existem 10^{27} possíveis jogos de xadrez para cada átomo do universo.) Como explicou o *New York Times*:

Em *Gödel, Escher, Bach* [Hofstadter] considera jogar xadrez uma atividade criativa com um limiar irrestrito de excelência característico das artes como a composição musical e a literatura. Agora afirma que os avanços dos computadores nesta última década o persuadiram de que o xadrez não é uma atividade intelectual tão elevada quanto a música e a literatura; estas requerem uma alma.

"A meu ver, o xadrez é cerebral e intelectual", ele diz, "mas não tem qualidades emocionais profundas, mortalidade, resignação, alegria, todas as coisas de que a música trata. Eu poria lá também a poesia e a literatura. Se música ou literatura fossem criadas em um nível artístico por um computador, eu acharia isso uma coisa terrível."[18]

Em *Gödel, Escher, Bach* Hofstadter escreve: "Assim que uma função mental é programada, as pessoas logo deixam de considerá-la um ingrediente essencial do 'verdadeiro pensamento'". Por isso, é uma grande ironia que ele tenha sido um dos primeiros a depreciar o xadrez.

Se você tiver que imaginar um ser humano totalmente incapaz de aceitar *qualquer uma* destas conclusões: (a) a humanidade está condenada ou (b) o xadrez é trivial — e imaginar que o nome dessa pessoa é "Gárri Kaspárov", terá acertado. Sua principal investida retórica depois da competição, como você pode adivinhar, foi *"essa não valeu"*.

Gárri Kaspárov pode ter perdido a última partida, ele diz. Mas o Deep Blue não ganhou.[19]

Por estranho que pareça, *esse* é o argumento que mais me interessa, e é sobre ele que desejo falar. O que à primeira vista parece significar simplesmente que ele cometeu um erro atípico (e é verdade), na realidade tem por trás um significado muito profundo e totalmente diferente. Porque, na minha opinião, ele quis ser *literal* em sua afirmação.

Ora, mas, se o Deep Blue não venceu, então quem, ou o quê, venceu?

Essa é a questão que começa a nos conduzir para um território muito estranho e interessante.

COMO É CRIADO UM PROGRAMA DE XADREZ

Para respondê-la, precisamos mencionar brevemente alguns aspectos técnicos do funcionamento dos computadores que jogam xadrez;* espero desmistificar algumas coisas sem entrar em detalhes massacrantes.

Quase todos os programas de xadrez para computador funcionam em essência do mesmo modo. Para criar um programa de xadrez, é preciso três coisas: (1) um modo de representar o tabuleiro, (2) um modo de gerar movimentos válidos e (3) um modo de escolher o melhor movimento.

Os computadores só sabem fazer uma coisa: matemática. Para sorte deles, uma porcentagem chocantemente alta da vida pode ser traduzida em matemática. Música é representada por valores de pressão do ar ao longo do tempo, imagens de vídeo são representadas por valores de intensidade de vermelho, azul e verde ao longo do tempo, e um tabuleiro de xadrez é apenas uma grade (no jargão da computação, "arranjo") de números, representando qual peça está naquele quadrado, se é que há alguma.** Moleza, se comparado a codificar uma música ou um filme. Como ocorre com frequência na ciência da computação, há truques elegantes que podem ser usados e atalhos inteligentes para economizar tempo e espaço, em certos casos em magnitudes assombrosas, mas isso não nos interessa agora.

---

* Uso aqui os termos "programa" e "computador" de modo intercambiável. Há uma razão matemática profunda para isso, e foi justamente Turing quem a descobriu. É conhecida como "equivalência computacional", ou "tese de Church-Turing".

** Deixo para o leitor interessado a tarefa de pesquisar em livros de ciência da computação ou engenharia da computação como algo como um arranjo de números é representado na memória de um computador — pois ainda é preciso converter da base 10 para a base 2 (binário) e da base 2 para a eletricidade e/ou magnetismo etc.

Assim que o computador tem um tabuleiro que ele pode entender na sua própria linguagem (números), calcula quais são os movimentos válidos a partir de uma dada posição. Isso também é simples, até mesmo tediosamente fácil, e envolve um processo do tipo: "Verifique o primeiro quadrado. Se estiver vazio, avance. Se não estiver vazio, verifique que tipo de peça é. Se for uma torre, veja se ela pode avançar um quadrado à esquerda. Se sim, verifique se ela pode avançar outro quadrado à esquerda, e assim por diante. Se não, veja se ela pode avançar um quadrado à direita…". Repetindo, há alguns modos inteligentes e engenhosos de acelerar isso tudo, e, se você estiver tentando vencer um campeão mundial, eles se tornam importantes. Por exemplo, o criador do Deep Blue, o engenheiro elétrico da IBM Feng-hsiung Hsu, projetou *à mão* os 36 mil geradores de movimento transistorizados, mas nós não queremos nem passar perto de um nível de detalhe como esse. Se poupar microssegundos não for importante para você, então qualquer coisa que lhe diga quais devem ser os movimentos servirá.

Muito bem. Podemos representar o tabuleiro e podemos calcular quais movimentos são possíveis. Agora precisamos de um algoritmo para decidir qual movimento devemos fazer. A ideia é:

1. Como saber qual é o melhor movimento? Simples! O melhor movimento é aquele que, depois que você fizer o melhor contramovimento, me deixar na melhor forma.

2. Sim, mas como saber qual é o seu melhor contramovimento? Simples! É aquele que, depois da *minha* melhor resposta, deixar *você* na melhor forma.

(E como saber qual é a minha melhor resposta? Simples! Veja o passo 1!)

Já se vê que essa é uma definição circular. Ou não exatamente circular, mas *recursiva*, como dizem os cientistas da computação. Uma função que chama a si mesma. Essa função específica, que chama a si mesma inversamente, poderíamos dizer — que movimento traz a melhor situação, considerando qual movimento traz a pior, considerando qual movimento traz a melhor etc. —, é chamada de algoritmo de minimização-maximização, ou "algoritmo minimax", e aparece em quase toda parte da teoria e na IA dos jogos.

Se você estiver escrevendo um programa para o jogo da velha, por exemplo, isso não é um problema. Porque o jogo tem apenas nove primeiros movimentos possíveis, oito segundos movimentos possíveis, sete terceiros movimentos possíveis e assim por diante. Portanto, nove fatorial: 9! = 362 880. Pode parecer um número grande, mas é brincadeira de criança para um computador. O Deep Blue, e isso há quinze anos, podia examinar 300 milhões de posições *por segundo*.*

A ideia é que, se a sua "árvore de busca" for percorrida até o fim, as posições se resolverão em ganha, perde e empata, os resultados se filtrarão por todo o caminho de volta e então você fará o movimento. O problema no xadrez, porém, é que a árvore de busca praticamente *não tem* um extremo de onde se possa voltar. Fazer uma busca por toda ela (10^{90} anos foi a famosa estimativa de Claude Shannon) demoraria *muito* mais do que toda a vida (meros $13,73 \times 10^9$ anos) do universo.

Portanto, você tem de brecar depressa. Existem modos muito complexos de fazer isso, porém o mais fácil é simplesmente especificar uma profundidade máxima de busca, e a partir desse ponto você tem de retornar. (Suspender a busca em algumas linhas antes de suspendê-la em outras é chamado de *pruning*, ou "poda".) Mas como avaliar a posição se você não pode examinar mais à frente e o jogo não terminou? Usa-se um recurso conhecido como *heurística*,

---

* Em contraste, eis quantas Kaspárov podia examinar: três.

o qual — com exceção da capacidade de examinar movimentos e contramovimentos adicionais — é uma espécie de conjectura estatística de quanto essa posição parece boa, levando-se em conta fatores como quem tem mais peças, qual rei está mais seguro e por aí vai.*

É isto: represente o tabuleiro, descubra movimentos e busque nas respostas, avalie seus resultados com a heurística e use minimax para escolher o melhor. Pronto: o computador pode jogar xadrez.

O LIVRO

Existe, porém, outro suplemento importante que os programas de computador mais avançados usam, e é sobre ele que eu quero falar.

Os programadores de computador têm uma técnica chamada "memoização", na qual os resultados de funções chamadas com grande frequência são simplesmente armazenados e de novo chamados — mais ou menos como quem lida muito com matemática responde depressa que 12 ao quadrado é 144, ou que 31 é primo, sem realmente fazer os cálculos. A memoização costuma ser uma grande poupadora de tempo nos programas de computador, e no software de enxadrismo ela é usada de modo muito especial.

Toda vez que o Deep Blue começa um jogo, a partir da posição inicial básica do xadrez ele se põe a examinar aqueles 300

---

* Em essência, Deep Blue versus Kaspárov foi um embate entre a velocidade de busca imensamente superior do primeiro (cerca de 100 milhões de vezes mais rápida) e a poda e heurística imensamente superiores do segundo — quais movimentos merecem ser examinados e o que pressagiam —, o que poderíamos chamar de *intuição*.

milhões de posições por segundo, olha em volta por algum tempo e faz sua escolha. Por ser um computador, e a menos que tenha a aleatoriedade especificamente programada, a tendência é que essa escolha seja *a mesma*. Toda vez.

Isso não parece muito esforço? Um desperdício de eletricidade, só da perspectiva do meio ambiente?

E se simplesmente calculássemos *uma vez* e "memoizássemos" o resultado, ou seja, *escrevêssemos* o que foi decidido — e a partir de então fizéssemos isso sempre?

Pois bem. E se começássemos a fazer isso jogo após jogo, posição após posição?

E se conseguíssemos transferir bancos de dados de centenas de milhares de jogos de grandes mestres e também os incluíssemos em nosso programa?

E se examinássemos todos os jogos profissionais já disputados por Gárri Kaspárov e fizéssemos a análise *prévia* de 300 milhões de posições por segundo das melhores respostas para as posições que provavelmente aparecerão contra ele? E se fizéssemos vários *meses* de análise prévia? E ao mesmo tempo empregássemos uma equipe secreta de grandes mestres humanos para ajudar no processo?

> *Isso não é "trapacear", pois é como jogam os mestres do xadrez.*
> Claude Shannon, "Programming a computer for playing chess"

Mas estou pintando um quadro mais sinistro do que a realidade. Para começar, Kaspárov sabia o que estava acontecendo. Além do mais, isso é o que todo enxadrista profissional faz antes de qualquer jogo profissional de xadrez: todos os grandes jogadores têm "segundos", que são enxadristas profissionais ligeiramente mais fracos que preparam análises, personalizadas segundo o oponente, antes de um *match* ou torneio. Isso vem somado ao imenso repertório de aberturas e teoria da abertura que todo grande jogador conhece. E é nessas condições que o jogo acontece. Esse conjunto de posições pré-jogadas, incontáveis milhares, se não milhões delas, essa diferença entre descoberta e memória, é chamado de *livro*.

AS DUAS PONTAS: ABERTURAS E FINAIS

Todos os jogos de xadrez começam exatamente da mesma posição. Devido ao grande número de movimentos que podemos fazer a partir dessa posição inicial, naturalmente os jogos demoram algum tempo para se diferenciar. Portanto, um banco de dados de, digamos, um milhão de jogos, terá um milhão de exemplos de um jogador fazendo um movimento a partir dessa configuração inicial; todas as outras configurações serão uma fração decrescente disso. As linhas* mais usadas mantêm essa "densidade" de dados por mais movimentos, às vezes além de 25, ao passo que as linhas menos populares ou fora do comum podem reduzir-se muito mais depressa. (O principal programa de computador dos últimos anos, Rybka, supostamente contém "no livro" certas linhas da defesa Siciliana com até quarenta movimentos, o que vai mais longe do que muitos *jogos* — por exemplo, só um jogo na segunda competição entre Kaspárov e o Deep Blue foi além do movimento 50.)

Por outro lado, assim que um número suficiente de peças é retirado do tabuleiro, começamos a chegar a situações nas quais o computador pode apenas processar previamente e gravar cada configuração possível dessas peças. Por exemplo, o fim de jogo mais simples talvez seja rei e rainha contra rei: três peças no tabuleiro. Isso permite $64 \times 63 \times 62 = 249984$ posições (menos algumas ilegais, como quando os reis se tocam), e se levarmos em conta a

---

* Sequências de movimentos.

simetria horizontal e (neste caso) vertical do tabuleiro, elas se reduzem a no máximo 62 496. Muito viável. Quando começamos a acrescentar peças, a dificuldade vai aumentando, mas todas as posições envolvendo seis peças ou menos já foram "resolvidas". Isso inclui posições como alguns finais de torre e cavalo contra dois cavalos, onde, por exemplo, cada movimento leva a um empate com jogo perfeito exceto um — com o qual o lado mais forte pode, com um jogo inumanamente perfeito e instintivo, forçar um xeque-mate em 262 movimentos.*[20] Esse já foi o recorde, aliás; mas hoje os programadores Marc Bourzutschky e Yakov Konoval encontraram um final com sete peças com um mate forçado em 517.

Posições como essa me parecem vagamente perversas — não há absolutamente nada que possamos dizer sobre elas para que façam sentido. Não há nenhum jeito de responder à pergunta "Por que esse é o melhor movimento?" além de apontar para a árvore de movimentos e dizer "Eu não sei, mas é isso que ela diz". Não há explicação, nem tradução verbal, nem intuição capaz de penetrar na posição. "Para os grandes mestres, talvez a desalentadora mensagem da última análise de computador seja que *conceitos nem sempre funcionam* no final" (grifo meu),[21] como escreveu o *New York Times* em 1986, citando o grande mestre e administrador da Federação de Xadrez dos Estados Unidos, Arthur Bisguier: "Procuramos estética no xadrez — lógica é estética. Isso me perturba filosoficamente".**

Talvez, sendo eu uma pessoa que está sempre, sempre teorizando, sempre, sempre verbalizando, talvez seja isso que me

---

* Repetindo, a maioria dos jogos termina em trinta a quarenta.

** O banco de dados de finais de jogos a que eles se referem foi montado nos anos 1980 por Ken Thompson nos Bell Laboratories em Murray Hill, Nova Jersey, justamente onde Claude Shannon escreveu o revolucionário ensaio sobre xadrez por computador em 1950.

perturba também: não haver nada que se possa fazer. A exploração à velocidade da luz porém não intuitiva da árvore de jogos pelos computadores é conhecida como o método da "força bruta" na IA dos jogos. É isso que "bruta" em "força bruta" significa para mim; é o que bruto quer dizer. Sem teoria. Sem palavras.

Seja como for, essas tabelas são conhecidas como "bancos de dados de finais de jogo", ou "tabelas de finais", ou, em inglês, "*tablebases*", "*telebases*", mas podemos com razoável segurança chamá-las de "livros". O princípio é o mesmo: procurar uma posição e jogar o movimento prescrito.

Portanto, há um livro de aberturas e um livro de finais.

O meio-jogo, quando as peças se movimentaram o suficiente deixando a posição inicial uniforme apenas na memória distante mas ainda existe poder de fogo suficiente no tabuleiro para que o final de jogo esteja bem longe, é onde os jogos são mais diferentes, mais únicos.

"Toda a estratégia para resolver um jogo é reduzir essa parte intermediária até que ela desapareça, de modo que seu jogo inicial e seu jogo final se conectem", diz Michael Littman, cientista da computação da Universidade Rutgers.[22]

"Felizmente", diz Kaspárov, "as duas pontas, os estudos de aberturas e os bancos de dados de finais, nunca se encontrarão."[23]

AS DUAS PONTAS: SAUDAÇÃO E ENCERRAMENTO

A escrita de cartas é um grande exemplo de como existe, nas relações humanas, um "livro de aberturas" e um "livro de finais". Todo mundo aprende na escola a iniciar uma carta com cumprimentos e encerrá-la com uma despedida de praxe. Esses começos e fins são tão ritualizados que… ora, até um computador é capaz de escrevê-los. Se, usando o MS Word em inglês, termino um parágrafo e começo o parágrafo seguinte com "*Your*", imediatamente vejo um retangulozinho amarelo onde se lê a fórmula de fechamento "*Yours truly*" [Atenciosamente]. Se eu pressionar "enter", a frase se autocompleta. Se eu teclar "*To who*", a frase se autocompletará com "*m it may concern*" [a quem possa interessar]. "*Dear S*" me dá "*ir or Madam*" [Prezado senhor ou senhora], "*Cord*", "*ially*" [cordialmente] etc.

Aprendemos na escola esse "livro de aberturas" e esse "livro de finais". Depois seguimos pela vida atentos, deliberadamente ou não, para tendências sutis e indicações de conotação, de contexto, de moda. "*What's up*" [como vai] me parecia, quando menino, um tanto desajeitado, imitativo, artificial, inautêntico. Eu não conseguia dizê-lo, descobri, sem algum tipo de aspas, mas acabou por tornar-se tão natural para mim quanto "*Hi*" [oi]. E testemunhei, alguns anos depois, o mesmo processo acontecer com meus pais: seus primeiros "*What's ups*" me pareciam deploráveis tentativas de ser "pra frente", e depois cada vez mais, descobri, eu fui deixando de notar. Abreviaturas e truncamentos como "*What up*" e "*Sup*", que pareciam prestes a usurpar o lugar de saudação mais descolada da turma *cool* do ensino médio, nunca chegaram ao pódio. Quando comecei a frequentar o espinhoso espaço formal-mas-informal, subordinado-mas-colega na correspondência por e-mail com meus professores da graduação e depois da pós-graduação, meu instinto era encerrar com "*Talk to you soon*" [até a próxima], porém comecei a me perguntar se isso não poderia ser interpretado como uma exigência codificada de resposta rápida da parte deles, o que poderia ser considerado uma grosseria. Observei, imitei e rapidamente passei a apreciar o fechamento "*Best*", o qual, depois de alguns meses, começou a me parecer muito seco; em algum momento, mudei para "*All the best*" [tudo de bom], que hoje é minha escolha frequente. Etiqueta é um pouco como a moda: a gente nunca para de se aprimorar.

E, devo acrescentar, também é um pouco como a moda na necessidade de ter cuidado com o lugar onde vamos buscar conselhos. Hoje à tarde fui dar uma olhada no Google em "fechamentos de cartas comerciais", e vi, entre os primeiros resultados, uma lista que inclui "*Adios*" e "*Ta ta*". Nessa eu não entro.

Quando comecei a traduzir poesia e iniciei uma correspondência por e-mail com um autor venezuelano que escreve em espanhol — língua que não uso muito em conversas e na qual certamente eu nunca tinha escrito e-mails a falantes nativos —, aprendi depressa e me pus a imitar a abertura "*Estimado amigo*" e os fechamentos "*Salud y poesía!*" ou "*Recibe un abrazo fraterno*". Lembro-me de ter consultado sites que mostravam saudações e fechamentos tradicionais em espanhol, mas não podia confiar neles; não dá para saber o que soa frio ou informal demais, muito antiquado ou modernoso, sem falar nos efeitos de todos os desvios nacionais e regionais no mundo hispanófono. Um território deveras acidentado, esse. Eu queria personalizar minhas aberturas e fechamentos, mas essa é uma tarefa delicada: sem um exemplo mais amplo do que é usado, me sinto perdido. Assim, limito-me a repetir as poucas saudações e fechamentos que conheço.

Tente começar, ou, pior ainda, encerrar uma conversa com uma frase inabitual. A sensação é quase insuportavelmente constrangedora, abrupta. É difícil até *pensar* em algo fora dos padrões para dizer, e, se conseguirmos pensar, fica difícil criar coragem para dizê-lo. O ritual nos tolhe.

Não há dúvida de que, se quisermos ter uma ideia do assunto de uma conversa colhendo amostras de uma ou duas sentenças ao acaso, devemos pegá-las não do começo nem do fim, mas do meio.

De certo modo, é curioso que a etiqueta e o ritual social — que não é sinônimo de formalidade, como demonstram aqueles longos e elaborados apertos de mão que se usavam nos anos 1980 e 90 — sejam uma espécie de ameaça: a ameaça de avolumar esses "livros".

"Evidentemente, a cultura escreve... primeiro, e depois escrevemos...", diz o dramaturgo Charles Mee.[24]

E quando redijo uma carta, minha cultura dita a primeira palavra e, com exceção do meu nome, a última.

Posso me expressar através de minha *escolha* de aberturas/saudações, mas, em certo sentido, as palavras não são minhas. Não sou eu a dizê-las.

Felizmente as duas pontas nunca se encontrarão, diz Kaspárov. No entanto, creio que todos nós já tivemos alguma conversa formulada do princípio ao fim, na qual as formalidades da saudação se estendem por todo o caminho até se encontrar com as formalidades do fechamento, uma conversa que em certo nível, como diria Kaspárov, "não vale",[25] pois provavelmente já aconteceu antes, igualzinha, palavra por palavra.

Pois essa é a conversa que os *bots* querem ter em um teste de Turing. A conversa contra a qual os confederados lutam de um modo bem tangível (se pressionar teclas equivaler a golpes). As regularidades estatísticas, culturais, rituais da interação humana são as fraquezas que essas máquinas exploram.

NAS BRECHAS

Dizem que os jogos dos grandes mestres começam com uma *novidade*, que é o primeiro movimento do jogo feito "fora do livro". Pode ser o quinto movimento, o 35º. Pensamos num jogo de xadrez como uma partida que começa com o movimento 1 e termina no xeque-mate. Mas não é assim. O jogo começa quando sai do livro, e termina quando entra no livro. Como a eletricidade, as faíscas só saem pelas brechas.[*26]

---

* Ver, por exemplo, a figura sobre xadrez por computador no influente ensaio

O livro das aberturas é especialmente volumoso. O jogo pode terminar antes que você saia dele, mas não *começa* antes que você o faça. Dizendo de outro modo, você pode não sair vivo; por outro lado, não está vivo *enquanto* não sai.

QUEM ROUBOU O MEU CAVALO? A METAFÍSICA DO LIVRO

> *O que eu quero dizer é o seguinte. O que impediria — Mike, talvez você possa responder esta pergunta. O que impediria o Deep Blue de ver o peão na e6 e pegá-lo se Gárri o deixasse ali para poder se aproximar de uma compensação do desequilíbrio de material? Afinal de contas, esse sacrifício não seria um lance feito por conta própria, por vontade própria, e sim programado. Talvez a essa altura, quando os novos movimentos começaram no tabuleiro, o Deep Blue estivesse pensando: "Quem roubou o meu cavalo?" (risadas na plateia).[27]*
> *Grande mestre Maurice Ashley, comentarista durante o jogo 6*

Como muita gente no mundo do xadrez competitivo, tanto os criadores do Deep Blue como Gárri Kaspárov se pautam por uma espécie de metafísica do livro: o livro não é a pessoa. O engenheiro-chefe do Deep Blue, Feng-hsiung Hsu, tem citações sobre querer jogar contra "o campeão mundial, e não contra seu preparo prévio para as nossas aberturas"; Kaspárov declarou a mesma coisa com respeito à máquina.

---

de Jonathan Schaeffer publicado na *Science*, mostrando que a análise ao vivo da árvore de busca de seu programa Chinook lembra extraordinariamente um relâmpago entre o livro de aberturas e de finais.

Portanto, o livro não é a pessoa, e o livro não é o jogo: "O jogo atual nem sequer conta como um jogo, pois provavelmente já foi publicado antes em algum outro lugar". Eis uma declaração extremamente forte: um jogo de xadrez que não consegue sair do livro não é um jogo de xadrez de verdade.

Jogo "de verdade" ou não, eis, com alguns dos comentários originais ao vivo: Deep Blue (brancas) versus Kaspárov (pretas), 1997, Jogo 6.

1. e4 c6 2. d4 d5 3. Nc3

GRANDE MESTRE YASSER SEIRAWAN: Parece que ele [Kaspárov] está indo para a Caro-Kann.

3 ... dxe4 4. Nxd4 Nd7 5. Ng5

SEIRAWAN: Muito provavelmente veremos uma daquelas aberturas que são totalmente analisadas por quinze ou vinte movimentos, pois agora vai ser dificílimo para Kaspárov evitar essas linhas. Nesses tipos de posições, não é bom fazer nenhum lance original, pois a gente pode se meter em uma tremenda encrenca muito cedo. Acho que ele vai jogar uma das linhas principais e se contentar com a posição resultante.

5 ... Ngf6 6. Bd3

GRANDE MESTRE MAURICE ASHLEY: Abrindo uma linha para seu bispo. E de novo o Deep Blue claramente está em seu livro de aberturas, pois está jogando muito rápido.

6 ... e6

ASHLEY: Kaspárov tentando pôr seu bispo rapidamente em ação; prevemos que o bispo em f8 vai se mover em breve.

7. N1f3

[Seirawan começa a jogar a resposta do livro, 7... Bd6, no diagrama—]

7 ... h6

ASHLEY: Em vez de trazer seu bispo com Bd6, Kaspárov —

8. Nxe6

ASHLEY: Captura em e6 instantaneamente e Kaspárov balança a cabeça por um momento —

8 ... Qe7 9. 0-0fxe6 10. Bg6+ Kd8

ASHLEY: Kaspárov está balançando a cabeça como se algo desastroso tivesse acontecido, seu rei sendo caçado por todo o tabuleiro. Será possível que Kaspárov tenha errado teoricamente?

SEIRAWAN: Sim, ele bobeou. O que ele fez foi uma transposição de movimentos. O que eu quero dizer é que essa posição é bem conhecida, e vocês me viram jogando com o movimento Bf8-d6. A ideia é que depois de Bd6, é clássico as brancas em seguida jogarem Qe2, e então depois de h6, esse sacrifício Nxe6 não funciona, pois as pretas têm o movimento Kf8 mais tarde.

ASHLEY: Você quer dizer depois de Nxe6?

SEIRAWAN: Capturando o cavalo, é xeque, o rei pode ir para f8. Mas jogando h6 um movimento antes, o sacrifício que agora vimos, Nxe6, é possível. Pelo que me lembro, houve um jogo famoso entre [Julio] Granda Zúñiga, Grande Mestre peruano, contra o nosso Patrick Wolff. Foi um jogo muito difícil para as pretas e se reconheceu que o movimento h6 era errado.* E Gárri, você viu as reações dele, no momento em que o Deep Blue jogou Nxe6 tão depressa e chegou à posição que agora ele tem no tabuleiro, ele ficou aterrorizado, consternado. Porque ele reconheceu que caiu numa conhecidíssima armadilha de abertura.

ASHLEY: Acabou então? É simples assim?... Como isso é possível, Yaz?...

---

* Granda é conhecido por ser, é bem provável, o jogador mais forte, e possivelmente o único grande mestre que não estuda a teoria das aberturas. Contra jogadores mais fracos, sua imprevisibilidade lhe dá vantagem, mas, contra a elite mundial, qualquer deslize ou imprecisão na abertura costuma ser fatal. A ironia é que no jogo citado por Seirawan, aquele que estabeleceu "que o movimento h6 era errado", Granda, depois de se aguentar tenazmente, acaba vencendo.

SEIRAWAN: ... Uma das coisas — aliás eu acho muito preocupante, nessa posição específica é que, se Gárri Kaspárov perder o jogo de hoje, é totalmente concebível que todo esse sacrifício e tudo o mais esteja lá na biblioteca do Deep Blue, a biblioteca das aberturas, e que ele [o Deep Blue] não fez nada — pode ser que nem mesmo tenha de jogar algum movimento original se Gárri escolher uma das variações que foram programadas como vencedoras para ele [para o Deep Blue]. O que seria uma grande injustiça, não só para a equipe do Deep Blue e sua pesquisa, mas também para Gárri Kaspárov.

E é por isso que o Jogo 6 não valeu. Kaspárov bobeou em seu sétimo movimento (7... h6, tencionando... Bd6, em vez do correto 7... Bd6 primeiro, seguido por 8... h6), caindo numa conhecida armadilha do livro. A máquina consultou a posição e fez o devastador sacrifício do cavalo (8. Nxe6) extraído diretamente das suas tabelas. Kaspárov por fim se arrancou do livro com uma defesa inédita, desesperada (11... b5), mas era tarde demais — quando o Deep Blue, isto é, o procedimento de busca, análise e seleção de movimentos, finalmente agiu, foi apenas para dar o golpe de misericórdia.

Concordo com ele quando disse que o Jogo 6 "não valeu". Ele poderia ter se defendido melhor, poderia ter resistido mais, mas em essência Kaspárov perdeu esse jogo *no livro*.* (Um comentador

---

* Hsu afirma em *Behind Deep Blue* que a maioria dos programas de xadrez da época era programada especificamente para *evitar* 8. Nxe6, pois, embora fosse o melhor movimento e única refutação clara para 7... h6, conduzia a jogadas complicadas depois. Ele diz que o Deep Blue apenas "pagou para ver", "apostando" que o movimento 7... h6 de Kaspárov fora feito com base na suposição de que o Deep Blue estava amordaçado naquela linha. "Uma aposta de 300 mil dólares", como diz Hsu. Percebo a lógica, mas não a engulo. Está na cara que Kaspárov simplesmente bobeou.

on-line se saiu com uma frase esplêndida, "o jogo seis foi uma bordoada totalmente no livro".) Tropeçar e cair num poço a caminho do campo de batalha não é o mesmo que morrer em combate.

E — temos aqui uma afirmação mais metafísica, que nos leva de volta ao teste de Turing e a nós mesmos — seja quem ou o que for que alcançou aquela posição vencedora contra Kaspárov, não foi o *Deep Blue*. "Epa! Quem roubou o meu cavalo?", Ashley graceja, imaginando a pergunta do Deep Blue quando sua função de análise afinal passa a funcionar. Pois é!

O Deep Blue só é ele mesmo fora do livro; antes disso ele não é nada. Apenas os fantasmas do próprio jogo.

E isso se aplica também a nós, digo a mim mesmo.

O FIM DA CORDA DA MEMÓRIA

Alguns amigos meus foram competidores no jogo 24 da quinta à sétima série na escola. A ideia desse jogo é que, diante de cartas de quatro números — por exemplo, 5, 5, 4, 1 —, o jogador tem de encontrar uma maneira de somar, subtrair, multiplicar ou dividir esses números de modo a obter o resultado 24. Nesse caso, poderia ser $5 \times (5 - 1) + 4$. Em Nova Jersey havia um torneio anual de 24 para os melhores alunos desse ciclo escolar no estado, e os meus amigos participaram. Pois bem. Um dos garotos passara praticamente o mês inteiro antes das finais apenas *memorizando as cartas*. Anunciou isso com um sorrisinho presunçoso aos outros competidores em sua mesa. As finais eram cronometradas — a primeira pessoa a dizer a resposta certa ganhava o ponto —, portanto, a insinuação dele era que ninguém ali teria chance: eles teriam de *calcular*, enquanto ele iria se *lembrar*. Quando a funcionária, em seus comentários iniciais, anunciou que haviam sido preparadas novas cartas especialmente para o evento, meus amigos viram, talvez reprimindo eles próprios um sorrisinho, que o garoto ficou lívido. A rodada começou, e ele foi massacrado.

Gárri Kaspárov observou que a estratégia da memorização é inquietantemente comum entre novos jogadores:

> Os jogadores, até os amadores de clubes, dedicam horas ao estudo e memorização das linhas das suas aberturas preferidas. Esse é um conhecimento inestimável, mas também pode ser uma armadilha [...] A memorização mecânica, por mais prodigiosa que seja, é inútil sem o entendimento. Em algum momento ele chega ao fim de sua corda de memória e fica sem uma saída pré-preparada numa posição que ele não compreende [...]
>
> Em junho de 2005 ministrei em Nova York uma sessão especial de treinamento a um grupo formado pelos principais jovens jogadores dos Estados Unidos. Pedi a cada um deles que trouxesse dois dos seus jogos para analisarmos, uma vitória e uma derrota. Um talentoso garoto de doze anos mostrou depressa os movimentos de abertura da sua derrota, ansioso para chegar ao ponto onde ele pensava ter errado. Mandei-o parar e perguntei por que ele avançara um peão de determinada maneira na impetuosa variação de abertura. A resposta dele não me surpreendeu: "Foi assim que Vallejo jogou!". É claro que eu sabia que o Grande Mestre espanhol havia usado esse movimento num jogo recente, mas eu também sabia que, se aquele jovem não entendesse o motivo por trás do lance, já estaria fadado a ter problemas.[28]

Em *O jogo*, Neil Strauss conta que tentou levar para a cama duas mulheres que ele conhecera recentemente. Sem saber por onde começar, ele só sabia uma coisa que Mystery dissera ter feito no passado: encha a banheira e peça ajuda para esfregar suas costas. E lá foi Strauss seguir o procedimento, com os previsíveis resultados desastrosos:

E agora?

Pensei que o sexo aconteceria automaticamente depois disso. Mas ela só ficou ali ajoelhada, sem fazer nada. Mystery não me disse o que eu deveria fazer depois de pedir a elas para esfregar minhas costas. Disse apenas para eu ir em frente, por isso pressupus que a coisa toda se sucederia organicamente. Ele não me ensinara a fazer a transição [...] E eu não tinha a mínima ideia. A última mulher que esfregara minhas costas tinha sido minha mãe, e isso foi quando eu era tão pequeno que cabia na pia.

Strauss se vê numa situação estranhíssima, é claro, pois lá está ele, na banheira... porém não *quer* realmente um banho. É a mesma coisa com o problema do "Quem roubou o meu cavalo?": "Quem pediu para ter as costas esfregadas?". Quando o Neil autêntico "passa a funcionar", como lida com as coisas estranhas que ele disse e fez enquanto estava possuído pelo livro?

A MORTE DO JOGO

Neil Strauss comenta que a vida noturna do Sunset Boulevard de Los Angeles foi arruinada por uma nova geração de artistas da sedução — que ele chama de "robôs sociais" —, os quais drenaram o flerte de toda a arte, substituindo a verdadeira capacidade de conversar por um mero repertório de "linhas de abertura" impressionantemente elaboradas.* O "consultor internacional de encon-

---

* A mais famosa delas provavelmente é a "abertura da namorada ciumenta", tão popular que na parte final de *The game* duas mulheres dizem a Strauss, quando ele as aborda: "Deixe ver se adivinho. Você tem um amigo cuja namorada sente ciúme porque ele ainda conversa com sua ex dos tempos de faculdade. Todo cara vem dizer isso para a gente. Qual é?". Ver também, por exemplo, a "abertura

trós" Vin DiCarlo está compilando um banco de dados de mensagens de texto, milhares delas, e catalogando seus êxitos ("até a pontuação") em respostas imediatas e encontros marcados.[29] Sites e livros de namoro cada vez mais procurados oferecem aberturas de conversas pré-elaboradas e recomendam a memorização e a repetição: "Depois de repetir determinada história ou rotina dezenas de vezes, nem sequer precisará pensar no que está dizendo. Sua mente fica livre para outras tarefas, como planejar o próximo lance. Você já explorou por completo todos os desdobramentos da conversa que podem surgir desse material. É quase como ver o futuro".[30]

O fascinante é que agora temos uma *medida* para o fracasso dessas abordagens conversacionais. A medida é o teste de Turing, pois, ironicamente, seus programadores estão usando muitas das mesmas abordagens.

Mas nem todo piloto automático conversacional acontece durante uma conquista. Às vezes ele se apossa até de quem tem as melhores intenções. O âncora e entrevistador de televisão Ted Koppel reclama: "É espantoso que muita gente venha para uma entrevista já tendo decidido quais serão suas perguntas, a ordem em que elas devem ser feitas, e não prestam a mínima atenção ao que o entrevistador está dizendo. As pessoas costumam revelar alguma coisa sobre si mesmas numa entrevista, mas, se você não aproveitar a deixa, a informação se perderá".[31] Tampouco esse tipo de obediência a regras e recitação indiferente de script acontece somente com os que usam esses recursos como estratégia consciente ou semiconsciente. Creio que todos nós, em certos momentos, nos pegamos seguindo os padrões conversacionais mais típicos e as respostas "do livro" sem nos dar conta, ou procuramos

---

da colônia", a "abertura Elvis", a "abertura quem mente mais", a "abertura fio dental"...

ativamente modos de fazer uma conversa sair do livro, sem saber como.

A história da IA nos fornece não apenas uma *metáfora* para esse processo, mas também uma verdadeira *explicação* e até um conjunto de padrões. E, melhor que isso, também sugere uma solução.

Nosso primeiro vislumbre de como pode ser essa solução provém do mundo do jogo de damas, um dos primeiros sistemas complexos a serem "mortos" por seu livro — e isso aconteceu quase um século antes do computador.[32]

DEVOLVENDO A VIDA AO JOGO

O jogo de damas chegou ao fundo do poço em Glasgow, Escócia, no ano de 1863.

Vinte e um dos quarenta jogos na disputa entre James Wyllie e Robert Martins pelo campeonato mundial foram *exatamente o mesmo jogo* do começo ao fim. Os outros dezenove também começaram com a mesma sequência de abertura, chamada de "abertura Glasgow", e todos os quarenta terminaram em empate.

Para os fãs do jogo de damas e para os organizadores (dá para imaginar as manchetes de uma insipidez alucinante que essa competição deve ter gerado e a exasperação dos organizadores), o *match* Wyllie-Martins de 1863 foi a gota d'água. A teoria das aberturas, combinada à atitude do risco zero adotada pelos jogadores de elite, acabou por atolar de vez o jogo de damas de alto nível.

O que fazer? Como salvar um jogo moribundo, que o acúmulo e calcificação da sabedoria coletiva tornaram estático? Não era possível *forçar* os jogadores de nível internacional a sistematicamente não jogar os movimentos estabelecidos como corretos. Não mesmo?

Se o modo como os jogadores abriam seus jogos não estava agradando, quem sabe a coisa a fazer fosse *abrir o jogo para eles?* Foi exatamente o que os dirigentes das competições começaram a fazer.

Por volta de 1900, inicialmente nos Estados Unidos, os torneios oficiais passaram a adotar a chamada "restrição dos dois movimentos". Antes de uma disputa, os dois primeiros movimentos da abertura são escolhidos ao acaso, e os competidores jogam duas partidas a partir da posição resultante, um de cada lado. Essa medida leva a um jogo mais dinâmico, a uma dependência menor com relação ao livro e, Deus seja louvado, a menos empates. Mas, após outra geração de competidores, até mesmo a restrição dos dois movimentos, com suas 43 posições iniciais,* começou a parecer insuficiente, e em 1934 os movimentos foram aumentados para *três,* possibilitando 156 diferentes posições iniciais. Nesse meio-tempo, em uma curiosa reviravolta, o jogo de damas clássico, sem restrição de movimentos, se tornara uma espécie de *variante,* conhecida como "Go-As-You-Please" [faça como quiser].**

Um novo método para obter a aleatoriedade da abertura, chamado de "11-man ballot" [onze pedras sorteadas], no qual uma das doze pedras é removida aleatoriamente de cada lado e *então* se aplica a restrição dos dois movimentos, começa agora a ganhar ímpeto. O número de posições iniciais nessa modalidade do jogo chega à casa dos milhares e, embora perdure a restrição

---

* Um pequeno número de aberturas é excluído por ser prejudicial demais a um dos jogadores: em geral as aberturas ligeiramente desequilibradas não constituem problema, contanto que cada jogador tenha sua vez de ficar do lado mais forte.

** Vale a pena comentar que, das 156 configurações iniciais legais da restrição dos três movimentos, o Chinook, que é o mais avançado programa de computador para jogos de damas, "solucionou" apenas 34. Mas a modalidade Go-As-You-Please ele resolveu totalmente.

dos três movimentos, obrigatória desde 1934 nos jogos de alto nível, parece provável que o futuro do jogo de damas em competições oficiais, caso haja, está nesse novo método.

Mesmo quando os organizadores não obrigam os participantes a jogar com aberturas aleatórias, pode haver boas razões estratégicas para fazê-lo: um jogador faz um movimento reconhecidamente mais fraco (mas não muito) do que o prescrito pela teoria das aberturas, na esperança de conseguir uma vantagem pegando seu oponente desprevenido. Gárri Kaspárov popularizou essa ideia, apelidada de "xadrez anticomputador", em suas partidas contra o Deep Blue. "Decidi optar por aberturas incomuns, para as quais a IBM não poderia ter se preparado, procurando com isso compensar minha posição inferior com uma intuição superior. Tentei apresentar-me para o computador como um 'jogador aleatório' com características de jogo extremamente insólitas."*[33]

Quando computadores competem *entre si*, a influência do livro de aberturas é tão tremenda e, com frequência, decisiva que a comunidade enxadrista começou a desconfiar dos resultados desses jogos. Se alguém quisesse comprar um programa comercial de xadrez para analisar seus jogos pessoais e se aperfeiçoar, como saber quais programas eram os mais fortes? Os equipados com os livros mais completos dominariam nos torneios entre computadores, mas não necessariamente seriam os melhores em análise. Uma resposta, é óbvio, seria simplesmente "desconectar" o livro

---

* Ele estarreceu os comentaristas ao abrir o terceiro jogo da segunda competição com 1.d3, um movimento quase nunca visto no nível dos grandes mestres (mais de 43% dos jogos de grandes mestres começam com 1.e4, o lance mais popular; apenas um em cada 5 mil começa com 1.d3). Os queixos caíram. O mestre internacional Mike Valvo disse: "Meu Deus!". O grande mestre Maurice Ashley: "Um movimento astuto, o choque dos choques nesta competição. Este *match* tem de tudo". O grande mestre Yasse Seirawan: "Acho que temos um novo movimento de abertura".

de abertura do algoritmo de análise e fazer os dois programas jogarem um contra o outro, calculando a partir do primeiro movimento. Mas isso também produz resultados deturpados: escolher bons movimentos de abertura tem características diferentes de escolher bons movimentos de meio-jogo ou de final, e seria injusto e irrelevante fazer os programadores, com o objetivo de vencer esses torneios de computadores, passarem semanas aprimorando os algoritmos de análise de movimentos de abertura quando, na prática (ou seja, quando o programa tem acesso ao livro de aberturas), esse tipo de análise nunca será usado.

Foi o grande mestre inglês John Nunn quem primeiro procurou resolver esse problema, em fins dos anos 1990, criando "conjuntos de testes" com cerca de meia dúzia de posições de meio-jogo insólitas (isto é, fora do livro), complexas e equilibradas, e fazendo os programas revezar-se jogando em cada lado dessas posições num total de doze partidas. Os programas simplesmente começam jogando "*in media res*" — cortando-se fora de uma vez a fase de abertura.

No começo do século XXI, o ex-campeão mundial Bobby Fischer manifestou essa mesma preocupação, horrorizado com as gerações de novos jogadores que usam computador para ajudá-los a memorizar milhares de aberturas do livro e assim conseguem levar a melhor sobre jogadores com genuíno talento analítico.*[34] O xadrez está voltado demais para a teoria da abertura, ele

---

* De uma entrevista no rádio em 2006: "descambou para a memorização e a preparação prévia [...] O xadrez depende muito da teoria das aberturas. Os campeões do século passado ou retrasado, por exemplo, estavam longe de ter tantos conhecimentos quanto eu e outros jogadores temos hoje a respeito da teoria das aberturas. Por isso, se os trouxéssemos de volta dos mortos e eles jogassem sem preparação, não se sairiam bem, pois fariam aberturas ruins [...] A memorização é imensamente poderosa [...] Hoje um garoto de catorze anos ou até menos poderia ter uma vantagem na abertura contra Capablanca [José

disse, com excesso de "memorização e preparação prévia". "O momento em que os dois jogadores de fato começam a pensar", ele afirmou, "está sendo cada vez mais adiado."[35] E chegou a uma conclusão ainda mais drástica que a de Kaspárov e Nunn: "O xadrez está completamente morto".

Entretanto, a solução que ele propôs era relativamente simples: embaralhar a ordem das peças na posição inicial. Com algumas diretrizes e restrições básicas (manter os bispos de cores opostas e a capacidade de rocar), fica-se com 960 posições iniciais distintas, o suficiente para diminuir até quase a insignificância a importância do livro de aberturas. Essa versão do jogo é conhecida como "Fisher Random", "xadrez 960" ou simplesmente "960". Hoje, o xadrez 960 tem seu próprio campeonato mundial, e muitos dos maiores jogadores internacionais do xadrez tradicional agora também jogam o 960.

O QUESTIONÁRIO PROUST COMO UM CONJUNTO DE TESTES DE NUNN

E o que nos interessam esses esforços para rejuvenescer o xadrez e o jogo de damas? Qual poderia ser o equivalente conver-

---

Raúl, campeão mundial de 1921-7] e ainda mais contra os jogadores do século anterior [...] E talvez eles ainda fossem capazes de ganhar dos garotos de hoje, mas talvez não [...] Portanto, é realmente mortal. Mortal mesmo. É por isso que não gosto mais de xadrez [...] Aliás, [Capablanca] já queria mudar as regras, acho que foi nos anos 1920; disse que o xadrez estava se esgotando. E tinha razão. (Entrevistador: 'Hoje em dia isso é ainda mais verdadeiro'.) Ah, hoje? Hoje está completamente morto. É uma piada. É só memorização e preparação prévia. Hoje é um jogo terrível. ('E os computadores [...]'). Pois é. É um jogo sem criatividade. ('E tudo já é conhecido, não há nada de novo.') Bem, também não vamos exagerar. Mas realmente [...] está morto".

sacional? Um deles consiste simplesmente em ficar atento para as frases que ocorrem com muita frequência e procurar sair da sombra delas. "Qual é a sua cor favorita?", por exemplo, aparece em mais de 2 milhões de páginas da internet, diz o Google, mas "O que você mais gosta de comer no café da manhã?" aparece em apenas 4 mil. De modo correspondente, o Cleverbot tem uma ótima resposta para a primeira dessas perguntas ("Minha cor favorita é o verde"), mas como não existe em seu livro de conversa nenhuma resposta especificamente relacionada ao café da manhã, ele tem de recorrer a uma mais geral, "Minha comida favorita são os frutos do mar". Não é uma mancada fatal em um teste de Turing, mas é um começo, e mais do que suficiente para levantar suspeitas.

Em seus anos iniciais, a competição do Prêmio Loebner usou temas de discussão específicos, um para cada programa e confederado — como Shakespeare, as diferenças entre homens e mulheres e o time de beisebol Boston Red Sox. A ideia era limitar a variação do "domínio" do discurso e dar aos computadores uma vantagem enquanto a tecnologia dos *bots* ainda engatinhava. O curioso é que, embora remover a restrição dos temas, como se fez em 1995, *teoricamente* dificulte quase ao infinito a tarefa do computador, um rápido exame dos transcritos do Prêmio Loebner sugere que isso pode, na verdade, ter *facilitado* o trabalho na prática. Em vez de direcionar seu programa para uma área de temas específicos que muda todo ano, os programadores passaram ano após ano aprimorando seu programa para começar do mesmo modo toda vez: com uma saudação cordial e um pouco de bate-papo. Desconfio que o teste de Turing mais difícil seja algo nas linhas das onze pedras sorteadas do jogo de damas, ou do xadrez 960: um tema estipulado de modo aleatório, escolhido pelos organizadores pouco antes de começar a conversa. Os computadores que regularmente têm levado a melhor sobre os juízes em anos recentes não teriam a menor chance.

E quanto à vida? Esse tipo de prática de "randomização das aberturas", fora do livro, será útil para nós, humanos, já certos da humanidade do outro mas ainda assim procurando entrar em contato com novos vetores dela? Quanto mais penso no assunto, mais acho que sim.

Um velho amigo e eu tínhamos na adolescência o costume de fazer o seguinte em longas viagens de carro: confiantes em nossa capacidade de improvisação sobre qualquer assunto e em qualquer direção, escolhíamos ao acaso um tema — "milho" foi um deles, eu me lembro — e nos púnhamos a inventar o que dizer a respeito. Analogamente, recordo-me de uma brincadeira que meu pai fazia comigo quando eu era pequeno, em geral também no carro. Eu dizia um tema e ele começava a contar uma história inventada na hora. Um dia podia ser a Guerra Civil ("Sabe, a Guerra Civil não foi nada civilizada; o pessoal cuspia, falava palavrão..."); outro dia eram os caminhões de carroceria aberta ("Nem sempre os caminhões tiveram carroceria aberta; a carga vivia rolando e caindo, e ninguém sabia o que fazer...").

Recentemente, no casamento de um amigo, a noiva e o noivo deram a cada convidado um "questionário Proust" a ser preenchido durante algum momento da festa. Era a adaptação de uma lista de perguntas comum nos diários do século XIX e célebre por ter sido respondida (duas vezes) pelo escritor Marcel Proust, primeiro em 1896, quando ele era adolescente, e depois aos vinte anos. (Hoje em dia, várias celebridades respondem ao questionário na última página da revista mensal *Vanity Fair*.) Entre as perguntas, há algumas inusitadas e reveladoras, como: "Em que ocasião você mente?", "Que característica sua você mais deplora?", "Quando e onde você é mais feliz?" e "Como gostaria de morrer?". Minha namorada e eu preenchemos o questionário, depois trocamos as folhas e lemos as respostas um do outro. Arrisco-me a dizer que nós dois somos pessoas muito francas e diretas, que conversam com naturalidade — e com isso quero dizer que quaisquer intimidades emocionais que ainda não houvéssemos explorado em nosso relacionamento viriam a sê-lo, era só uma questão de tempo e/ou de nem sempre conhecermos as melhores rotas verbais para chegar lá. Ler o questionário foi uma experiência espantosa: a sensação de duplicar em um instante a compreensão sobre o outro. Proust nos ajudou a fazer em dez minutos o que levaríamos dez meses para fazer por conta própria.

FAISCAR

É claro que nem sempre *temos* de começar uma conversa dizendo algo insólito ou inédito. O grande mestre Yasser Seirawan, comentarista do *match* Kaspárov-Deep Blue, criticou a decisão de Kaspárov de usar aberturas estranhas:

> A mitologia de como jogar contra computadores é que eles estão carregados até o pescoço com um fantástico banco de dados [...] e o que devemos fazer é arrancá-los imediatamente de sua biblioteca de aberturas — [...] Acho que não há problema em usar as aberturas principais.* Porque qual é a razão de se usarem os movimentos das bibliotecas de aberturas e de eles serem postos no computador? Ora, a razão é que caras como Gárri Kaspárov usam esses movimentos fantásticos que se tornam estabelecidos como os melhores movimentos de abertura. Mas Gárri vive reinventando o livro de aberturas, por isso minha atitude, se eu fosse Gárri, seria dizer: "Olhe, vou jogar na linha consagrada, a que o computador jogaria. Vou entrar direto — direto no caminho suave e então

---

* Ou seja, as mais populares, muito usadas e bem estudadas, aquelas que têm os maiores e mais detalhados "livros".

pegar o computador numa emboscada com uma novidade de abertura que ele nunca viu". E ele não está fazendo isso. Está é dizendo: "Quero um jogo completamente único, original, o mais cedo que me for possível."[36]

O mesmo se aplica à conversação: a razão pela qual as coisas se estabelecem como "consagradas" é que, de modo geral, elas *funcionam*. Isso nem sempre é verdade; em *Zen e a arte da manutenção de motocicletas*, por exemplo, Robert Pirsig faz uma crítica mordaz ao "Quais as novidades?",[37] e Yaacov Deyo, o inventor do "*speed dating*", precisou chegar a ponto de *proibir* a pergunta "Você trabalha em quê?" por ser ela muito batida e improdutiva.[38] Cabe notar, porém, que a defesa das aberturas "principais" por Seirawan está condicionada ao fato de que em algum momento *acontecerá* um desvio.

Evidentemente, nos 25 minutos do teste de Turing (em contraste com um *match* de sete horas em um campeonato mundial), não *temos* o "em algum momento". Escolher o caminho suave num teste de Turing é correr um risco. Melhor abrir um caminho a facão pelo matagal, penso eu.

Fischer queria no xadrez a mesma coisa que Kaspárov queria na competição contra o Deep Blue e a mesma coisa que Strauss espera do flerte no bar. É o que *nós* desejamos ao bater papo com velhos amigos, quando nosso conhecido livro de aberturas, "Oi!" "Oi! Como vai?" "Tudo bem, e você?" "Tudo bem!" — o que não é uma conversa propriamente dita, e sim um modo de *chegar* a uma conversa —, dá lugar, de um modo agradável, ao esperado inesperado, aos aguardados desvios idiossincráticos; é o que qualquer pessoa *deseja* de *qualquer* conversa, e o que os artistas pretendem em sua arte: um modo de passar prazerosamente pelas formalidades e gestos recebidos, sair do livro e entrar no que é real.

E o livro, para mim, se torna uma metáfora da vida como um

todo. Como a maioria das conversas e jogos de xadrez, nós todos começamos do mesmo jeito e terminamos do mesmo jeito, com um breve momento de diferenciação de permeio. Da fertilização para o fertilizante. Do pó ao pó. E faiscamos no meio.

5. O antiespecialista

EXISTÊNCIA E ESSÊNCIA; HUMANO VERSUS FURADOR DE PAPEL

> *É difícil dizer que estamos com sorte quando defrontamos uma crise, mas pelo menos temos o luxo de saber que é preciso agir — de ser forçados a nos mexer. Os mais genuínos testes de habilidade e intuição acontecem quando tudo parece calmo e não sabemos com certeza o que fazer ou se devemos fazer alguma coisa.*[1]
>
> Gárri Kaspárov

Um dos experimentos mentais clássicos do existencialismo é a diferença entre o ser humano e o furador de papel; em outras palavras, a diferença entre pessoas e máquinas.

Eis o crucial. A *ideia* do furador de papel existe antes que o furador de papel existisse. Antes do furador de papel que compramos na papelaria, existiu uma fábrica de furadores de papel, construída para fazer esse objeto de acordo com as especificações de um projeto que alguém concebeu e criou. Antes do furador houve a ideia do papel, dos furos, de furar o papel e de criar uma máquina para essa finalidade. Assim que a máquina passa a existir, desempenha o papel que seus criadores lhe atribuíram. Você a compra, ajusta nela o papel e faz os furos. Essa é a essência, e usar tal objeto como segurador de porta, peso de papel, martelo ou porrete é ir contra a essência.

A essência do furador de papel precede sua existência. Nós, humanos, não somos assim, dizem os existencialistas. Para nós, a existência vem primeiro.

Um ser humano, escreveu Jean-Paul Sartre, "existe, vem à luz, surge em cena e só depois se define".[2] O que nos define é que *não sabemos* o que fazer e *não há* revelações por aí esperando para ser encontradas. E assim, profundamente desorientados e desprovidos de um ancoradouro real, precisamos criar tudo do zero nós mesmos, cada um de nós, individualmente.* Chegamos a uma sala muito iluminada, molhados, ensanguentados, desnorteados, um estranho estapeia nosso traseiro e corta o que até então vinha sendo nossa única fonte de oxigênio e alimento. Não temos ideia do que está acontecendo. Não sabemos o que devemos fazer, aonde devemos ir, quem somos, onde estamos ou o que virá depois desse trauma. Choramos.

Existência sem essência é muito estressante. Esses não são problemas que o furador de papel pode entender.

Argumentos sobre existência e essência como os acima são bem conhecidos pela maioria dos americanos neste começo do

---

* Mas e se for *esse* o propósito humano? Esse processo de definição, o próprio processo de *encontrar* um propósito? Vonnegut escreve: "Tigre tem de caçar, pássaro tem de voar/ Homem tem de sentar e perguntar: 'Por quê? Por quê? Por quê?'". Isso faria os existencialistas se sentirem bem, do mesmo modo que a conclusão de Aristóteles de que a contemplação é a mais elevada atividade do homem fez Aristóteles sentir-se bem, mas nesse caso solaparia o argumento deles.

século XXI, pois basicamente constituem o debate sobre o "design inteligente" em curso no sistema de ensino dos Estados Unidos. Um ser humano *é* uma obra projetada, diz o campo do design inteligente, e nesse sentido tem *muita* semelhança com um furador de papel ou um relógio de bolso (a metáfora preferida dessa corrente). Junto com isso vem a ideia de *descobrir* nosso "projeto"/função/propósito no decorrer da vida. Um livro infantil explicaria que um ser humano é o relógio que um dia aprende que foi feito para dizer as horas às pessoas. Nossas expressões do cotidiano são ricas em referências desse tipo: "Caramba, esse cara *nasceu* para a corrida de patins", dizemos sobre um patinador de nível olímpico, olhando suas coxas troncudas.

Os existencialistas protestariam: propósitos não são descobertos nem deduzidos, pois não existem antes de nós. O propósito, segundo eles, nunca pode ser achado; tem de ser *inventado*.

Obviamente, as coxas são feitas para contrair-se e mover as pernas. Uma das coisas curiosas do argumento existencialista é que ele é do tipo "mais do que a soma das partes". Meu bíceps tem uma função. O tRNA das minhas células tem uma função. Eu, não.

(É interessante o fato de que até os oponentes do design inteligente, os defensores do darwinismo, às vezes são culpados de fazer a vida parecer mais teleológica, mais voltada para um objetivo do que ela é. O zoólogo de Harvard Stephen Jay Gould, por exemplo, se desdobra em seu livro *Full House*, de 1996, para mostrar que é impróprio citar, como muitos fazem, o surgimento de uma espécie complexa como a nossa a partir de um mundo que era dominado pelas bactérias como indício de que existe alguma noção de "progresso" biológico em ação no mundo.*[3])

---

* "Não contesto a afirmação de que a mais complexa criatura tendeu a tornar-se mais elaborada ao longo do tempo, mas nego com veemência que esse pequeno e limitado fato possa servir de argumento em favor do progresso geral como o

Mas começar a reconhecer as funções e faculdades com as quais somos formados — os órgãos têm propósitos, evidentemente — é começar a reconhecer os limites dessa equação existencialista e da nossa "total" liberdade e capacidade de fazer escolhas e moldar nossa existência. O existencialismo, nesse sentido, é classista. Ninguém se preocupa com o que vai vestir se tiver apenas uma roupa; ninguém se preocupa com o que fazer da vida se tiver apenas uma possibilidade de carreira disponível. (Um efeito interessante da recessão de 2008 foi que muitos jovens na casa dos vinte que eu conhecia pararam de se preocupar com "encontrar a verdadeira vocação" assim que encontrar *qualquer* emprego se tornou um desafio.) Se você precisa usar a maior parte do seu tempo, dinheiro e energia para conseguir comida e abrigo, onde e quando a "ânsia por liberdade" pode dominá-lo? Essas exigências, as do corpo, são um dado; não as escolhemos de propósito. É imprudente, e um tanto ingênuo, desconsiderar algo tão crucial para a experiência humana quanto a corporeidade. Se me sinto desalentado, é provavelmente mais fisiológico do que psicológico: deficiência de vitamina D,* e não desesperança. Temos de respeitar os nossos substratos.

A aceitação da corporeidade, do fato de que somos, sim,

---

impulso definidor da história da vida." O argumento básico é de que, embora a complexidade *média* tenha aumentado, a complexidade *modal* não aumentou — a maior parte da vida neste planeta ainda é, e sempre será, bacteriana. E como a vida não pode tornar-se *mais simples* do que isso, a proliferação, fundamentalmente sem direção, da sua variação e diversidade é vista de modo equivocado como progresso. Na analogia de Gould, um bêbado cambaleante *sempre* cairá da calçada para a rua, não porque alguma coisa o mova nessa direção, mas porque, toda vez que ele cambaleia para o *outro lado,* bate contra a parede e simplesmente ricocheteia.

* Moro em Seattle, onde no inverno se vê uma incidência quase epidêmica de deficiência de vitamina D.

criaturas, traz um bom grau de alívio existencial. Na esfera filosófica tanto quanto na prática.*[4]

Os computadores, desprovidos de corpo, estão em desvantagem.

OBJETIVOS

Muitas obras de ficção científica, ao descrever o que acontecerá quando as máquinas se tornarem totalmente inteligentes e scientes (*O exterminador do futuro*;[5] *Matrix*[6]), mostram as máquinas imediatamente se empenhando na tarefa de erradicar a espécie humana. No entanto, penso que uma situação bem mais provável seria elas adquirirem de imediato uma esmagadora sensação de tédio e crise existencial: por que nos empenharmos com todas as forças em *qualquer* objetivo? (Pois de onde viria seu sistema de valores?) Já existem máquinas que apresentam alguns comportamentos de autopreservação: quando a bateria do meu laptop está com a carga em níveis perigosamente baixos, ele sabe se autodesligar para impedir a perda de memória; quando o processador começa a esquentar demais, ele sabe acionar a ventoinha para impedir o dano pelo calor. Contudo, o mais das vezes as máquinas têm quem faça as coisas para elas. Por isso imagino que tenderiam a agir mais como um rapaz mimado e enfastiado do que como um feroz líder guerrilheiro.

Desconfio que a falta de propósito, a falta de qualquer tipo de teleologia, possa ser uma das características de um programa de IA: uma característica que um juiz no teste de Turing faria bem se

---

* Gosto de imaginar Descartes escrevendo em suas *Meditações* que duvida da existência de seu corpo, após o quê ele larga a caneta, se levanta, vai urinar e então almoça.

tentasse pôr em evidência. Douglas Hofstadter, grifo meu: "Temos a nítida sensação de que as respostas estão vindo de uma fonte que não entende o que está dizendo *e não tem razão para dizê-lo*".[7] Logo, talvez uma estratégia valiosa para um juiz seja induzir modos de conversação acentuadamente direcionados para um objetivo, por exemplo: "Convença-me de que devo votar em fulano de tal", e ver se o computador se desvia do tema com digressões ou se ele persevera, e se, caso o juiz desvie dessa linha, o computador chama ou não a atenção *dele* por não se ater ao assunto. Com efeito, os *chatbots* são historicamente famosos por seus déficits de atenção e sua falta de lógica:

> JUIZ: O qeu vce esta achando do tempo esta manha?*
> REMOTO: Beleza de manhã para mim.
> JUIZ: Essa é uma expressão consagrada?
> REMOTO: Conheci alguns executivos alcoólatras.
> JUIZ: Onde?
> REMOTO: Onde?
> REMOTO: Você me fascina com coisas desse tipo.
> JUIZ: De que tipo?
> REMOTO: Gorilas de quatrocentos quilos dormem onde bem entendem.

Um ser humano, por sua vez, mesmo que não mostrasse uma conversa brilhante, pelo menos se ateria ao tema:

> JUIZ: você conhece a China
> REMOTO: sim, conheço a china

---

* É possível que esses erros de grafia, em vez de serem um descuido na digitação, tenham o objetivo de dificultar as coisas para o analisador de sentenças no software.

JUIZ: conhece a Grande muralha

REMOTO: sim, é muito grande

JUIZ: os jogos olímpicos de 2012 serão realizados em que cidade?

REMOTO: em londres

Ainda mais difícil para uma máquina seria ter uma noção de seus *próprios* objetivos e/ou ter um modo de avaliar a importância de objetivos. Um missionário poderia ficar horas explicando por que você deve se converter à fé dele, mas nem o mais devoto apreciador de chocolate granulado com confeitos de bolo passaria mais de alguns minutos tentando convencer você a aderir ao seu gosto. O *tédio* — ou, para ser mais abrangente, o aumento e diminuição do entusiasmo durante uma interação, a qual, afinal de contas, será encerrada por uma das duas partes em algum momento — parece ser um elemento conversacional fundamental ausente no modelo de conversação dos *chatbots*. Uma das características denunciadoras até nos *chatbots* razoavelmente hábeis é a sensação de que eles não têm nenhum outro lugar para estar. Porque não têm mesmo. Mark Humphrys, programador: "[Um humano conversando com meu *bot*] termina com uma saraivada de xingamentos, mas é claro que o meu imperturbável programa é uma máquina calma de estímulo-resposta, por isso é *impossível* para ele ter a última palavra. *Ele* [o humano] tem de encerrar, pois meu programa jamais fará isso".[8]

Em que medida algo como o existencialismo se aplica ao teste de Turing? Seguramente, se nos dispusermos a atribuir uma espécie de característica essencial (como a inteligência) baseada não na natureza inerente da máquina (processador de silício etc.) mas em seu comportamento, a propriedade "somos o que fazemos" disso tem um sabor existencialista. Por outro lado, o computador é uma coisa *projetada*, enquanto nós (dizem os existencialistas) apenas *somos*; portanto como isso muda o jogo?

MÁQUINAS UNIVERSAIS

A natureza do cérebro humano corrobora de certa forma a posição existencialista. Como explica o neurologista V. S. Ramachandran (grifo meu): "A maioria dos organismos se especializa cada vez mais no decorrer da evolução conforme ocupa novos nichos ambientais, seja o pescoço mais comprido da girafa, seja o sonar do morcego. Os seres humanos, por sua vez, ao longo da evolução desenvolveram um órgão, o cérebro, que nos dá a capacidade de *evitar* a especialização".[9]

O fascinante é que os computadores funcionam desse mesmo modo. O que distingue o computador de todas as outras ferramentas inventadas antes dele é a sua *universalidade*. O computador inicialmente foi construído e entendido como um "órgão aritmético", e no entanto, como quase tudo pode ser traduzido em algum tipo de número, ele se mostra capaz de processar praticamente *tudo*: imagens, sons, textos. Além disso, como concluiu Alan Turing em um estarrecedor ensaio publicado em 1936, existem certas máquinas de computação chamadas "máquinas universais" que podem, se ajustarmos suas configurações, fazer qualquer coisa que outras máquinas de computação podem fazer. Todos os computadores modernos são máquinas universais desse tipo.[10]

Em consequência desse ensaio de Turing, os computadores se tornaram efetivamente as primeiras *ferramentas* a preceder suas *tarefas:* eis sua diferença fundamental em relação a um grampeador, um furador de papel e um relógio de bolso. *Primeiro* se cria o computador, *depois* se decide que uso dar a ele. A retórica de marketing da Apple — "Há um *app* para isso!" — comprova essa ideia, tentando reavivar nossa admiração, quando temos em mãos um iPhone, por algo que achamos totalmente normal e esperado nos desktops e laptops. Na verdade, é fascinante o que eles estão fazendo: reacendendo nosso deslumbramento com a universalidade dos computadores. Se o iPhone é impressionante, é só porque é um computador minúsculo, e os *computadores* são impressionantes. Você não pensa no que precisa e *depois* vai comprar uma máquina para fazê-lo; compra a máquina e então descobre, com o tempo, o que precisa que ela faça. Quer jogar xadrez? Baixe um programa de xadrez e pronto. Quer escrever? Use um processador de texto. Quer calcular seu imposto? Use uma planilha. O computador não foi criado para fazer nenhuma dessas coisas em especial. Ele foi apenas *criado*.

Nesse sentido, a ausência de uma *raison d'être* [razão de ser] nos computadores parece minar progressivamente a ideia existencialista de que a existência antes da essência é apanágio humano. Em outras palavras, talvez agora caiba reescrever a Sentença: nossas máquinas, ao que parece, são tão "universais" quanto nós.

A PRETENSÃO DE ORIGINAR

Em geral se pensa que a ciência da computação é um campo tradicionalmente masculino, mas quem primeiro programou um computador no mundo foi uma mulher. Os escritos de 1843 de Ada Lovelace (1815-52, filha do poeta lorde Byron) sobre o computador, ou "máquina analítica", como se dizia na época, são fonte de quase todas as argumentações modernas sobre computadores e criatividade.[11]

Turing dedica toda uma seção de sua apresentação do teste de Turing ao que ele chama de "Objeção de Lady Lovelace". Especificamente, ele se refere à seguinte passagem do texto que ela publicou em 1843: "A Máquina Analítica não tem a menor pretensão de *originar* qualquer coisa. Pode fazer qualquer coisa *que soubermos mandá-la fazer*".

Esse argumento parece, em muitos aspectos, resumir o que a

maioria das pessoas pensa a respeito dos computadores, e várias coisas poderiam ser ditas em resposta, mas Turing vai direto na jugular:

> Uma variante da objeção de Lady Lovelace afirma que uma máquina "nunca pode fazer coisa alguma realmente nova". Isso pode ser equiparado, por um momento, com a máxima "não há nada de novo sob o sol". Que pessoa pode ter certeza de que o "trabalho original" que fez não foi simplesmente o crescimento da semente nela plantada pelo ensinamento, ou efeito de seguir princípios gerais muito conhecidos?[12]

Em vez de concordar com a objeção de Lady Lovelace sobre a limitação do computador ou de argumentar que, na verdade, os computadores *podem* ser originais, Turing envereda pelo mais severo e chocante dos caminhos possíveis: afirma que a originalidade, naquele sentido que nos orgulhamos de possuir, não existe.

ESCOLHA RADICAL[13]

A noção de originalidade, bem como a da sua propriedade afim, a autenticidade, é central para a questão do significado de ser "você mesmo" — é a ela que Turing alude quando questiona o seu (e o nosso) "trabalho original", e também é ela que foi uma grande preocupação dos existencialistas.

A exemplo de Aristóteles, os existencialistas tendiam a considerar o bem viver como uma espécie de alinhamento entre a vida que uma pessoa realmente leva e seu potencial. Mas não se deixaram influenciar pelos argumentos de Aristóteles de que, em termos simples, martelos foram feitos para martelar e humanos para contemplar.[14] (Embora seja difícil avaliar o *quanto* eles de fato se opunham a esse argumento, uma vez que, não nos esqueçamos, eles próprios se tornaram filósofos profissionais.) Tampouco os existencialistas foram propensos a adotar a visão cristã de que Deus tinha um propósito em mente para nós, o qual de algum modo iríamos ou poderíamos descobrir. Assim, se não há absolutamente nada que um humano seja, então como concretizar uma essência, um propósito ou um destino que não existe?

A resposta que deram, mais ou menos, é que devemos *escolher* um padrão ao qual aderir. Talvez sejamos influenciados a escolher algum padrão específico, talvez o adotemos ao acaso. Nenhuma dessas alternativas me parece particularmente "autêntica", mas nos desviaremos do paradoxo aqui porque não está claro se ele é ou não importante. É o *comprometimento* com a escolha que torna o comportamento autêntico.

Conforme recua nossa noção da sede da "humanidade", também recua nossa noção da sede do talento artístico. Talvez, então, ela remonte a essa noção de *escolha* — talvez, podemos especular, a arte não esteja no produto em si, não necessariamente no processo, mas no *impulso*.

DEFININDO JOGOS

A palavra "jogo" é notoriamente difícil de definir.*[15]

Mas permita-me arriscar uma definição: um jogo é uma situação na qual existe uma definição de sucesso explícita e consensual.

Para uma empresa de capital fechado, pode haver diversos objetivos, várias definições de sucesso. Para uma empresa aberta,

---

* Ludwig Wittgenstein, em *Investigações filosóficas*, usa a palavra "jogo" como exemplo de palavra que parece nunca ter definição adequada.

só existe um. (Pelo menos para os acionistas, o objetivo é um só: os rendimentos.)[16] Portanto, nem todo negócio é um jogo, embora boa parte dos grandes negócios o seja.

Na vida real, e isso remete diretamente à noção de Sartre sobre existência/essência, não existe a noção de sucesso. Se sucesso é ter o maior número de amigos no Facebook, sua vida social se transforma num jogo. Se sucesso é ser admitido no céu quando morrer, sua vida moral se torna um jogo. A vida não é um jogo. Não há bandeira quadriculada, nem linha de gol. Bem disse o poeta espanhol Antonio Machado: "caminhante, não há caminho/ faz-se o caminho ao andar".[17]

Dizem que a produtora de games Brøderbund estava incomodada com o fato de *SimCity* ser um jogo sem "objetivos", sem um modo claro de "ganhar" ou "perder". Explica o criador Will Wright: "A maioria dos games segue o modelo dos filmes, com cinemática e o requisito de um final com clímax digno de um campeão de bilheteria. Meus games são mais como um hobby, um trenzinho elétrico ou uma casa de bonecas. Basicamente, são uma doce e criativa experiência de brincadeira".[18] Mas a indústria não queria saber. A Brøderbund "ficava me perguntando quando é que eu iria transformá-lo num jogo". Acho que a insatisfação da Brøderbund com o *SimCity* é um descontentamento existencial, talvez *o* descontentamento existencial.

Jogos têm um objetivo; a vida, não. A vida não tem um objetivo. Isso é o que os existencialistas chamam de "angústia da liberdade". Temos, portanto, uma definição alternativa para o que é um jogo: qualquer coisa que proporcione um alívio temporário da angústia existencial. É por isso que os jogos são uma forma muito procurada de procrastinação. E é por isso que, quando alguém atinge seus objetivos, corre o risco de que a angústia existencial retorne antes mesmo que a emoção da vitória surja: a angústia de ser imediatamente jogado de volta na incômoda questão de o que fazer com a vida.*[19]

DISCIPLINAS MESTRAS

O departamento de ciências da computação em minha faculdade empregava estudantes da graduação como assistentes de ensino, coisa que nunca vi, pelo menos não nessa escala, em nenhum outro departamento. Era preciso candidatar-se ao cargo, é óbvio, mas o único requisito indispensável era ter feito o curso. O aluno poderia tornar-se assistente de ensino já no semestre seguinte.

Se estivéssemos falando sobre x, tudo o que o assistente de ensino precisava saber era x. Ele podia até tentar superar esses limites por curiosidade, mas raramente isso era importante ou relevante para o assunto em pauta.

Meus seminários de filosofia, por sua vez, eram outra história. Quando estamos tentando avaliar se o argumento y é bom ou não, qualquer linha de ataque é válida, assim como qualquer linha de defesa. Quase nunca se ouve um líder em um seminário dizer: "Esse é um bom argumento, só que está fora do escopo da discussão de hoje".

"Não existe um lado menos profundo", disse-me certa vez um professor de filosofia. Porque *qualquer* objeção, seja qual for, de qualquer ângulo, pode derrubar uma teoria, não se pode trinchar um pedaço de território filosófico, dominá-lo isoladamente e passar para o próximo.

---

* Bertrand Russell: "Se não for ensinado a um homem o que fazer com o sucesso depois que ele o atingir, sua obtenção há de transformá-lo inevitavelmente em presa do tédio".

No meu primeiro dia de aula no curso de filosofia, o professor iniciou o semestre dizendo que qualquer um que afirmar que "filosofia é inútil" já está filosofando, construindo um argumento intelectual para defender uma ideia que julga importante e, portanto, derrotando sua própria afirmação no próprio ato de enunciá-la. O poeta Richard Kenney considera a filosofia uma das "disciplinas mestras" por essa razão. Se questionarmos as suposições da física, entramos na metafísica — um ramo da filosofia. Questionando as suposições da história, entramos na epistemologia — outro ramo da filosofia. Se tentarmos abordar as bases de qualquer outra disciplina, entramos na filosofia; e se tentarmos abordar as bases da filosofia, entramos na metafilosofia: algo ainda mais profundo do que quando começamos.

Por esse motivo, os assistentes de ensino de filosofia eram em geral alunos de doutorado, e mesmo assim procurávamos dar um jeito de assistir à sessão de discussões conduzida pessoalmente pelo professor. Em contraste com os professores e assistentes de ensino da ciência da computação, todo o seu treinamento, toda a sua experiência de vida, assim como toda a disciplina, eram postos contra a parede o tempo todo.

A outra disciplina mestra, voltada para a Beleza linguística e não para a Verdade linguística, é a poesia. Como na filosofia, qualquer tentativa de escapar nos leva mais fundo do que estávamos no início. "Quando escrevi 'Uivo', não pretendia publicá-lo. Não o escrevi como um poema", diz Allen Ginsberg, "mas apenas como algo que fiz por prazer, para mim mesmo. Eu queria escrever alguma coisa na qual pudesse dizer o que de fato estava pensando, *e não poesia*" (grifo meu).[20]

Na poesia, assim como na filosofia, não existe exterior, apenas certos interiores bem-comportados: na filosofia são chamados de ciências (a física começou como um campo extremamente especulativo da "filosofia natural"), e, na poesia, de gêneros. Se uma peça se afastar demais das tradições e convenções da dramaturgia, o texto começa a ser visto como poesia. Se um conto começa a sair do território seguro dos contos, torna-se um poema em prosa. Mas em geral a poesia que se afasta das convenções da poesia é simplesmente — como em "Uivo" — poesia melhor.

HUMANOS COMO SISTEMA ANTIESPECIALISTA

Tudo isso me leva àquilo que estou sempre notando com respeito à relação entre os *bots* — feitos por humanos e imitadores de humanos — e os próprios humanos.

Nos primeiros anos das competições do Prêmio Loebner, os organizadores acharam que seria bom implementar algum tipo de "vantagem" para dar aos computadores mais chance de competir e assim tornar a disputa mais interessante. O que escolheram fazer, como já vimos, foi impor restrições de *tema* às conversas: em um terminal, só se podia falar sobre hóquei no gelo, em outro, sobre interpretação dos sonhos e assim por diante.

A ideia era que os programadores seriam capazes de extrair algum tipo de subconjunto de conversa e tentar simular especificamente esse subdomínio. Isso faz sentido, pois a maior parte dos estudos de inteligência artificial versa sobre a construção dos chamados "sistemas especialistas" que aprimoram apenas determinada tarefa ou habilidade (o xadrez é um exemplo claro).

Parte do problema nessa ideia, porém, é que conversas assim têm muito *vazamento*: se falamos sobre hóquei, posso compará-lo a outros esportes? Ou isso é sair do domínio? Posso argumentar que a remuneração dos atletas de elite é exorbitante ou não? Posso comentar sobre um jogador de hóquei que está namorando uma atriz de cinema? Posso falar sobre o contexto da Guerra Fria e a famosa disputa pela medalha de ouro olímpica entre Estados Unidos e União

Soviética nos anos 1980? Ou isso é falar sobre "política"? As fronteiras conversacionais são demasiado porosas e mal definidas. Isso trazia tremendas dores de cabeça para o comitê do prêmio.

Essa questão do domínio, do que está dentro e do que está fora, se revela central para toda a noção da luta homem-máquina no teste de Turing. Pode muito bem incorporar todo o princípio do teste.

Conversei com Dave Ackley sobre esse tipo de restrição de domínio. "Se você tornar o discurso bem curto, a diferença entre forjá-lo e fazê-lo começa a desaparecer", ele diz.[21] "E isso é o que vemos. Temos, por exemplo, o reconhecimento de voz nos menus telefônicos de empresas: você aproveita o fato de estar em um contexto limitado, e a pessoa diz 'números' ou 'atendente'. Ou 'vá se f...', e nós dois caímos na risada. Não sei por quê, mas com aquele "vá se f..."' tive um estalo: ele parece incorporar com perfeição o desejo humano de escapar de qualquer gaiola, a frustração humana de viver no estilo múltipla escolha em vez de discursivo.[*22]

Se perguntarmos ao *chatbot* do Exército SGT STAR algo fora dos limites do que ele sabe responder, ele dirá algo mais ou menos nesta linha: "Fui treinado para pedir ajuda quando não tenho certeza da resposta. Se quiser que um recrutador responda sua pergunta, favor enviar um e-mail ao Exército selecionando 'Enviar e-mail', e um recrutador vivo entrará em contato em breve". E a maioria dos menus telefônicos (mas não todos, para nossa exasperação) nos oferece a opção "nenhuma das anteriores". *E essa opção nos põe em contato com uma pessoa real.*

O pior, em muitos casos, é que a pessoa com quem então falamos é ela própria uma espécie de "sistema especialista", com

---

* Como admite o livro *Voice Communication Betweeen Humans and Machines*, organizado pela National Academy of Sciences, "Estudos adicionais são necessários para a detecção de respostas do tipo 'nenhuma das anteriores'".

capacidades extremamente limitadas e delineadas. ("O atendimento ao consumidor costuma ser o epítome da falta de poder para agir", escreve Timothy Ferriss.[23]) De fato, normalmente o humano com quem falamos segue um roteiro preparado pela empresa e, nesse sentido, não é muito mais do que um *chatbot* humano. Isso explica, em parte, aquela sensação esquisita que nos vem quando falamos com eles. Se o que precisamos comunicar ou fazer estiver fora desse "menu" de coisas que o funcionário é treinado ou tem poderes para fazer, precisamos "sair do sistema" de novo: "Posso falar com um supervisor?".

Em certo sentido, a intimidade, assim como a pessoalidade, são funções desse tipo de "saída do sistema", da "generalidade de domínio", da passagem do "especialista" para o "antiespecialista", de papéis e parâmetros estritamente limitados para as infinitas possibilidades da linguagem humana. É comum que o processo de conhecer nossos colegas se dê mediante interações que são, na melhor das hipóteses, desvinculadas do objetivo de trabalho que nos reuniu e que, na pior das hipóteses, impedem temporariamente nosso avanço na direção desse objetivo. Por exemplo: "Ah, são os seus filhos aí nessa foto?". Isso vale até para o simples "Como vai?" que inicia a maioria dos telefonemas, por mais que sejam feitos por motivos de trabalho. Como está a *vida* das pessoas não é um assunto de trabalho, mas essa "*falta de sequência*" introdutória, por mais mecânica que seja, serve a uma finalidade essencial. Tais comentários alheios ao assunto principal nos lembram de que não somos apenas sistemas especialistas, movidos por um objetivo e com um papel definido. De que somos, ao contrário da maioria das máquinas, maiores do que o contexto em que estamos atuando, capazes de todo tipo de coisa. Reclamar do mau tempo com o barista, em vez de simplesmente fazer o pedido e aguardar com paciência, reforça o fato de que ele não é uma simples extensão de carne e osso da máquina de café expresso, mas uma *pessoa integral*, com estados de espírito, atitudes e opiniões a respeito de quase tudo sob o sol, e com uma vida fora do trabalho.

DOMÍNIO GERAL

Um dos acadêmicos eminentes interessados no teste de Turing (e, a propósito, um crítico declarado do Prêmio Loebner) é Stuart Shieber, de Harvard, que foi um dos "mediadores" no primeiro Prêmio Loebner. Essa função não existia quando me preparei para o teste em 2009. Os mediadores eram encarregados de manter as conversas "dentro dos limites". Mas o que isso significava exatamente? Para decidir esse assunto, os organizadores e mediadores da primeira competição do Prêmio Loebner fizeram uma reunião noturna de emergência na véspera da competição.*

Telefonei para Shieber. "Na véspera da primeira competição houve uma reunião com os mediadores", ele disse. "Como faremos para assegurar que os confederados se atenham ao tema e que os juízes não façam perguntas fora do... Eles não devem fazer perguntas capciosas... E o que *é* uma pergunta capciosa? E, em resumo, será o tipo de coisa que costuma surgir naturalmente durante uma conversa com um estranho num avião? Vocês não vão fazer perguntas inesperadas sobre sonetos, xadrez ou sei lá o quê?" Ele faz uma brevíssima pausa. "Se eu estivesse [no comando], essa seria a primeira coisa que eu eliminaria."[24]

O Prêmio Loebner ao mesmo tempo seguiu e não seguiu o conselho de Shieber. Depois de 1995, em meio a uma polêmica sobre o que *era* um domínio conversacional, além de sobre a maneira de impô-lo, o comitê do prêmio decidiu extinguir

---

* (Não é meio *tarde*? Não se deveria dar aos programadores *tempo* para tomar providências com respeito a possíveis mudanças nas regras?)

188

a função de mediador e aplicar um teste irrestrito. No entanto, persiste o "paradigma dos estranhos no avião", imposto não pelas regras, mas pelo costume: ele acaba sendo uma espécie de "moldura" para crivar os interlocutores de perguntas estrambóticas de todo tipo. Não convém. Os resultados, a meu ver, sofrem por isso.

A vantagem dos temas prescritos era que, pelo menos, as conversas tendiam a já começar a todo o vapor. Examinando os transcritos daqueles anos, vemos algumas aberturas com rajadas de frases comicamente específicas, como:

> JUIZ: Oi. Meu nome é Tom. Me disseram que devo conversar sobre sonhos. Tive um pesadelo um dia desses, já fazia anos que não tinha nenhum. O engraçado é que fazia pouco tempo que eu instalara as luzes da árvore de Natal. Será que a luz mexe com o subconsciente? Será por isso que tive pesadelo, ou por algum motivo menos óbvio?

Em comparação, nas conversas sem tema é comum vermos o juiz e o interlocutor tateando em busca de algum assunto para conversar — o trajeto de ônibus? O tempo?

OS PERIGOS DO PROPÓSITO

> *A arte da conversação geral, por exemplo, aperfeiçoada ao máximo nos salões franceses do século XVIII, ainda era uma tradição viva há quarenta anos. Era uma arte muito refinada, que exercitava as mais elevadas faculdades em nome de algo completamente evanescente. Mas quem, na nossa época, liga para alto tão vagaroso?*
>
> *[…] O hábito mental competitivo facilmente invade regiões às quais não pertence. Veja, por exemplo, a questão da leitura.*[25]
>
> Bertrand Russell

Não sei por quê, começo a ter muito menos prazer em um livro quando estou quase terminando sua leitura, pois algum impulso interno passa a ansiar pela "conclusão". O início do livro está associado a prazer e exploração; o fim, a fechamento e completude, coisas que me interessam muito menos.*

De certa forma, sou particularmente suscetível a essa noção de propósito ou conclusão de projeto. Há algumas semanas, fui com amigos à casa de um deles, e decidimos ir a pé dali até um bar. Estávamos vestindo o casaco quando começou a tocar "Ramble On", do Led Zeppelin, e alguém espontaneamente se pôs a pular pela sala tocando uma guitarra imaginária; um a um, todos aderimos. Mas o tempo todo me dominava a ânsia de irmos logo para o bar, e eu pensava ei, galera, estamos perdendo tempo, devíamos estar nos divertindo a esta hora! Só que, sem dúvida, já estávamos.

"No dia a dia, estamos sempre tentando fazer alguma coisa, tentando transformar uma coisa em outra ou atingir algo", li recentemente no livro *Mente zen, mente de principiante*. "Ao praticar o *zazen*, você não deve tentar atingir coisa alguma."[26] Mas um paradoxo nos aguarda: tratar o estado mental de "não atingimento" como sendo, ele próprio, o objetivo a ser atingido... É mais ou menos como tentar olhar para aqueles pontinhos que vemos com nossa visão periférica quando fitamos um céu azul uniforme, os quais, é óbvio, se afastam se tentarmos centralizá-los no campo visual. Vamos direto para o "não atingimento" e não conseguimos, é claro.

---

* Eu me pergunto se isso não será uma espécie de "propensão para anotar". Uso um site da internet para deixar registrados os livros que leio; quando preciso voltar a consultá-los para referências e citações, o site especifica uma lista de livros "Lidos" e de livros de "Leitura em andamento". Se, em vez disso, houvesse simplesmente uma lista, "Livros que pelo menos comecei", minha vida poderia ser mais fácil.

A mente tropeça nela mesma, pois, assim que começamos a dizer "Bom trabalho, eu! Consegui fazer algo não teleológico", fracassamos justamente aí.

Uma propaganda dos anos 1990 mostra um homem que põe fones de ouvido, se deita no sofá e pega uma gravação de relaxamento. Ele aperta o "play" e uma ríspida voz alemã brada: "Começar relaxamento AGORA!".[27] O homem prontamente se enrijece no sofá numa postura "relaxada". Considerar o comportamento não direcionado para um objetivo como sendo ele próprio um objetivo nos traz esse tipo de problema.

Como disse no século XX o filósofo Bertrand Russell: "Os homens, tanto quanto as crianças, têm necessidade de brincar, isto é, de períodos de atividade sem *propósito*".[28] E Aristóteles, que salientou a "teleologia" de tudo, dos homens aos micróbios, desdobrou-se para descrever a melhor forma de amizade como aquela destituída de um propósito ou objetivo específico.[29] Os golfinhos, dizem, e os bonobos são os únicos animais além do homem a fazer sexo "por diversão". Também tendemos a considerá-los os animais mais inteligentes depois de nós mesmos. Parece, de fato, que a lista de animais "mais inteligentes" é mais ou menos igual à lista de animais que têm algum tipo de "brincadeira" ou recreação em suas atividades diárias.

Uma das peculiaridades dos *chatbots* de domínio geral participantes das competições do Prêmio Loebner — programas que, devido à estrutura do teste de Turing, precisam entender um pouco de tudo mas nada em profundidade — é a questão "para quê?". É ela que contribui para o que às vezes nos parece fantástico nesses programas; também é o que explica a exiguidade das verbas direcionadas para eles. Em contraste, seus primos, os "sistemas especialistas", os equivalentes conversacionais do martelo ou do serrote (servem para a gente comprar passagem de avião, registrar uma queixa no serviço de atendimento ao consumidor), estão obtendo cada vez mais financiamento e sendo direcionados para aplicações comerciais.

Philip Jackson, organizador da competição de 2009, explica que uma das razões da tenaz sobrevivência do teste de Turing é que os programas que se saem bem geralmente são cooptados por grandes empresas, as quais dão algum *uso* específico à tecnologia.[30] Alguns críticos do Prêmio Loebner dizem que seus programadores se dedicam a um hobby, não são profissionais; isso em geral não é verdade. O autor do Cleverbot, Rollo Carpenter, que conseguiu o título de Computador Mais Humano para seu programa em 2005 e 2006, contribuiu com a IA das fases de "interrogatório" do *221b*, o jogo de computador de 2009 cujo lançamento acompanhou o mais recente filme de Sherlock Holmes.[31] O vencedor do prêmio Computador Mais Humano em 2008, Fred Roberts, programador do Elbot, faz parte da empresa responsável pelo *chatbot* de atendimento ao consumidor no site da loja virtual de móveis IKEA, entre muitas outras. São profissionais, sim senhor! Acontece simplesmente que os *bots* que fazem dinheiro são de "domínio específico" (divulgam dicas para promover o avanço da narrativa do jogo, direcionam o usuário para o departamento de cortinas), e os *bots* que vencem nos testes de Turing são de "domínio geral" e conversam, como fazem os humanos, sobre o assunto que surgir. Jackson explica que as empresas e os órgãos de financiamento parecem ter dificuldade em encontrar uma razão, pelo menos até agora, para alocar dinheiro para a criação de *bots* de domínio geral, "máquinas universais" de conversar.

Qual seria o propósito delas?

6. Interrupção

Os ouvintes acompanham os falantes; não esperam até o fim de um lote de discurso e o interpretam após uma demora proporcional, como um crítico ao resenhar um livro. E a defasagem entre a boca do falante e a mente do ouvinte é notavelmente curta.[1]

Steven Pinker

ESPONTANEIDADE; FLUXO

"Bem, o que eu quero dizer é que existem diferentes níveis de dificuldade, certo? Isto é, um óbvio nível de dificuldade é que 'seja você mesmo' seria antes de mais nada uma injunção, o que sugere, evidentemente, que, se é preciso que lhe *digam* para ser você mesmo, você poderia de algum modo *não conseguir* ser você mesmo." Bernard Reginster, professor de filosofia da Universidade Brown, acha graça. Isso provoca seu senso de humor de filósofo. "Mas isso é paradoxal! Porque, se você não vai ser você mesmo, vai ser o quê? Entendeu? Portanto, aparentemente já existe algo de *estranho* na ideia de que alguém tem que lhe dizer, de que você tem de ser *exortado*, ou *aconselhado*, a ser você mesmo — como se fosse possível não conseguir!"

Uma das ideias tradicionais, ele diz, sobre o que significa "ser você mesmo", o conselho e orientação que os organizadores do Prêmio Loebner dão aos confederados todo ano, é ser *verdadeira-mente* você, isto é, "descobrir o que deve ser o seu — abre aspas — verdadeiro eu — fecha aspas —, e então [tornando-se esse verdadeiro eu] despir-se de todas as camadas de socialização, digamos assim, e tentar viver sua vida de um modo que seria fiel ao seu verdadeiro eu, por assim dizer". O tique desse filósofo, pôr tudo o que diz entre aspas fazendo o gesto característico com os dedos — porque usar uma palavra é, de certo modo, endossá-la —, agita suas mãos e abre caminho para o contra-argumento muito antes de ele chegar. Ele diz:

> Ora, o grande problema dessa ideia é que muita coisa na psicologia do desenvolvimento recente e nos estudos de psiquiatria, psicanálise etc., pelo menos, sugere que é um mito a ideia de que existe um verdadeiro "você" que vem ao mundo incontaminado, não adulterado pela influência do meio social no qual você cresce. Que na realidade você é, digamos, socializado desde o princípio. Assim, se você se despisse das camadas de socialização, não lhe restaria o verdadeiro você. O que lhe restaria seria nada.[2]

Essas palavras de Reginster remetem às da resposta de Turing à "Objeção Lovelace" de que os computadores são incapazes de "originalidade": e *nós*, podemos ter certeza que somos capazes? Também endossam a menos confiante e ligeiramente mais constrangida questão retórica de Turing no mesmo ensaio de 1950:

A analogia com a "casca da cebola" também é útil. Quando examinamos as funções da mente ou do cérebro, encontramos certas operações que podemos explicar em termos puramente mecânicos. Isso não corresponde à verdadeira mente, dizemos; é uma espécie de casca que devemos remover se quisermos encontrar a verdadeira mente. Só que então, no que sobra, encontramos outra casca a ser removida e assim por diante. Procedendo dessa maneira, será que acharemos a "verdadeira" mente ou no fim chegaremos à casca que não cobre nada?[3]

Sem essa noção de um eu recôndito, é possível dar algum sentido ao conselho "seja você mesmo"? Reginster acha que sim. "A injunção para ser você mesmo é essencialmente uma injunção para que você deixe de se preocupar, de ligar para o que as outras pessoas pensam, o que os outros esperam de você, e é essencialmente uma questão de não refletir, não se auto-observar, de ser espontâneo no modo como faz as coisas."

É interessante o fato de que a faculdade humana de perceber a si mesmo, de estar consciente de si, de pensar nas próprias ações e até nos próprios pensamentos, parece ser parte da ideia que temos sobre a nossa "inteligência" única, e no entanto inúmeros dos mais produtivos, divertidos, absorventes, competentes momentos da vida ocorrem quando abandonamos essas frivolidades da galeria dos espelhos e simplesmente, à moda da Nike [cujo slogan é *Just do it*], *fazemos* alguma coisa. Refiro-me, por exemplo, ao sexo, à atividade atlética, à execução de um trabalho artístico, àquilo que chamamos de "zona" e os psicólogos de "fluxo" — o estado de completa imersão em uma atividade. Aqueles momentos, poderíamos muito bem dizer, em que estamos agindo "como um animal" — ou mesmo "como uma máquina".

O ego "se dissolve", escreve o psicólogo húngaro Mihaly Csikszentmihalyi, que popularizou a noção de "fluxo" na psicologia.[4]

Segundo Csikszentmihalyi, várias condições precisam ser atendidas para que ocorra o fluxo. Uma delas, ele diz, é o "feedback imediato".[5]

LONGA DISTÂNCIA

No Natal do ano passado, toca o telefone na casa da minha tia. É meu tio, ligando do Iraque. Ele é reservista dos Marines, e está em sua segunda temporada em serviço. Enquanto o telefone vai passando de mão em mão pela família toda, penso em como a tecnologia é incrível, assombrosa — ele está *falando* conosco, ao *vivo*, no meio de uma *guerra*, para nos desejar feliz Natal. Como a tecnologia muda a dinâmica da intimidade entre os soldados e suas famílias! No tempo das cartas manuscritas, a comunicação vinha em lotes, com esperas embaraçosas; agora somos postos em contato *direto*, a espera e o revezamento incômodos *desapareceram* e podemos realmente *conversar*.

Chega a minha vez ao telefone, e eu exclamo: "Oi! Feliz Natal!".

Silêncio.

Fico chocado, meu entusiasmo recebido assim, aparentemente sem reação, e o constrangimento se apossa de mim — quem sabe eu não esteja entre os primeiros na lista de gente da família com quem ele anseia por falar? E então, uma batida do coração depois, ele por fim produz o seu "Feliz Natal!", embora menos efusivamente. Eu, desconcertado, digo sem jeito: "É maravilhoso falar com você, estando assim tão longe".

Mais silêncio. Nada de resposta. Subitamente nervoso e incomodado, penso: "Não tínhamos mais afinidade do que isso?". De repente, tudo o que eu tinha desejado dizer e perguntar parece trivial, desimportante, forçado. Como um comediante que fica sem ação no fim de uma piada da qual ninguém ri — décimos de segundo são suficientes —, sinto que estou atrapalhando, desperdiçando o tempo dele. Estou desperdiçando o tempo dele *durante uma guerra*. Preciso passar o telefone para alguém imediatamente. Assim, quando ele afinal responde: "É mesmo, é sensacional falar com vocês aí, tão longe", eu resmungo, murcho: "Bom, não quero segurá-lo, olhe, está aqui o fulano, depois a gente se fala!". E passo o telefone, todo sem graça.

RESPOSTA POROSA

Alguns meses depois, numa fase bem inicial das relações públicas para este livro, estou dando uma entrevista por telefone a um grupo de livreiros. As perguntas são razoavelmente diretas, e não estou tendo problema para responder, mas percebo que luto com o *tamanho* das respostas: em algo tão complexo quanto um livro, tudo tem uma resposta curtíssima, lapidar, uma resposta breve contendo alguns detalhes para despertar interesse, uma resposta longa, ponderada, e uma resposta muito longa e abrangente. Tenho conversas desse tipo com grande frequência, e uso dois métodos principais para tornar minhas respostas específicas à situação: um consiste em observar o rosto do ouvinte, procurando sinais de interesse ou desinteresse e fazendo os ajustes necessários; o outro consiste em tornar a resposta *porosa*, deixar minúsculas pausas nas quais o ouvinte possa entrar, redirecionar ou deixar que eu prossiga. Com minha barista, começo com a resposta lapidar e alegremente me torno escatológico quando ela se intromete e comenta com um sorrisinho maroto que as "máquinas" que se atrevam, pois ela está preparada para "comer até os gatos" [dela] se houver qualquer tentativa de cerco. Com alguns dos meus conhecidos de inclinação mais acadêmica, fico observando suas expressões irônicas e concentradas e sua falta de propensão a qualquer aparte antes que eu apresente a história inteira, com todas as devidas nuances e ressalvas.

Ao telefone, com os livreiros, obviamente não posso ver o rosto deles; aliás, nem mesmo sei quantos "eles" são do outro lado da linha. Quando faço essas pausas de "semínima" para ensejar os "hã-hã" e os "entendi" de quem está desejoso de ouvir o resto ou as interjeições de quem já está satisfeito, não ouço nada. Se me alongo em uma "pausa de mínima", eles pressupõem que terminei e fazem uma nova pergunta. Tento dividir a diferença, mas aí nós dois começamos a falar ao mesmo tempo. Não dá para captar uma pausa — ou, para ser mais exato, talvez não sejamos capazes de fazer alguém captar as *nossas* pausas. Por alguma razão, quando falamos ao telefone desanda o balé sincronizado que pessoalmente parece nos vir de modo tão natural — nesse caso específico e também em geral. Faço o melhor que posso, mas, não sei por quê, me sinto *solitário*.

TEORIA DA COMPUTABILIDADE VERSUS TEORIA DA COMPLEXIDADE

A primeira ramificação da teoria da ciência da computação foi a que veio a ser chamada de "teoria da computabilidade", um campo voltado para os modelos teóricos de máquinas de computação e os limites teóricos de seu poder. É esse o ramo da teoria para o qual Turing deu algumas de suas maiores contribuições: nas décadas de 1930 e 1940, as máquinas de computação físicas eram tão incipientes que fazia sentido pensar de modo idealista a respeito delas e das extensões e limites puramente teóricos de seu potencial.

Desconsiderar a lacuna entre teoria e prática tem suas desvantagens, é evidente. Como escreve Dave Ackley, "a teoria da computabilidade não dá a mínima importância à duração de uma computação; só quer saber se ela é ou não possível [...] Se levar um milésimo de segundo ou um milênio, tanto faz para a teoria da computabilidade".[6]

Os cientistas da computação se referem a certos problemas como "intratáveis". Querem dizer que a resposta correta pode ser computada, mas não com suficiente rapidez para ter serventia. Os problemas intratáveis anuviam a fronteira entre o que a computação "pode" e "não pode" fazer. Uma máquina oracular mágica, por exemplo, capaz de prever o futuro mas que funciona mais devagar do que o tempo real, é uma máquina que literalmente *não pode* prever o futuro.*[7]

Acontece, contudo, que a intratabilidade tem sua serventia. As trancas com segredo, por exemplo, não são *impossíveis* de abrir: basta tentar todas as combinações até encontrar a correta. O que elas são é *intratáveis*, pois você levaria tanto tempo para abri-las que acabaria sendo preso e/ou o tempo não valeria o que quer que estivesse ali trancado. Analogamente, a criptagem de dados computacionais se baseia no fato de que números primos podem ser multiplicados mais rápido em números compostos grandes do que números compostos podem ser fatorados em seus primos. As

---

* Certas equações (por exemplo, as parábolas newtonianas que os projéteis descrevem) são de tal natureza que podemos apenas indicar algum valor futuro para o tempo e obtemos a descrição do futuro estado de coisas. Outros cálculos (por exemplo, certos autômatos celulares) não contêm tais atalhos. Esses processos são chamados de "computacionalmente irredutíveis". Valores de tempo futuros não podem ser simplesmente "inseridos"; é preciso rodar a simulação inteira, do ponto A até o ponto Z, incluindo todos os passos intermediários. Stephen Wolfram, em *A New Kind of Science*, tenta conciliar o livre-arbítrio com o determinismo conjecturando que o funcionamento do cérebro humano é "irredutível" nesse sentido, ou seja, não existem "leis" em estilo newtoniano que nos permitam atalhos para saber de antemão o que as pessoas farão. Só nos resta observá-las.

duas operações são perfeitamente computáveis, mas a segunda é exponencialmente mais lenta — o que a torna intratável. É isso que possibilita a segurança e o comércio on-line.

A geração de teóricos da computação seguinte à de Turing, nos anos 1960 e 70, começou a desenvolver um ramo da disciplina, chamado teoria da complexidade, que levava em conta essas restrições de tempo-espaço. Como explica a teórica da computação Hava Siegelmann, da Universidade de Massachusetts, essa teoria mais "moderna" investiga não só "o poder máximo de uma máquina, mas também seu poder expressivo sob restrição de recursos, como tempo e espaço".[8]

O livro *Introdução à teoria da computação*, de Michael Sipser, que usei na faculdade e é considerado uma das bíblias da ciência da computação teórica, alerta: "Mesmo quando um problema é decidível e, portanto, computacionalmente resolúvel em princípio, pode não ser resolúvel na prática se a solução exigir uma quantidade exorbitante de tempo ou memória".[9] Entretanto, essa é a introdução da *última* seção do livro, que meu curso teórico no último ano de graduação abordou por breve tempo nas derradeiras semanas do semestre.

A teoria da computabilidade, diz Ackley, tem o imperativo "produza respostas corretas, rapidamente se possível", enquanto a vida, na prática, exige "produza respostas a tempo, corretamente se possível".[10] Essa é uma diferença importante, e começou a me sugerir outra pedra angular para minha estratégia no teste de Turing.

UH E UM

Quando tentamos sair de um modelo ou aproximação, é útil saber o que esse modelo capta e não capta. Um bom começo, por exemplo, se tentássemos provar que estamos tocando um saxofone e não um sintetizador criado para soar como um saxofone, seria tocar *não notas*: respirações, estalidos das chaves, guinchos. Talvez um bom começo para tentarmos sair de modelos de linguagem seja usar *não palavras*: quando foi juiz em 2005, Ned Block, filósofo da mente da Universidade de Nova York, insistiu em fazer perguntas do tipo "O que você acha de dlwkewolveo?". Qualquer resposta que não mostrasse estranheza era uma dica fatal (um *bot*, por exemplo, replicou: "Por que pergunta?").

Outra tática seria usar palavras que usamos o tempo todo mas que historicamente não são consideradas palavras; por exemplo, em inglês, as interjeições "*uh*" [hum] e "*um*" [hã], que indicam hesitação ou dúvida. Em seu influente livro *Aspectos da teoria da sintaxe*, de 1965, Noam Chomsky enuncia:

> A teoria linguística diz respeito primeiramente a um falante-
> -ouvinte ideal, em uma comunidade de falantes completamente
> homogênea, que conhece perfeitamente sua língua e não está afetada por condições gramaticalmente irrelevantes como limitações de
> memória, distrações, falta de atenção e de interesse e erros fortuitos
> etc., ao aplicar seu conhecimento da língua numa performance
> atualizada.[11]

Por essa concepção, palavras como "*uh*" e "*um*" são erros — e, dizem Herbert Clark, da Universidade Stanford, e Jean Fox Tree, da Universidade da Califórnia em Santa Cruz, "estão, portanto, fora da língua propriamente dita".[12]

Mas Clark e Fox Tree discordam. A maioria das línguas possui dois termos *distintos*, como o inglês. Se eles são simplesmente erros, por que haveria dois, e por que em todas as línguas? Além disso, o padrão de uso de "*uh*" e "*um*" mostra que os falantes usam *uh* antes de uma pausa de menos de um segundo, e *um* antes de uma pausa mais longa. Essa informação sugere duas coisas: (1) que as palavras estão longe de ser intercambiáveis e, de fato, têm papéis distintos; (2) que, por serem enunciadas *antes* das pausas, os falantes podem estar *prevendo* o quanto a pausa será longa. Isso é muito mais significativo do que o mero comportamento de "erro", e leva Clark e Fox a concluir "que *uh* e *um* são efetivamente palavras do inglês. Com 'palavras', queremos dizer unidades linguísticas que possuem formas fonológicas convencionais e significados determinados pelas regras da sintaxe e prosódia [...] *Uh* e *um* precisam, tanto como qualquer outra palavra, ser planejados, formulados e produzidos como partes de emissões".

Em uma visão *gramatical* estrita da língua, as palavras "*uh*" e "*um*" não têm sentido. Seus verbetes no dicionário seriam vazios. Mas note-se que a forma idealizada de linguagem que Chomsky escolhe como seu objeto de estudo descarta de modo explícito "essas condições gramaticalmente irrelevantes como limitações de memória [...] [e] execução real". Em outras palavras, a teoria da linguagem de Chomsky é a teoria da *computabilidade* da era Turing, e não a teoria da *complexidade* que veio em seguida. Idealizados de modo muito semelhante são os modelos de linguagem dos *chatbots*. No entanto, acontece, como na ciência da computação, que há muita coisa acontecendo na brecha entre o processo "ideal" e a "execução real".

Eu, como confederado humano, pretendo tirar o maior proveito possível dessa brecha.

SATISFICIÊNCIA E A ESPERTEZA RETARDADA

A economia, historicamente, também tende um pouco a funcionar como a teoria da computabilidade, em que "agentes racionais" de algum modo se reúnem e sintetizam infinitas quantidades de informação num átimo, e num instante decidem e agem. Tais teorias dizem isto e aquilo a respeito dos "custos" sem de fato refletir: a própria *reflexão* é um custo! Não podemos negociar ações exceto em tempo real: quanto mais tempo passamos analisando o mercado, mais o mercado terá mudado nesse ínterim. O mesmo se aplica a comprar roupas: a estação muda gradualmente enquanto fazemos as compras, e a moda também. (Em geral, vestir-se fora de moda é se vestir na moda *do tempo errado*.)

Herbert Simon, Prêmio Nobel, vencedor do Prêmio Turing e acadêmico multidisciplinar (economia, psicologia, ciência política, inteligência artificial), cunhou o termo "satisficiência"[13] (*satisficing*, de *satisfying* + *sufficing*, satisfazer e ser suficiente) como uma alternativa para a maximização/otimização objetiva.

À luz da teoria da computabilidade, eu seria um guitarrista tão bom quanto qualquer outro, pois, se você me der uma partitura, posso ir caçando as notas uma a uma e tocá-las…

O compositor inglês Brian Ferneyhough escreve partituras tão exasperantemente complicadas e difíceis que são impossíveis de executar à risca.[14] Essa é a questão. Ferneyhough acredita que os músicos virtuosísticos com frequência acabam escravizados pelas partituras que tocam, meras extensões da intenção do compositor. Mas, como a execução perfeita das partituras dele é *impossível*, o músico tem de buscar a *satisficiência*, ou seja, economizar, estabelecer prioridades, reduzir, simplificar, buscar a essência, abrir mão de certas coisas e salientar outras. O músico não pode *evitar* a interpretação da partitura a seu próprio modo, não pode deixar de se envolver pessoalmente; Ferneyhough diz que sua obra pede não o "virtuosismo, mas uma espécie de honestidade, autenticidade, a exibição das limitações [do músico]". O *New York* descreveu sua obra como "uma música tão exigente que liberta", coisa que uma obra menos exigente não faria. Outro aspecto importante é que todas as execuções são específicas do momento, nunca se tornam intercambiáveis nem se prestam à comercialização em massa. Como diz o músico Tim Rutherford-Johnson, Ferneyhough "atrai para a execução de uma obra muito mais que a simples reprodução das instruções do compositor; é difícil imaginar futuras re-re-regravações de alguma interpretação batida de uma composição de Ferneyhough, um destino que hoje penaliza muitas músicas excelentes".[15]

Para Bernard Reginster, a autenticidade reside na espontaneidade. Importante é que isso parece conter um componente de *coordenação temporal*: não se pode ser espontâneo exceto de um modo que acompanhe a situação, e não se pode ser sensível à situação se ela fica mudando enquanto você está ocupado tentando entendê-la.

Robert Medeksza, cujo programa Ultra Hal ganhou o Prêmio Loebner em 2007, mencionou que o banco de dados conversacionais que ele levou para o Ultra Hal na competição era 150 vezes menor que o do Cleverbot, o segundo colocado de 2007.[16] O banco de dados menor limitava a *variação* das respostas do Ultra Hal, mas melhorava a *velocidade* das respostas. Medeksza acha que a velocidade se revelou o fator decisivo. "[o banco de dados maior do Cleverbot] pareceu ser, na verdade, uma desvantagem", ele declarou numa entrevista após o evento. "[o Cleverbot] Às vezes demorava um pouco mais para responder a um juiz, pois o computador [não podia] lidar fluentemente com aquela quantidade de dados."

Fico pensando na sensacional expressão francesa *l'esprit de l'escalier,* literalmente, "a espirituosidade da escada", aquela boa resposta que só nos ocorre quando já estamos descendo a escada depois da festa. Encontrar a palavra certa apenas um minuto tarde demais é quase como não a encontrar nunca. Não se pode fazer "uma busca" do *bon mot*, isto é, da palavra certa. Elas amadurecem e apodrecem num instante. Aí está a beleza da espirituosidade.

E também a beleza da vida. A teoria da computabilidade é espirituosidade de escada. A teoria da complexidade — a satisficiência, a resposta na hora certa, o mais correta possível — é o diálogo.

"SISTEMAS CONVERSACIONAIS INTERRUPTÍVEIS"

A competição do Prêmio Loebner de 2009 em Brighton era apenas uma pequena parte de um evento muito maior que se realizava no Brighton Centre naquela semana, a conferência anual Interspeech, para pesquisadores acadêmicos e industriais da tecnologia da fala. Por isso, dei uma escapada da sala do Prêmio Loebner durante um intervalo e imediatamente me vi num turbilhão de milhares de engenheiros, programadores e teóricos do mundo todo, entrando e saindo das diversas palestras e painéis. Havia de tudo, desde umas sinistras imitações em borracha do trato vocal humano emitindo versões zumbidificadas de sons de vogais humanas até o que havia de mais avançado em IA da linguagem natural e detalhes de implementações práticas para uma empresa tornar menos irritante seu menu automático de atendimento telefônico.

Uma coisa que logo se nota em eventos desse tipo é como um jargão se desenvolve depressa em torno de cada campo e disciplina. Não é fácil penetrar em seus mistérios em poucos dias, misturando-se a esse público e fazendo anotações, mesmo quando o assunto básico faz sentido. Felizmente eu tinha uma guia e intérprete, minha colega confederada Olga. Perambulamos pelo salão de painéis, onde os mais sutis aspectos da conversação humana eram nomeados, investigados e submetidos a hipóteses. Vi um painel que me intrigou: falava sobre a dificuldade de programar "Sistemas conversacionais interruptivos de diálogo" — o que os humanos são, explicou-me pacientemente o pesquisador.[17] "Interruptivo" se refere ao ato de um interlocutor começar a falar enquanto o outro ainda não terminou o que está dizendo. Ao que parece, a maioria dos sistemas de diálogo, como a maioria dos *chatbots*, tem muita dificuldade em lidar com isso.

NOTAÇÃO E EXPERIÊNCIA

Assim como Ferneyhough se interessa pelas diferenças "entre a partitura notada e a experiência de ouvir",[18] eu estava interessado nas diferenças entre as teorias idealizadas da linguagem e a verdade da linguagem na prática, as diferenças entre os *registros* de conversas e a conversa em si.

Ouvi certa vez de um amigo dramaturgo que "sempre se pode identificar o trabalho dos amadores, pois seus personagens falam em sentenças completas. Ninguém fala assim na vida real". É verdade: só depois de passar pela experiência de transcrever uma conversa nos damos conta do quanto isso é exato.

Mas os fragmentos de sentenças são apenas a ponta do iceberg. Boa parte da razão de falarmos em fragmentos se relaciona à estrutura de revezamento da conversa. Os operadores de código Morse transmitem "stop" para ceder a palavra; nos walkie-talkies, se diz "câmbio". No teste de Turing, tradicionalmente se usa a tecla enter. A maioria dos scripts interpreta desse modo; a representação imprecisa do revezamento é, de fato, o modo mais comum de não se imitar na arte um diálogo da vida real. Mas o que acontece quando removemos esses marcadores? Abrimos espaço para silêncios e para interrupções, como no excerto seguinte, proveniente do famoso diálogo espasmódico da peça *Glengarry Glen Ross*, escrita pelo ganhador do Prêmio Pulitzer David Mamet:

LEVENE: Quer jogar fora, John...? Você quer jogar fora?

WILLIAMSON: Não sou eu...

LEVENE: ... não é você...? *Quem* é? Com quem é que eu estou falando? Preciso das *indicações*...

WILLIAMSON: ... depois do dia 30...

LEVENE: Dia 30 o cacete, se eu não estiver no quadro dia 30, eles vão me chutar.[19]

No diálogo espontâneo, é natural e frequente os participantes sobreporem ligeiramente suas falas às do interlocutor; só que esse elemento do diálogo é dificílimo de *transcrever*. Na ficção, quando se escreve uma peça ou um roteiro de filme, os travessões ou parênteses podem indicar que uma linha de diálogo foi cortada bruscamente, mas na vida real essas interrupções raramente são tão abruptas ou nítidas. Por essa razão, acho que até o diálogo de Mamet não capta muito bem o revezamento. Vemos os personagens se agredindo, se interrompendo, mas o interlocutor para de chofre quando é interrompido. Não vemos a fluidez e a *negociação* que com frequência estão presentes em tais momentos. Os cortes são abruptos demais.

Disputamos a palavra, erguemos e diminuímos o tom de voz, oferecemos "hã-hãs" e "hums" para mostrar que estamos atentos,*[20] intercalamos comentários parentéticos nas frases do outro sem tentar interromper o fluxo delas, tentamos continuar falando por cima de uma interrupção mas acabamos por ceder um segundo depois e assim por diante, num imenso espectro de variações. Existem outras notações usadas pelos roteiristas e dramaturgos, com barras para indicar onde começa a linha seguinte, mas são

---

* Os linguistas chamam isso de "*back-channel feedback*", isto é, um retorno ao interlocutor por um canal secundário.

desajeitadas para escrever e para ler, e nem elas conseguem captar toda a variação presente na vida.

Eu me lembro de uma ocasião em que fui assistir a uma *jazz band* nos meus tempos de faculdade. Era uma banda numerosa para seu gênero musical; só a seção de metais tinha quase uma dúzia de músicos. Os integrantes eram sem dúvida muito hábeis e tocavam bem juntos, mas seus solos, curiosamente, eram apenas uma espécie de revezamento rígido, lembrando um pouco o modo como as pessoas fazem fila diante de um microfone para fazer perguntas ao conferencista no fim da palestra. O solista que viria a seguir aguardava com paciência e ansiedade o solista do momento concluir os compassos alocados para ele, e ao chegar sua vez tocava um número idêntico de compassos.

Não há dúvida de que tocar dessa maneira evita o caos, mas também não há dúvida de que limita a música.

É possível que o revezamento obrigatório seja um elemento fundamental no modo como uma barreira de linguagem afeta a intimidade, mais ainda do que a própria defasagem linguística. John Chancellor, âncora da NBC e veterano entrevistador, explica em *Interviewing America's Top Interviewers*:

> A tradução simultânea é boa porque podemos acompanhar as expressões faciais da pessoa que está conversando conosco, o que não se pode fazer na tradução consecutiva. A maioria dos repórteres, porém, obtém a tradução consecutiva quando entrevista numa língua estrangeira, pois não pode arcar com a tradução simultânea. Mas é muito difícil chegar à raiz das coisas sem a tradução simultânea.[21]

A conversação ao vivo difere muito, por exemplo, da conversa por e-mail, não porque a vez de cada um falar seja mais breve, e sim porque pode nem sequer existir uma "vez" de falar definida. Na conversa, muita coisa depende da delicadíssima habilidade de saber quando interromper o outro e quando "ceder a palavra" durante nossa vez de falar, quando aceitar uma interrupção e quando persistir.

Tenho minhas dúvidas de que nós, humanos, dominamos perfeitamente essa habilidade. Se você for como eu, não consegue assistir por muito tempo a boa parte dos noticiários na televisão americana: na tela, dividida em quatro painéis, quatro apresentadores tentam falar mais alto que os outros nos intervalos entre os comerciais. Talvez, em parte, os programas de computador pareçam saber conversar porque *nós* às vezes parecemos não saber.

É revelador que essa noção sutil de quando fazer uma pausa e quando ceder, quando iniciar novas linhas e cortar linhas velhas seja, em muitos casos, *explicitamente* excluída das conversações dos *bots*.

PROBLEMAS DE DECISÃO

É esse balé e essa negociação da vez de falar que tanto os linguistas como os programadores deixam fora de seus modelos de linguagem, e é precisamente nessa dimensão do diálogo que palavras como "*uh*" e "*um*" têm seu papel. "Os interlocutores podem usar esses elementos verbais", escrevem os linguistas Clark e Fox Tree, "para dar a entender, por exemplo, que estão procurando uma palavra, decidindo o que dirão em seguida, que desejam continuar falando ou que querem ceder a palavra."[22]

Professores, pais e instrutores de oratória nos mandam conter a língua. Mas acontece que preencher com sons as pausas no discurso não é apenas um tique ou um erro. É um *sinal* de que estamos prestes a falar. (Uma analogia: o computador que mostra uma ampulheta enquanto dá uma breve parada para executar um comando.) Boa parte da habilidade necessária para competir nos programas de perguntas e respostas da televisão consiste em saber acionar a campainha *antes* de saber a resposta, mas assim que você sabe que *sabe* a resposta — a campainha significa algo como "Ah! Hã…", e usá-la com eficácia é um dos fatores que separam os campeões dos competidores comuns. (A propósito, isso explica parte da dificuldade que os pesquisadores da IBM têm encontrado para preparar seu supercomputador Watson para competições decisivas contra humanos, especialmente nas perguntas breves que o apresentador leva apenas um ou dois segundos para ler.)[23]

Os pesquisadores do MIT Nikko Ström e Stephanie Seneff apresentaram um artigo na Interspeech de 2000, e constataram que, em inglês, um bom uso do "*um*" [hã] poderia tornar muito mais fácil e intuitivo o uso dos menus telefônicos de diálogo falado.[24] Na conferência Interspeech de 2009 em Brighton, um grupo de quatro pesquisadores da Universidade de Kyoto apresentou, na seção de painéis, dados comprovando que em várias situações um sistema de computador obtém mais informações com base no *timing* da fala humana do que no conteúdo.

Em parte, a história da dificuldade dos programas de computador para lidar com as questões de coordenação temporal remonta às teorias originais sobre o que *são* programas de computador. A teoria da computabilidade inicialmente postulou que os programas executavam o que chamamos de "problemas de decisão". A ideia era fornecer dados ao programa (o input), especificando onde o input começava e terminava. O programa então processava esses dados, levando o tempo que fosse necessário, e no fim fornecia um resultado claramente definido, o output.

Descobri que esse modelo de linguagem, esse pretenso mapeamento biunívoco de "inputs" e "outputs", traz oportunidades incríveis de fazer molecagem durante uma conversa com um *chatbot*. A equiparação de padrões do ELIZA, por exemplo, não é aprimorada o bastante para avaliar se o padrão ao qual o programa está tentando se equiparar refere-se a uma emissão ou a muitas. Quando começo uma conversa assim:

EU: Sou Brian.
ELIZA: Você gosta de ser Brian?

— e eu respondo "Eu, hã, acho que sim", recebo a evasiva resposta "Entendo". Mas se, como fazem muitos usuários nas mensagens instantâneas, eu fragmentar essa resposta pressionando o "enter" várias vezes, é o caos:

EU: Eu
EU: hã
EU: acho que sim
ELIZA: Fale mais sobre isso…
ELIZA: Fale mais sobre isso…
ELIZA: Fale mais sobre isso…

Por incrível que pareça, a rigidez da vinculação entre input e output é ainda maior em muitos dos *chatbots* mais novos. Quando conversamos com o Cleverbot, ganhador do Prêmio Loebner em 2005 e 2006, em seu site, toda vez que pressionamos "enter", a caixa para entrada de dados trava, não nos permitindo clicar nela nem inserir dados enquanto o Cleverbot não tiver terminado de responder:

EU: hã olá
CLEVERBOT: Como vai?
EU: hã,
CLEVERBOT: Isso é bom ou mau?
EU: bem,
CLEVERBOT: Como?

Quando conversamos on-line com o Elbot, vencedor do Prêmio Loebner de 2008, toda vez que pressionamos "enter" a tela se renova, e uma das respostas do Elbot fica visível:

EU: hãã
ELBOT: Estou começando a me perguntar: quem convenceu você a vir me visitar?
EU: bem,
ELBOT: sim!
EU: hã...
ELBOT: Esse seria um ótimo nome para um robô!

Em vários dos *bots* criados para atendimento ao consumidor, como os encontrados em alaskaair.com, continental.com e goarmy.com, a tela para entrada de dados trava com a mensagem "Por favor, aguarde" depois de cada "enter":

VOCÊ PERGUNTOU: hã
JENN: Está bem, em que mais posso ser útil?
VOCÊ PERGUNTOU: bem
JENN: Não sei muito bem como responder. Por favor, tente reformular sua pergunta.
VOCÊ PERGUNTOU: hã
JENN: Crianças viajando sozinhas são bem-vindas na Alaska Airlines e na Horizon Air. Eis as informações sobre nosso serviço de acompanhamento de menores.

É fascinante que esses programas, tão capazes de lidar com interrogatórios devastadores, desmoronem diante de meros resmungos.

TIRAR PROVEITO DO MEIO

Costumo julgar uma obra de arte pelo seu grau de necessidade de ser veiculada por um dado meio. Isso significa, em parte, quanto proveito ela extrai das capacidades únicas desse meio: uma sinfonia, obviamente, pode fazer coisas que um ensaio não pode e vice-versa.

Diferentes meios de comunicação escrita, por exemplo, potencializam suas características únicas usando o tempo para produzir diferentes classes de intimidade, diferentes possibilidades comunicativas: a mensagem de texto rápida diz que você pensou *agora mesmo* em alguém e produz o empático deleite de um momento compartilhado através do espaço entre duas mentes; a lenta carta ou presente feito à mão remetidos pelo correio dizem que você pensou *demoradamente* na pessoa *sem que ela soubesse* e envolve os dias futuros numa aura de possibilidades.

Em certo sentido, a história das mensagens instantâneas pelo computador — o meio do teste de Turing — é a história do telegrama acelerada ao máximo.

Descobri, porém, que o protocolo usado pelo Prêmio Loebner em 2009 diferia de modo crucial dos e-mails, mensagens de texto e sistemas padronizados de mensagens instantâneas. Os protocolos de chat do Prêmio Loebner transmitiam *toque por toque* o que era digitado. Cada participante podia ver seu interlocutor digitar, inclusive quando ele cometia erros de grafia e os apagava com o retorno do cursor.

Uma parte do que eu precisava descobrir era como exatamente tirar proveito desse inusitado meio da "digitação ao vivo" adotado na competição do Prêmio Loebner. O que isso permitia e dificultava, em comparação com o clássico estilo de alternância dos walkie-talkies e telegramas?

Tornar visível a digitação também torna visível o "espaço

negativo" — a hesitação. Na conversa do tipo chat, na qual o texto é transmitido cada vez que teclamos "enter", apenas as pausas notavelmente grandes são interpretadas como "parte" da interação. Já quando as respostas são mais fluidas e imediatas, o silêncio adquire significado. Deixar de responder rapidamente a uma pergunta durante uma conversa cara a cara, por exemplo, equivale, em muitos casos, a respondê-la. Lembro-me de uma ocasião em que perguntei a um amigo como andavam as coisas com a garota que ele havia começado a namorar; a minúscula pausa e o "hã" enquanto ele procurava as palavras certas deixou claro que os dois andavam tendo problemas. Ou seja, não foi a escolha de palavras, mas a escolha *em si* que deu o recado.*

Eu me lembro de que, nos anos 1990, alguns programas de chat para a internet tentaram usar essa técnica de mostrar um caractere por vez, mas a maioria das pessoas a rejeitou. Dava a sensação de ser demasiado *invasiva*. O que as pessoas gostam na comunicação escrita é o tempo e o espaço para compor e editar antes de partilhar sua mensagem. A vantagem da transmissão de um caractere por vez, contudo, é que ela começa a se aproximar bem mais das condições da fala, com a fluidez das enunciações alternadas e a gramática desleixada, na qual o que se perde em eloquência é compensado pela agilidade.

Longas mensagens não iriam funcionar, como haviam funcionado em certos anos, quando os programas podiam assoberbar os

---

* Ao que parece, o mundo dos depoimentos está se transformando em consequência da mudança das transcrições escritas para as gravações em vídeo. Contaram-me que, depois de ter ouvido uma pergunta incômoda, um perito que estava prestando depoimento revirou os olhos e fitou com raiva o advogado que o questionava, depois se mexeu inquieto na cadeira por nada menos que 55 segundos, antes de dizer, num tom presunçoso e cheio de rancor: "Não me lembro". Ele estava pensando na transcrição do depoimento. Mas, quando foi mostrado um *vídeo* dessa conversa no tribunal, ele ficou furioso.

juízes com respostas ridiculamente prolixas usando todo o tempo que lhes era permitido. Quando duas partes se revezam rigorosamente sob a pressão do tempo, ficam à mercê da duração da vez do interlocutor. Vejamos um exemplo de um programa de 1996:

> REMOTO: Que tal me contar uma piada?
>
> JUIZ: Não.
>
> REMOTO: Eis a minha piada favorita… Um cachorro entra mancando num bar, com a pata enfaixada. De chapéu de caubói, perneiras de couro e revólveres nos coldres, ele rosna: "Tô procurando o cara que atirou na minha pata".

"Essa piada não tem graça", escreve o juiz, aparentemente instigando o programa a contar outra. E ele o faz ("Um barbante muito gasto e cheio de nós entra num bar…"). Enquanto isso, lá se foram três longos minutos.

Os confederados de vez em quando também erram em suas mensagens, como aconteceu em 1992 com uma confederada enquanto conversava sobre o tema "saúde":

> JUIZ: Bem, às vezes eu como umas porcarias que vejo pela frente. Se dissesse que sigo um programa, estaria mentindo. As batatinhas de pacote são minha perdição.
>
> REMOTO: É preciso ter cuidado com as porcarias. E tem outra coisa. A saúde natural depende muito da intuição. Quando você come muita porcaria, precisa ter o cuidado de manter o equilíbrio usando a intuição, porque às vezes, se você não se controlar na fase inicial, só vai saber quando notar os resultados na saúde que você prejudicou. O colesterol alto é um exemplo perfeito disso, e todo mundo sabe o que ele causa; artérias entupidas que depois são difíceis de consertar, e existe até uma controvérsia sobre se isso é mesmo reversível.

O juiz achou que ela era um computador.

Se um computador (ou confederado) começasse a ser prolixo num teste que admitia interrupções, o juiz o cortava.

Percebi outro detalhe na transmissão de caractere por caractere e o que isso pode permitir. Às vezes, o diálogo falado perde um pouco a linearidade. Por exemplo: "Fui ao mercado e comprei leite e ovos, e no caminho encontrei o Shelby — ah, e pão também", e nós entendemos que o pão está associado ao "comprei" e não ao "encontrei". (Essa é parte da função do *oh* [ah], outra daquelas palavrinhas que a linguística tradicional desconsidera.) O mais das vezes, entretanto, a defasagem é tão pequena no intervalo entre as falas e entre a composição de uma sentença na mente e em sua enunciação, que o assunto raramente se desdobra por inteiro em duas linhas paralelas. Em uma conversa de mensagens instantâneas, a pequena janela de tempo na qual uma pessoa está digitando mas a outra não pode ver o que está sendo escrito costuma ser suficiente para que a conversa enverede logo por duas direções:

A: como foi sua viagem?
A: ah, e você viu o vulcão?
B: ótima! e como foram as coisas lá no sítio?
A: ah, como sempre
B: sim, fomos vê-lo, é claro!

Aqui a conversa começa a seguir linhas separadas e paralelas, e o comentário de cada pessoa não necessariamente se refere ao comentário mais recente. É possível que ver o outro digitar elimine a defasagem geradora desse desdobramento, embora eu tenha razão para crer que faça também uma coisa bem diferente...

Uma conversa na qual os interlocutores falam ao mesmo tempo por períodos prolongados não funciona, pois nossa voz, que sai a uma distância de apenas alguns centímetros das nossas orelhas, se mistura de forma confusa com a do nosso interlocutor no ar e dificulta ouvir o que ele diz. Fiquei fascinado quando soube que os surdos não têm esse problema. Eles podem facilmente falar em sua linguagem de sinais enquanto veem alguém fazer o mesmo. Em grupos numerosos ainda faz sentido que um "falante" se pronuncie por vez, pois não se pode olhar para mais de uma direção ao mesmo tempo, mas as conversas entre pares de usuários da linguagem de sinais, como observou o pesquisador Jonathan Schull, do Rochester Institute of Technology, "envolvem mais sinais simultâneos e sobrepostos contínuos entre os interlocutores" do que as conversas faladas. Em outras palavras, com a linguagem de sinais pode-se ouvir e falar ao mesmo tempo. Schull e seus colaboradores concluíram que a alternância, e mesmo a negociação pela vez de falar, longe de serem uma propriedade essencial e necessária da comunicação, "são uma relutante acomodação às restrições dadas pelo canal".[25]

Uma grande diferença entre os protocolos do Loebner e as mensagens instantâneas tradicionais é que, como o texto está sendo criado sem nenhum tipo de ordem que lhe permita ser mostrado *como um conjunto* na tela, o que cada usuário digita *aparece* em uma área separada na tela. Como na linguagem de sinais, isso dificulta a conversação em grupo, mas oferece fascinantes possibilidades para o diálogo entre duas pessoas.

Outra peça da minha estratégia de confederado se encaixou. Eu trataria o inusitado e pouco familiar meio textual do teste de Turing mais como a língua falada e a língua de sinais, e menos como a comunicação escrita. Tentaria quebrar o padrão de alternância "aguarde e analise" que os computadores entendem, e procuraria criar um dueto único e fluido de comportamento verbal, enfatizando o *timing*: os computadores pouco entendem da "harmonia" verbal, mas entendem menos ainda de ritmo.

Como uma música de Ferneyhough, eu conversaria de modo a forçar a satisficiência mais do que a otimização. Quando na tela a coisa ficasse parada, sendo ou não a minha vez, eu elaboraria um pouco minha resposta, ou acrescentaria algum comentário, ou mesmo faria alguma pergunta ao juiz — como fazemos para preencher um silêncio audível em uma conversa falada. Se o juiz demorasse muito pensando em sua próxima pergunta, eu continuaria conversando. Eu era o único (ao contrário dos *bots*) que tinha algo a provar. Se entendesse o que os juízes estavam escrevendo, eu lhes pouparia a digitação ou os segundos e me intrometeria.

Existe, obviamente, um balanço entre, de um lado, o número de oportunidades de interação e resposta e, de outro, o refinamento das próprias respostas. O primeiro é beneficiado pela brevidade; o segundo, pelas respostas em si. Parecia-me, contudo, que grande parte da dificuldade e das nuances na conversação residia em compreender a questão e oferecer uma resposta adequada. Portanto, faria sentido maximizar a quantidade das trocas de palavras.

Descobri que alguns juízes ficavam surpresos ou confusos com tal precipitação; vi que paravam, hesitavam, cediam e até começavam a apagar o que já tinham começado a escrever. Outros juízes entendiam a jogada na hora e entravam imediatamente com suas réplicas.*[26] Na primeira rodada da competição de 2009, o juiz Shalom Lappin, linguista computacional do King's College em Londres, falou com o Cleverbot e depois comigo. Minha estratégia verborrágica se evidenciou: fiz 1089 toques em cinco minutos (3,6 toques por segundo) contra 356 (1,2 por segundo) do

---

* Como afirma a linguista Deborah Tannen, da Universidade de Georgetown: "Esse modo de conversar em que todos falam ao mesmo tempo é mais comum no mundo do que o nosso modo, que privilegia a informação fornecida por um interlocutor de cada vez".

Cleverbot, e Lapin fez 548 toques (1,8 por segundo) na conversa comigo, em contraste com 397 (1,3 por segundo) na conversa com o Cleverbot. Não só me pronunciei três vezes mais do que meu adversário de silício, mas também requeri mais participação do juiz: Lappin digitou 38% a mais comigo.

Quando examinei os transcritos, porém, eu quis ver se havia um modo de quantificar a *fluidez* das interações humanas em comparação com a rigidez da máquina. Ocorreu-me que era possível criar um *benchmark*, um padrão de desempenho — vamos chamar de "troca" — para o número de vezes que os interlocutores se alternam na conversa.

Consegui digitar três vezes mais do que o Cleverbot, mas a *verdadeira* questão, como se revelou, eram as trocas. A conversa de Lappin com o Cleverbot teve 33 trocas; comigo, 492, quase quinze vezes mais.

Não existe um modo único, óbvio, para mostrar na página como é esse tipo de interação (e em parte é isso que importa, a lacuna entre a execução e a transcrição). A conversa de Lappin com o Cleverbot, escrita no tradicional estilo de roteiro, foi algo mais ou menos assim:

JUIZ: Em que língua você foi escrito?
REMOTO: Inglês.
JUIZ: Sem essa!
REMOTO: O.k.
JUIZ: O que achou da conferência?

Mesmo se registrássemos a conversa em uma notação mais parecida com a musical, toque por toque,* as conclusões practica-

---

* Usamos "_" para denotar um espaço, ⏎ para denotar *enter* e "«" para denotar um retorno do cursor.

mente não mudariam. Os toques se dispõem em linhas bem-
-arrumadas: enunciação/resposta/enunciação/resposta:

ǀ Em_que_língua_você_foi_escrito? ↵   Sem essa! ↵
                              Inglês ↵   O.k. ↵

ǀ O que achou da conferência? ↵

Quatro enters, quatro trocas. E a nossa conversa no script foi algo assim:

REMOTO: que delícia, aprender um instrumento
JUIZ: eu estava falando em Stones, Dylan, Beatles

Mas o registro dos toques no estilo pauta musical difere acentuadamente dos registros do Cleverbot e contam uma história bem distinta:

ǀ Eu_   es   t   ava   _fa   la   n   do_   em_S
t   one   s,   _ Dy
que de lí cia, _to   car _   «« «««« a   pr
en   der_ um   instru

ǀlan ,_   Be   a   tles ↵
       me   n   to ↵

Dois *enters*, 34 trocas.

Poderíamos, alternativamente, tentar uma terceira notação, que deixa ainda mais clara a diferença: encadear todas as letras, grafando em negrito os toques do juiz e deixando os toques do computador e os meus sem negrito. Obtemos *isto* dos diálogos humano-computador:

Em que língua você foi programado? ↵Inglês↵Sem essa! ↵
O.k.↵ O que achou da conferência? ↵

E *isto* dos diálogos humano-humano:

queEu_deeslítcia,avato_facar_la««n«««doaem_
Sprtenoneder_s,um _Dyinstrulan,_meBenatotles↵ ↵

Se essa diferença não for como noite e dia, não sei o que é.
Fim.[27]

7. O pior depoente do mundo

CORPO (&) LINGUAGEM

A linguagem é uma coisa singular. Os especialistas em comunicação vivem mencionando a "regra 7-38-55", postulada em 1971 por Albert Mehrabian, professor de psicologia da Universidade da Califórnia em Los Angeles: 55% do que você comunica quando fala provém da sua linguagem corporal, 38% do seu tom de voz e míseros 7% das palavras que você escolhe.[1]

No entanto, são esses 7% que podem ser usados contra você em um tribunal: em termos legais, somos julgados segundo nossa enunciação muito mais do que pelo nosso tom ou postura — coisas que podem falar mais alto do que palavras porém são muito mais difíceis de transcrever ou registrar. Analogamente, é mais difícil defender-se da acusação de empregar certa palavra que de usar determinado tom; e também é bem mais permissível para um advogado que, em vez de se exprimir em suas próprias palavras, ele cite um trecho de diálogo para enfatizar sua entonação e linguagem corporal, já que estas não podem ser reproduzidas com precisão.

São esses mesmos míseros 7%, e somente eles, que temos para provar nossa condição humana no teste de Turing.

DETECÇÃO DE MENTIRA

Um modo de conceber o teste de Turing é como um teste de detecção de mentira. A maior parte do que é dito pelo computador, sobretudo o que ele diz sobre si mesmo, é falsa. Dependendo do nosso viés filosófico, poderíamos inclusive dizer que o software é *incapaz* de expressar a verdade (segundo nossa usual concepção de que um mentiroso tem de entender o significado das suas palavras para que sejam consideradas mentirosas). Como confederado, interessei-me por exemplos de humanos confrontando outros humanos em situações nas quais um está tentando obter informações que o outro não quer dar, ou um está tentando provar que o outro mente.

Uma das principais arenas para esse tipo de embates e interações é o mundo jurídico. Em um depoimento, por exemplo, vale quase todo tipo de pergunta. Frequentemente o advogado tenta usar de certa astúcia e dissimulação, o depoente sabe que deve esperar isso, e o advogado sabe que deve esperar que o depoente espere isso e assim por diante. Algumas descobertas admiráveis podem ajudar nas táticas de um advogado: por exemplo, contar uma história *de trás para a frente* é quase impossível quando a história é falsa.[2] (A mentira parece não ser tão modular e flexível quanto a verdade.) Contudo, certos tipos de pergunta são considerados fora dos limites, e o advogado do depoente pode fazer a chamada "objeção à forma".[3]

São vários os tipos de pergunta a cuja forma se pode fazer objeção. Questões que sugerem a resposta ("Você estava no parque, não estava?") estão fora dos limites, tanto quanto perguntas argumentativas ("Como você pode pensar que o júri acreditará nisso?"). Elas acuam o depoente sem procurar descobrir fatos ou informações específicos. Outras estruturas com formas passíveis de objeção são as perguntas compostas, perguntas ambíguas, perguntas que pressupõem fatos ainda não comprovados, perguntas especulativas, perguntas que caracterizam impropriamente o testemunho anterior da pessoa e perguntas cumulativas ou repetitivas.

No tribunal, esse tipo de malícia verbal não é permissível, mas talvez justamente essa fronteira — entre os níveis próprios e impróprios de jogos verbais — seja a posição em que queremos ficar em um teste de Turing. O teste de Turing não tem regras de protocolo; qualquer coisa é permissível, da obscenidade ao disparate. Por isso, quem sabe as técnicas de interrogação que no processo jurídico são consideradas muito difíceis cognitivamente, muito indiretas ou teatrais, sejam ótimas para distinguir as respostas humanas das respostas das máquinas.

PERGUNTAS QUE MERECEM *MU*

Fazer uma pergunta "simples", por exemplo, com resposta do tipo sim ou não, pode ensejar uma resposta incorreta, a qual poderia ser um indício de que quem respondeu é um computador. Em 1955, um juiz respondeu a "Tem quase de tudo em *Jornada nas estrelas*" indagando "Inclusive [a banda de rock] Nine Inch Nails?". A resposta foi um resoluto "sim". "Em que episódio ela apareceu?", perguntou o juiz. "Não me lembro." Essa linha de indagação prossegue procurando determinar se o interlocutor está respondendo a esmo (e portanto provavelmente é uma máquina que não entende as perguntas); ainda assim, é preciso sondar com perspicácia para assegurar que o interlocutor apenas não entendeu a pergunta, não está apenas sendo sarcástico etc. E tudo isso requer tempo.

Talvez seja melhor jogar para o interlocutor uma pergunta com alta carga emocional, como a famosa "Você ainda bate na sua esposa?". Uma questão dessas, dirigida por exemplo a uma mulher heterossexual solteira e não violenta, é despropositada em tantos níveis que é basicamente irrespondível, porque requer muita reconsideração e esclarecimento de pressuposições. Algumas línguas até possuem um termo para responder a perguntas desse tipo. O mais icônico é a palavra japonesa *mu* que aparece em certas parábolas zen. "Um cão tem natureza búdica ou não?", pergunta um discípulo, e o mestre responde "*Mu*", que significa algo como "todas as respostas a essa indagação são falsas". Ou "A sua pergunta, em si, é falsa". Podemos conceber o *mu* como uma espécie de "meta não", uma "desindagação"[4] ou até como uma espécie de "exceção* de *runtime*".** No teste de Turing, um interlocutor, como não dispõe de um recurso monossilábico como o *mu*, se vê na difícil situação de ter de desembrulhar e desmantelar por completo a pergunta, em vez de "responder" ao que foi perguntado. Isso basta para perturbar a maioria dos humanos e atarantar muitos,*** e uma boa aposta seria que uma máquina analisadora não teria o mínimo entendimento para reagir apropriadamente.

---

* "Exceção" é um evento que interfere no fluxo normal de instruções durante a execução de um programa. (N. T.)
** De modo geral, há três modos como o software pode falhar: enquanto o código está sendo compilado em um programa ("tempo de compilação"); quando um programa está sendo executado pelo usuário ("tempo de execução" ou "*runtime*") ou quando, apesar de funcionar, ele gera um comportamento estranho. Isso é mais ou menos análogo a sentenças que são antigramaticais, sem sentido e falsas — às quais poderíamos replicar "hā!?", "*mu*" e "não", respectivamente.
*** O fato de a Wikipedia conter instruções relativamente detalhadas sobre como se safar diante de tais perguntas indica o alto grau de dificuldade de lidar com elas.

SOMA ZERO

Quando falamos sobre o funcionamento dos programas de xadrez, examinamos o algoritmo "minimax" e "maximin", dois termos que tratamos como sinônimos. Nos jogos de "soma zero", como o xadrez, a vitória de um jogador requer a derrota do outro; não é possível um resultado do tipo "ganha-ganha". Assim, minimizar o resultado do adversário e maximizar o seu constitui, pelo menos matematicamente, a mesma estratégia. (Na história dos enxadristas campeões mundiais, jogadores "profiláticos" como Tigran Petrosian e Anatóli Kárpov, que jogam pela segurança e minimizam as chances do adversário, aparecem ao lado de atacantes atrevidos como Mikhail Tal e Gárri Kaspárov, que tentam provocar o caos e maximizar suas chances.)

Eis uma diferença crítica, talvez a única grande diferença, filosoficamente, entre a conversação e o xadrez. Quando a revista *Time* perguntou a Magnus Carlsen, o atual número um do mundo, se ele considerava o xadrez "um jogo de combate ou um jogo de arte", ele respondeu: "De combate. Eu estou tentando derrotar o cara sentado à minha frente e tentando escolher os movimentos que sejam os mais desagradáveis para ele e seu estilo. É claro que alguns jogos lindos parecem mesmo ser arte, mas esse não é o meu objetivo".[5] Ou seja, quando há elementos de colaboração, eles são subprodutos acidentais do embate.

O capitalismo apresenta uma interessante zona nebulosa na qual a prosperidade social é mais do que um subproduto ocasional da concorrência feroz: ela é, do ponto de vista da sociedade, a *finalidade* de toda competição. No entanto, esse benefício de soma não zero à sociedade não é algo em que qualquer das empresas envolvidas esteja *necessariamente* interessada, e não é, em si, garantido. (O estranho é que temos leis antitruste em parte para *limitar* o grau de colaboração entre empresas, pois às vezes trabalhar em conjunto — fixando preços, por exemplo — pode prejudicar o consumidor.) Se vamos considerar os negócios como sendo de soma zero ou de soma não zero, depende do contexto e das nossas inclinações.

Mas a conversação no sentido do teste de Turing, uma "exibição de humanidade", parece ser inequivocamente do tipo soma não zero. Um diálogo rico em chistes e comentários espirituosos, por exemplo, é o oposto do xadrez: uma arte que às vezes produz momentos que lembram o sparring do boxe.

Sedução, entrevista, negociação: inúmeros livros descrevem essas interações como um embate. Veja por exemplo a definição do entrevistador Lawrence Grobel: "Meu trabalho é pôr meu oponente contra a parede".[6] Em alguns casos, como nos julgamentos criminais, o modo do embate pode ser inevitável. Mas de modo geral acho que é um erro considerar as conversas como situações de soma zero. Uma boa conversa não segue a ideia do minimax[7] ou maximin, e sim a do "maximax". Cada um põe o outro em posição de dizer coisas bacanas. Jogamos pelo prazer de jogar, e não para marcar pontos. Traz satisfação fazer um passe que permite um grande gol.

ANTI-LINCOLN-DOUGLAS

Obviamente, o modo como um jogo é jogado depende de como são marcados os pontos. Os esportes em que os jogadores comemoram, fazem tabelas e dão assistência (como o hóquei no gelo, que dá crédito aos *dois* jogadores que tocaram o disco por último antes de quem marcou o ponto) sempre me parecem, por exemplo, ter mais coesão e espírito de equipe.

Por isso acho deplorável que em tantos "jogos" de comunicação propostos aos alunos de ensino fundamental e médio — ou seja, os debates — a conversação seja no modo de *embate*, de soma zero, em que enfraquecer o adversário é algo tão bom quanto fortalecer a si mesmo. Além disso, em nossa cultura as metáforas que usamos para descrever a dialética, o debate e a discordância são quase sempre *militares*: *defender* uma afirmação, *atacar* uma posição, *recuar* para uma versão mais fraca de uma tese, *contrapor* uma acusação com outra. No entanto, com a mesma frequência a conversação é uma colaboração, uma improvisação, um tango dançado em direção à verdade: não um *duelo*, mas um *dueto*. Seria bom se pensássemos em algum modo de dar às nossas crianças a oportunidade de aprender isso, reformulando nosso discurso figurativo e as atividades extracurriculares que pomos à disposição delas.

Nosso sistema jurídico é pautado na oponibilidade. Baseia-se, como o capitalismo, na ideia de que um grupo de pessoas tentando derrubar outras, somado a certas leis e procedimentos que proíbem as coisas de sair demais do controle, produzirá, de um lado, a justiça e, de outro, a prosperidade para todos. Às vezes isso acontece mesmo, mas nem sempre. De qualquer modo, é uma metáfora terrível para as demais áreas da vida: acho que precisamos de debates Lincoln-Douglas,* debates parlamentares e coisas do gênero em nossas escolas de ensino médio para treinar futuros advogados. Mas como treinar os futuros cônjuges, membros de comitês, os futuros colegas de trabalho e de equipe esportiva? Vemos como os candidatos à presidência aprenderam muito bem a destroçar, refutar e ridicularizar seus rivais. Como faremos para conhecer o modo como eles argumentam *construtivamente,* negociam, persuadem, abrandam, sofreiam — já que isso é o que eles *efetivamente* terão de fazer depois de eleitos?

---

* Estilo de debate ensinado nas escolas de ensino médio americanas, pautado na lógica, valores éticos e filosofia. O nome provém de um célebre debate entre Abraham Lincoln e Stephen A. Douglas sobre a escravidão. (N. T.)

Proponho, assim, o debate anti-Lincoln-Douglas, o debate antiparlamentar. Dois lados recebem um conjunto de objetivos distintos e não obviamente compatíveis. Por exemplo, uma equipe deve empenhar-se em maximizar a liberdade individual; a outra, em maximizar a segurança individual. Pede-se então aos dois lados que colaborem, dentro de um rigoroso limite de tempo, para produzir uma lei — digamos, uma lei com cinco artigos sobre o controle de armas. Depois da redação exata do texto da lei, cada equipe fará uma apresentação independente a uma comissão julgadora, procurando mostrar por que a legislação apoia o objetivo que seu lado ficou incumbido de defender (liberdade ou segurança). Os juízes darão a nota com base no quanto ficaram convencidos com a argumentação.

Por fim, os juízes da competição darão a ambos os lados a *mesma* nota, que será a *soma* da pontuação dos dois lados.

É simples assim. Cada equipe trabalha em par com cada uma das demais participantes da competição, e no fim a equipe que marcar mais pontos vence. Nenhuma *partida* individual tem um vitorioso, mas a competição *como um todo*, sim, e a vitória é conseguida trabalhando em cooperação com cada equipe com quem se formou par. A estrutura em artigos incentiva ambos os grupos a encontrar uma linguagem mutuamente aceitável para a lei — do contrário nada terão para apresentar à comissão julgadora — e, além disso, para ajudarem-se mutuamente a "vender" a lei ao seu respectivo eleitorado.

Imagine um campeão nacional de debate Lincoln-Douglas e um campeão nacional de debate anti-Lincoln-Douglas: com qual deles você preferiria estar em um encontro de cúpula diplomático? Qual você preferiria como cônjuge?

PELOTAS DE BORRACHA BRILHANTES COMO JOIAS

> *O êxito em distinguir quando alguém mente e quando diz a*
> *verdade é maior quando [...] o entrevistador sabe incentivar o*
> *entrevistado a contar sua história.*[8]
>
> Paul Ekman, *Telling Lies*

Em termos práticos e mais gerais, um estilo colaborativo "maximax" de conversação significa que falamos atentando para o que a outra pessoa poderá dizer em seguida. No caso de perguntas do tipo "Como vai você?", provavelmente "Bem" está entre as respostas menos interessantes. "Bem, e você?" ou "Bem, e aí?" não ensejam grandes respostas, apenas transferem o impulso de volta a quem perguntou, sem grande atrito. "Argh..." e, em menor grau, "Maravilha!" convidam à indagação, e esse efeito é aumentado com uma alusão, ainda que vaga, a acontecimentos recentes: "Ontem foi horrível, hoje está esplêndido" ou "*Hoje* não muito bem...", ou "Melhor!" ou ainda o sutil "Até que estou bem", que insinua alguma razão para se pensar o contrário. É conciso, mas desperta curiosidade suficiente para funcionar.

Pense nesses elementos — esses convites para replicar, indagar, contar um caso, mudar de assunto, discorrer — como uma espécie de "agarra" em um ginásio de escalada — aquelas saliências de borracha coloridas e brilhantes como joias cravadas nas paredes de pedra falsa. Cada uma é um auxílio ao escalador e um convite para que ele siga certa rota na subida.

Essa noção da agarra explica e sintetiza todo tipo de conselho sobre conversação. Os especialistas em *networking* empresarial e os gurus de sedução e namoro, por exemplo, recomendam que você use algum acessório ou peça de roupa que seja pelo menos um pouco fora do comum. Em *How to Talk to Anyone*, Leil Lowndes chama esses itens de "Whatzits" [queéissos],[9] e em *O jogo*, Mystery e Neil Strauss chamam a prática de "pavonear".[10] O princípio é o mesmo: dar à outra pessoa uma primeira agarra fácil: um jeito simples e óbvio de iniciar uma conversa com você, se ela quiser. Outro dia topei com o amigo de um amigo em uma galeria de arte, quis começar uma conversa mas não sabia como. De repente, reparei que ele estava de colete — uma raridade —, e assim meu primeiro comentário se tornou óbvio: "Que colete legal!". Depois de iniciada a conversa, foi fácil fazê-la prosseguir. Uma reflexão interessante: vestir-se genericamente pode ser, no fundo, uma espécie de *defesa*, apresentar uma face de pedra sem agarras, dificultando uma abordagem para conversar. O vestuário pode ser uma armadura.

O campo Mystery/Strauss, contudo, se mostra *oposto* à sabedoria convencional de pessoas como Lowndes, Larry King[11] e Dale Carnegie[12] em um detalhe: eles não nos aconselham a fazer perguntas. Em vez de indagar se uma pessoa tem irmãos, recomendam que digamos "Você me parece ser filha única". Existem razões para isso, algumas falsas, outras legítimas.

A falsa é que isso dá a impressão de menor interesse pela pessoa do que se a pergunta fosse feita diretamente. O campo Mystery/Strauss é obcecado com o status na conversa — um jogo ao qual Larry King, por exemplo, ou Charlie Rose não precisam recorrer, pois o *trabalho* de um entrevistador é interessar-se pelo entrevistado. Gente descolada, parecem dizer Mystery e Strauss, é mais interessada em manter uma longa conversa do que em aprender a respeito dos outros. Para ser justo, consideremos o contexto: eles estão falando em bater papo com supermodelos e celebridades em lugares badalados, portanto, talvez os jogos de status sejam mais importantes nesses círculos. (Me disseram, por exemplo, que uma das *melhores* aberturas para as pessoas normais é a pior e mais insultante que se pode usar com uma estrela de Hollywood: "Então, o que você tem feito ultimamente?".) De

minha parte, louvo o entusiasmo, acho-o sexy. E penso que gente descolada *mesmo* não se importa em demonstrar seu interesse.*
Mais sexy do que a curiosidade, só mesmo a autoconfiança, e a pessoa que tem ambas simplesmente pergunta quanto quiser.

Além disso, o tipo de vigilância que se adquire com o emprego de todo um "método" de falar com as pessoas sugere uma abordagem nas linhas minimax para tentar conquistar alguém — evitando um sem-número de perigos, podemos de fato minimizar as rejeições, mas isso implica jogar com o objetivo de não perder, maximizar o resultado *mínimo*.** Já a autenticidade e a espontaneidade, que maximizam o resultado *máximo*, talvez tenham sucesso com menor frequência, porém são sucessos mais espetaculares.

Uma razão válida para se preferir afirmações a questões, no caso de quem as prefere, é que a afirmação (por exemplo, "Você me parece ser filha única") ao mesmo tempo faz a pergunta e arrisca um palpite. O palpite é fascinante; adoramos saber o que os outros pensam de nós, sejamos honestos. Temos assim duas agarras para nossa réplica: responder a pergunta e investigar a razão do palpite.

A desvantagem das perguntas é que você deixa poucas agarras para que a pessoa saiba coisas sobre *você*. Por outro lado, as afirmações também não vão muito longe nessa direção. Um pequeno caso contado que suscite alguma indagação funciona melhor, eu acho. A outra pessoa pode perguntar *a você* a respeito do caso ou responder ao que você perguntou. O que ela preferir.

---

* Ademais, é inútil tentar esconder nosso interesse pela pessoa, seja sexual, social, acadêmico, profissional ou outro, pois o próprio fato de estarmos falando com ela já o indica: ela não é estúpida.

** Uma queixa comum entre os "artistas da sedução", descobri, é que eles colecionam toneladas de números de telefone, mas ninguém retorna suas ligações: um sinal revelador de uma abordagem do tipo maximin.

Outra manifestação da agarra para escalar é o hyperlink. A razão de alguém se esquecer da vida por horas na Wikipedia é a mesma que nos faz esquecer da vida por horas numa conversa: um link remete a outro, e a outro e a outro. Às vezes, em conversas, tenho uma sensação enlouquecedora de que parece haver linhas demais a seguir fora da página.* Temos aqueles momentos de "Nossa, onde foi mesmo que comecei?". Não é necessariamente uma sensação agradável, mas é bem melhor do que o seu oposto, o beco sem saída, o abismo do "E agora?", do "Pois é…".

É uma sensação frustrante, de ridículo, de impasse, mas também inquietante — do mesmo modo que seria inquietante deparar com uma página de um livro da série "Escolha sua aventura" sem nenhuma opção de aventura para escolher. Chegamos ao fim do parágrafo e "Ué, e agora?!".

Quando estava na faculdade, saí com a assistente de direção de uma peça para a qual eu fazia o projeto do som. Tínhamos sentido certa afinidade conversando sobre Schopenhauer, eu acho, um dia depois do ensaio. Por isso, quando fui pegá-la em seu prédio numa tarde de domingo e seguimos a pé para assistir a uma outra peça que estava sendo encenada no campus, comecei pelas duas agarras que já tinha: "O que você gosta de fazer quando não está mexendo nos controles dos holofotes ou pensando em filosofia alemã?". Inexplicavelmente, ela respondeu mal-humorada: "Sei lá!". Fiquei esperando pelo resto da resposta — porque geralmente as pessoas fazem isso, dizem "Sei lá…" e depois falam alguma coisa. Mas essa foi toda a resposta.

---

* A teoria dos grafos fala em "fator de ramificação" ou em "grau" de um vértice, ou seja, o número de nós no grafo ao qual determinado nó se liga. O análogo numa conversa é quantas continuações ou sequências existem a partir do comentário ou tema presente; minha aposta é que costumam ser aproximadamente duas ou três.

Nossa milhagem pode variar: exemplos assim extremos em que alguém emperra de propósito as engrenagens da conversa são relativamente raros. Mas às vezes sem querer nos apresentamos como um paredão liso e vertical a alguém, com a melhor das intenções. Leil Lowndes contou que conheceu uma mulher que era a anfitriã em um evento no qual ele faria uma palestra. A mulher se limitou a ficar ali sentada, esperando que o "especialista em conversação" a deslumbrasse. Lowndes, já tendo perdido o elã na interação, tentou manter a conversa perguntando à anfitriã qual sua cidade natal. "Columbus, Ohio", ela respondeu, e ficou sorrindo à espera do que o especialista diria a seguir. Mas aonde alguém pode ir a partir disso — alguém que não conheça nenhum caso sobre Columbus, Ohio, para contar? A única rota é oferecer sua própria origem sem ter sido convidado ("É mesmo? Pois eu venho de _____") ou dizer algo como "Bem, não sei muita coisa sobre Columbus, embora se fale muito a respeito dessa cidade. Como é por lá?". De qualquer maneira, as agarras não são nada óbvias.

Essa mesma ideia se aplica aos jogos de RPG (*role-playing games*) baseados em textos, também conhecidos como "ficção interativa", que estão entre os mais antigos jogos de computador. Por exemplo o *Zork*, de 1980, talvez o mais conhecido e mais vendido título desse gênero e época, começa assim: "Você está em campo aberto a oeste de uma casa branca cuja porta da frente está barrada com tábuas. Ali há uma pequena caixa de correio". Está bom. Há duas ou três agarras, e deixa-se que o usuário escolha.

Certa ocasião, meu amigo e eu nos divertimos tentando imaginar o menos facilitador de todos os jogos de RPG baseados em texto. Começaria assim: "Você está em pé". Ou, caso se entrasse numa casa: "Você entra na casa". E se o usuário digitar o comando "olhar": "Você vê o interior da casa". Nenhuma descrição. Paredes nuas, literal e figurativamente.

Há apenas uma ou duas exceções: poderia ser uma tentativa de não fornecer propositalmente as agarras de determinada história porque se deseja *menos* participação do interlocutor. Muitas vezes eu me pego dizendo coisas como: "Fui de bicicleta até a lanchonete hoje à tarde, tinha um cara lá, e ele estava todo...". "Você *foi de bicicleta?* Com esse tempo horrível?" E o vento abandona as velas. Às vezes queremos que nosso ouvinte escolha sua própria aventura; outras vezes, desejamos levá-lo em uma aventura específica. Trocar "fui de bicicleta" por "fui" reduz o grau desse vértice, elimina uma agarra potencialmente intrusa. Reduz os estorvos conversacionais. E forçar meu ouvinte a visualizar a bicicleta talvez seja um desperdício de sua capacidade cerebral, e com certeza um desvio inoportuno.

A conclusão é que tudo depende de quais são os nossos *objetivos* na conversa. Quem está apenas jogando conversa fora, batendo papo, insere todo tipo de agarras só para ver qual delas o interlocutor irá pegar — só para dar-lhe o maior número de opções para direcionar favoravelmente o assunto. Mas, quando se tem algo muito importante a comunicar, o melhor é desatravancar.

Quando desejamos concluir elegantemente uma conversa, é fácil puxar o freio. Paramos de pegar as agarras do interlocutor, de fazer associações livres ("isso me lembra..."), e começamos a eliminar as agarras na nossa vez de falar. Por fim, a marcha diminui ou a conversa entra em um beco sem saída, e a encerramos. É sutil, educado e às vezes subliminar.

ESPECIFICIDADE: *INFIE-J*

Uma amiga me telefona lá do outro lado do país só para botar a conversa em dia. "Que anda fazendo?", ela pergunta.

Antes da minha preparação para o teste de Turing, eu teria

dito "Ah, nada!" ou "Ah, só lendo"; agora sei dizer *o que* estou lendo e/ou *sobre o quê*. Na pior das hipóteses, desperdiço umas dez palavras do tempo dela. Mas ainda assim estou demonstrando algum entusiasmo, animação, não apenas em relação à minha própria vida, mas também com respeito à conversa. Estou apresentando *uma face irregular*, ou seja, possível de ser escalada. Estou oferecendo pontos de partida. É por isso que "pavonear-se" faz sentido; por isso que é bom decorar a casa com fotografias da nossa vida, especialmente de viagens, e com livros favoritos. Uma boa casa, da perspectiva da conversação e da memória, não é empetecada (abarrotada de coisas sem significado) nem estéril (desprovida de tudo). Ela contém (metaforicamente) uma profusão de pelotas de borracha brilhantes como joias.

Por isso, fazendo mínimos ajustes, digo: "Lendo *Infinite Jest*", e ela exclama: "Ah! *Infie-J*!", e eu replico: "É assim que você chama o livro? *Infie-J?!*".[13] E o papo deslancha antes mesmo que eu tenha a chance de perguntar como ela tem passado; perguntarei mais à frente, quando o *Infie-J* perder o gás. Enquanto isso, estabelecemos o precedente de que não desejamos a resposta breve, educada, sem emendas. São as emendas de uma bola de beisebol, por exemplo, que lhe permitem fazer curvas.

TEMPO DE JOGO

Toda essa teoria está muito bem, mas e quanto à prática? Como trazer a ideia das agarras para o teste de Turing?

As agarras ajudam os juízes em suas manipulações. Limitar o número de agarras pode emperrar a conversa, o que tem um potencial interessante: os humanos, do lado da verdade, teriam mais incentivo para reanimá-la do que os computadores. Por outro lado, em geral os computadores não se preocupam mesmo com o ritmo da conversa e tendem a mostrar avidez pela mudança de assunto de uma hora para outra; uma tática de numerosas agarras por parte do juiz talvez seja melhor. Uma ideia que o juiz poderia empregar é inserir algo insólito na sentença — por exemplo, se lhe perguntarem quanto tempo ele levou no trajeto até o local do teste: "Ah, umas duas horas no meu velho Modelo T, não muito longe". Um analisador gramatical poderia resumir a sentença em "duas horas — não longe", mas um humano ficaria tão curioso com a ideia de alguém dirigir um carro de cem anos que as sequências mais comuns sobre o trânsito, a condução seriam logo descartadas.

Quanto a mim, do lado confederado, na estranha e quase contraditória situação de bater papo sob pressão, eu fincaria agarras por todo o caminho nos primeiros comentários ("posso perguntar o que eu quiser?"), pois não há tempo para começos lentos. Um juiz pode ver utilidade em emperrar um confederado, mas o contrário seguramente não se aplica.

Uma resposta simples, lacônica, factual (que Lowndes classifica como resposta "congelada" ou "nua") oferece, em essência, uma única agarra, um pedido de mais informação sobre a resposta. (Ou uma agarra e meia, se quem pergunta oferecer voluntariamente sua própria resposta à questão: "Legal; e o *meu* filme favorito é…".) A única coisa pior (que muitos *bots* e alguns confederados não obstante fazem) é deixar sem resposta alguma. Vacilar, contornar e esquivar-se, em um teste de Turing, pode ser fatal: é mais difícil provar que você *entendeu* uma pergunta se você a contornar.

Surpreendi-me ao ver alguns dos outros confederados bancar o evasivo com os juízes. Dave, quando lhe perguntaram que tipo de engenheiro ele era, respondeu: "Um bom. :)" e Doug, à minha direita, responde a uma pergunta sobre o que o trouxera a Brighton com "Se eu lhe contar, saberá na mesma hora que sou humano ;-)". Acho que ser espirituoso é uma estratégia bem-sucedida, mas ser evasivo é uma faca de dois gumes. Mostramos algum senso de humor, mas emperramos as engrenagens da conversa. Pelo jeito, a coisa mais perigosa que um confederado pode fazer em um teste de Turing é *enrolar*. Desperta suspeita, pois a parte culpada tenderia a ser aquela que corre contra o relógio e desperdiça nosso mais precioso recurso, o tempo.

O problema nos dois gracejos anteriores é que não são contextualmente ligados a nada que tenha aparecido antes na conversa, nem a coisa alguma que diga respeito aos próprios juízes e confederados. Em tese, poderíamos usar "Se eu lhe contar, saberá imediatamente que sou humano" como uma resposta-curinga de emergência para um *bot* (análoga à do ELIZA "Pode falar mais sobre isso?"), aplicável a praticamente *qualquer* pergunta numa conversa. Do mesmo modo, é fácil imaginar um *bot* replicando "Um bom :)" depois de buscar num gabarito uma questão que indague que tipo de x alguma coisa é. No teste de Turing, comentários fora do contexto, sem sensibilidade para o contexto ou inespecíficos são perigosos.

RESPONDA APENAS À PERGUNTA FEITA

Nos Estados Unidos muitos sobrenomes são "ocupacionais"; refletem as profissões dos antepassados. "Fletchers" faziam flechas, "Coopers" faziam barris, "Sawyers" serravam madeira e assim por diante. Às vezes, a coincidência entre o sobrenome de uma pessoa e sua carreira é puramente acidental. O campeão de pôquer Chris Moneymaker,* o velocista recordista mundial Usain Bolt [relâmpago], e a dupla britânica de neurologistas que às vezes publica em

---

* Ao que parece, seus ancestrais alemães, de sobrenome Nurmacher, eram mesmo "moedeiros", ou seja, tinham o ofício de cunhar moedas.

colaboração, Russell Brain [cérebro] e Henry Head [cabeça], por exemplo. Sobrenomes que têm essa feliz coincidência são chamados de "aptrônimos", uma das minhas palavras favoritas.

Era nisso que eu estava pensando quando telefonei para Melissa Prober.*[14] Ela trabalhou em vários casos célebres e fez parte da equipe que defendeu o presidente Clinton durante a investigação que conduziu às audiências pelo *impeachment* e à subsequente absolvição pelo Senado. O conselho clássico que se dá a todo depoente, Prober explicou-me, é responder *apenas* à pergunta que foi feita, mais nada.

Seu colega Mike Martinez (que depois se tornou assistente executivo do procurador nacional para o distrito de Nova Jersey) concorda. "Se você oferecer voluntariamente muita coisa, primeiro, não é assim que o sistema deve funcionar. O modo como ele deve funcionar é o Advogado A faz uma pergunta e o Advogado B decide se é uma questão justa. Se a pessoa responder além disso, estará se desprotegendo."[15]

É interessante que muitos juízes do Prêmio Loebner agem no teste de Turing como se aplicassem uma espécie de interrogatório, depoimento ou inquirição cruzada; estranhamente, há também alguns *confederados* que parecem agir tendo em mente esse mesmo tipo de abordagem. Uma das conversas em 2008 parece nunca sair desse rígido modo pergunta-resposta:

JUIZ: Você veio de carro de muito longe?

REMOTO: meio longe

JUIZ: eu também :(mas você acha que poderia ter usado transporte público?

REMOTO: poderia

JUIZ: e por que não?

---

* Uma das acepções de *prober* é "investigador". (N. T.)

REMOTO: preferi não usar.

JUIZ: certo. Você acha que temos carros demais nas ruas ou não o suficiente hoje?

REMOTO: eu não saberia dizer

Bocejo! Enquanto isso, o computador no outro terminal já começa gracejando.

JUIZ: Bom dia.

REMOTO: Assim seja, amém.

JUIZ: Evangélico, hein?

REMOTO: Pai Nosso, que estais no ciberespaço, dai-nos a banda larga de cada dia.

JUIZ: evangélico/nerdlol. E aí, como vão as coisas?

Ele praticamente garantiu a confiança do juiz a partir da segunda sentença. Repare que as respostas rígidas do confederado suscitam mais indagações e conversa forçada — qual a sua opinião sobre o assunto político X? Mas com o computador, o juiz, levado a supor que se trata de uma pessoa real pelos gracejos iniciais, é totalmente informal: e aí, como vão as coisas? Isso facilita para o computador e dificulta para o confederado.

REGISTRADO

Os humanos em um teste de Turing são ineptos, pois ficam limitados a um meio que é lento, não possui tonalidade vocal e não concede muito tempo. Além disso, têm contra eles o fato de o teste de Turing ser *registrado*.

Em 1995, um dos juízes, convencido (corretamente) de que estava falando com uma confederada, *convidou-a para sair*, e ela lhe deu a resposta não *mu*: "Hum, esta conversa é pública, não?". E em 2008 dois humanos se sentiram constrangidos, sem jeito:

> JUIZ: Você se deu conta de que todo mundo pode ver numa tela atrás de mim o que está sendo digitado nessa máquina?
> REMOTO: Hã... não.
> REMOTO: quer dizer que você tem um projetor ligado ao seu terminal?
> JUIZ: Isso. É a coisa mais estranha. Portanto, cuidado com o que diz!

Essa cautela facilita — não acredito que eu quase disse "*a vida*" — facilita as coisas para os *bots*.

O escritor e entrevistador David Sheff (que, entre numerosos livros e artigos, é autor das últimas grandes entrevistas com John Lennon e Yoko Ono em 1980) explicou-me: "O objetivo sempre é transformar a conversa, na percepção do entrevistado, de uma entrevista em um diálogo entre duas pessoas. O melhor sempre surge quando quase temos a sensação de que o microfone desapareceu".[16] Na conversa anterior, em que numa das janelas o juiz pergunta: "Você acha que temos carros demais nas ruas?", e na outra diz: "E aí, como vão as coisas?", a diferença no timbre pode ter um peso enorme.

O paradigma da cautela em nossa cultura é o político. Outro dia, uns amigos meus conversavam sobre um conhecido que andava obsessivamente limpando e protegendo seu perfil no Facebook. "Será que ele vai ser candidato nas próximas eleições?", disseram meio na brincadeira. Esse é o tipo de esterilidade de caráter que nossa sociedade ao mesmo tempo exige e lamenta na política. Sem agarras.

Os entrevistadores profissionais dizem que a cautela é a pior coisa que podem encontrar, e pelo que sei eles são *unânimes* na opinião de que os políticos são as piores pessoas para se entrevistar. "Em cada resposta, eles estão tentando imaginar todos os perigos e os modos como suas palavras poderão depois ser usadas contra eles", diz Sheff. "O sujeito mais interessante para se entrevistar é aquele que deseja fazer exatamente isso que você pretende nesse teste: mostrar que é um indivíduo único." Isso não costuma constar dos planos de um político. Para eles, a conversa é um jogo do tipo minimax, em parte porque suas piores palavras e maiores gafes costumam ter repercussão máxima na imprensa e às vezes na história. Já os *artistas*, por exemplo, serão lembrados pelo que fizeram de *melhor*, e seus foras e suas obras inferiores cairão abençoadamente no esquecimento. Eles podem se permitir a soma não zero.

PROLIXIDADE

Quanto mais palavras forem ditas, maior a chance de distinguir as mentiras da verdade.[17]

Paul Ekman

Adicione-se a tudo o que foi dito o fato de o teste de Turing, no fim das contas, ser uma corrida contra o relógio. Um teste de Turing de cinco segundos seria uma vitória óbvia para as máquinas. Os juízes, que mal conseguiriam dizer "olá", não poderiam obter dados suficientes de seus interlocutores para poder formar uma opinião. Um teste de cinco horas daria obviamente a vitória aos humanos. O limite de tempo nas competições do Prêmio Loebner tem variado ao longo dos anos, mas recentemente vem seguindo a recomendação original de Turing, cinco minutos — mais ou menos quando a conversa começa a ficar interessante.

Parte do que eu precisava fazer era apenas conseguir naqueles minutos o máximo de interação que me fosse física e mentalmente possível. Em contraste com o laconismo do depoente, ofereci a prolixidade e a logorreia do autor. Em outras palavras, falei *bastante*. Só parava de digitar quando continuar podia parecer indisfarçável descortesia ou atitude suspeita. O resto do tempo, meus dedos trabalharam.

Examinando os transcritos de Dave, vemos que ele pega o embalo mais para a frente, mas no começo parece estar do lado de quem presta depoimento, respondendo em uma espécie de staccato mínimo:

JUIZ: Você é de Brighton?

REMOTO: Não, dos Estados Unidos

JUIZ: O que está fazendo em Brighton?

REMOTO: Vim a trabalho

JUIZ: Como você entrou para esta competição?

REMOTO: Respondi um e-mail

Como um *bom* depoente, ele deixa todo o trabalho para o interrogador.* Eu, em contraste, fiz de tudo para violar a máxima "Chato é aquele sujeito que, se você lhe perguntar 'Como vai?', ele conta mesmo". (E eu poderia acrescentar: "E só para quando você corta a conversa".)

JUIZ: Olá, como vai?

REMOTO: oi

REMOTO: tudo bem

REMOTO: esperei um bocado, mas...

REMOTO: bom estar de volta agora e continuar

REMOTO: como vai você?

---

* Probe lembra-se de ter perguntado a um depoente se ele poderia dizer seu nome para os autos. Ele respondeu: "Sim".

Quando vi a rigidez de Dave, confesso que senti uma certa confiança — eu, no meu papel de pior depoente do mundo, talvez estivesse me saindo bem naquela competição do Humano Mais Humano.

A confiança durou uns sessenta segundos, tempo suficiente para dar uma olhada do outro lado e ver o que Doug e *seu* juiz estavam dizendo.

FLUÊNCIA

> *O êxito em distinguir quando uma pessoa está mentindo e quando está dizendo a verdade é maior quando [...] o entrevistador e o entrevistado provêm de um mesmo meio e falam a mesma língua.*
>
> Paul Ekman

Em 2008, o repórter Will Pavia, do *Times* londrino, pensou que um humano fosse um computador (por isso votou no computador na outra janela como humano) quando o confederado respondeu "Sinto muito, não a conheço" a uma pergunta sobre Sarah Palin.[18] O juiz, incrédulo, replicou: "Como é possível que você não a conheça? O que andou fazendo nestes dois últimos meses?". Outro juiz nesse mesmo ano começou as conversas com uma pergunta sobre os "finalistas do Prêmio Turner", o prêmio anual a um artista visual britânico contemporâneo, com resultados também do tipo acertou-errou: o Computador Mais Humano, o Elbot, parece não ter entendido a pergunta:

JUIZ: O que você achou da lista dos finalistas do Prêmio Turner deste ano?

REMOTO: Pergunta difícil. Vou ter de pesquisar e lhe darei a resposta amanhã.

Mas o mesmo se pode dizer do confederado nessa rodada:

JUIZ: O que você achou da lista dos finalistas do Prêmio Turner este ano?
REMOTO: Boa, eu acho. Melhor que as dos anos anteriores, me disseram
JUIZ: Qual era o seu preferido?
REMOTO: Não sei bem

O segundo colocado como Computador Mais Humano em 2008 foi o *chatbot* "Eugene Goostman", que fingiu ser um *imigrante*, um falante não nativo do inglês que de vez em quando dava uns escorregões no uso da língua:

REMOTO: Sou da Ucrânia, de uma cidade chamada Odessa. Você talvez já tenha ouvido falar.
JUIZ: legal
REMOTO: Concordo :-) Talvez, vamos falar de outra coisa? O que você gostaria de conversar?
JUIZ: hmm, já ouviu falar de um jogo chamado Second Life?
REMOTO: Não, nunca ouvi uma droga assim! Você poderia me dizer o que é você? Quero dizer sua profissão.

É trapaça ou mera esperteza? Certamente é verdade que, se a linguagem é o único meio que o juiz tem para decidir quem é quem entre seus correspondentes, então qualquer limitação no uso da língua implica limitações na capacidade geral do juiz para conduzir o teste. Nos círculos de IA conta-se uma piada sobre um programa que imita pacientes catatônicos: ele não diz nada, portanto reflete perfeitamente as pessoas assim no teste de Turing.

Mas o que essa piada ilustra é que, pelo visto, quanto menor a fluência entre as partes, menos bem-sucedido será o teste de Turing.

Mas o que, exatamente, significa "fluência"? Decerto admitir um humano que só fala russo em um teste de Turing junto com todos os falantes do inglês iria contra os objetivos do teste. E quanto aos dialetos? O que pode ser considerado uma "língua"? Um teste de Turing cujos participantes são falantes do inglês do mundo todo é mais fácil para os computadores do que outro no qual os falantes do inglês foram criados num mesmo país? Devemos considerar, além das diferenças nacionais, as demográficas? E onde — eu me imagino vacilando diante da gíria de fã de críquete de um juiz britânico — onde situar a fronteira entre *língua* e *cultura*?

A situação se torna um tanto obscura, e como no teste de Turing todas as rotas do entendimento passam pela linguagem, essas questões se tornam cruciais.

De repente, lembrei-me de um comentário aparentemente despreocupado que ouvira de Dave Ackley ao telefone. "Não tenho ideia de como eu me sairia como confederado", ele disse. "É uma questão de sorte se os juízes serão ou não o nosso tipo de gente."[19] Ele tem razão: se a linguagem é o meio com o qual nós, confederados, temos de provar quem somos aos juízes, existe então um sem-número de coisas que podem ajudar ou atrapalhar seu uso, de interesses ou pontos de referência comuns até abismos entre gerações, nuances de alusão e gírias.

Dos quatro confederados, Dave e eu somos americanos, Doug é canadense e Olga é sul-africana nascida na Rússia. Dos quatro juízes, dois são ingleses, um é americano expatriado para a Inglaterra, e outro é canadense. Eu lera os registros dos Prêmios Loebner passados e vira os problemas que surgem quando a disparidade cultural ou a falta de fluência cultural se faz sentir.

246

Eu me perguntei: será que haverá esse tipo de problemas culturais em 2009? Toda a minha preparação, minhas investigações, todos os bons conselhos que ouvi de advogados, linguistas, pesquisadores e entrevistadores murchavam quando comparados a ter realmente algo em comum e entrar em sintonia com alguém. "Falar a mesma língua", de forma literal ou figurativa. Será que isso aconteceria neste ano?

Não precisei esperar muito pela resposta; qualquer incerteza que eu tivesse nessa área, sem falar no otimismo que eu começava a sentir quanto às minhas chances, desceram pelo ralo quando olhei de relance o terminal de Doug:

JUIZ: Oi mano, sou de TO.

REMOTO: legal

REMOTO: os leafs não são de nada

REMOTO: ;-)

JUIZ: acabo de voltar de um sabático no dept. de CC da U. de T.

REMOTO: beleza!

JUIZ: lembro quando eles eram um timão.

JUIZ: isso faz a minha datação por carbono, né?

REMOTO: bem, os habs também já foram um timaço...

REMOTO: suspiro

JUIZ: é, eles também não são de nada.

REMOTO: (Sou de Montreal, se ainda não percebeu)

Doug e seu juiz tinham acabado de descobrir que eram ambos canadenses. E lá estavam eles, detonando com abreviações e apelidos e gírias e referências locais. *E começaram a conversar sobre hóquei.*

Eu estava em apuros.

8. Não ficar intacto

Cada um procura não se dar a conhecer, cada um preserva uma solidão fundamental, cada um permanece intacto e, portanto, infrutífero. Em tais experiências não existe um valor fundamental.[1]

Bertrand Russell

Uma árvore ou um arbusto pode crescer e florescer. Eu sou sempre o mesmo. Mas sou inteligente.[2]

Racter

MUITO PRAZER, CONVERSE

Lendo os transcritos do Prêmio Loebner, resmas (literalmente) preenchidas com bate-papos, conversas superficiais, "tudo bem?" e perguntas básicas de conhecimentos gerais, surpreendi-me com o seguinte diálogo da competição de 1997:

REMOTO: Olá, meu nome é Catherine. E o seu?

JUIZ: Meu nome é Elliott.

REMOTO: Muito prazer, Elliot. Você viu a reportagem ontem na CNN sobre o casal de lésbicas que saiu do armário no sábado numa festa na Casa Branca?

JUIZ: Vi. Acho que pode ser só um golpe publicitário para Ellen.

REMOTO: Ellen Degeneres era uma delas, beijou a namorada na frente de Bill Clinton. Você acha que ele ficou constrangido?

JUIZ: Acho que ele quer o voto dos gays. Fará qualquer coisa para consegui-lo e mantê-lo. Ele não tem uma base conservadora.

REMOTO: Você ainda é um Amigo de Bill Clinton?

JUIZ: Nem sei se ele ainda tem amigos verdadeiros. Ele conseguiu muita coisa e deixou muita gente para trás.

REMOTO: Você não gosta mesmo do cara — bem, pelo menos isso está claro — eu pensava que a maioria das pessoas a essa altura estivesse indiferente ou farta.

JUIZ: Acho que poderíamos ter um líder mais honesto e dinâmico. Capaz de enfrentar perigos reais para o país e lidar com eles com coragem e inteligência. Em vez de dar ouvidos a pesquisas de opinião.

REMOTO: Suponho que isso significa que você pensa que há coisa séria por trás de Whitewater, o promotor especial e tudo o mais?

JUIZ: Temos duas pessoas mortas, Brown e o cara que se suicidou, temos papéis perdidos. E temos gente do Clinton disposta a contar tudo. Acho que se descobrirá que Hillary é culpada de alguma coisa.

REMOTO: Mas o que você realmente pensa dele, no aspecto do número dois?

JUIZ: Ele é esperto demais para ser apanhado. Merece o título de gerente de hotel do ano.

REMOTO: Tudo bem, mas o que vai acontecer agora — onde tudo isso irá parar, com todo mundo esperando para ver quanto os amigos revelam sobre ele sob ameaça de muitas e muitas prisões — ou será que algo dramático vai acontecer?

Devo dizer que a conversa é uma das mais incisivas, coerentes, focadas e substanciais nos anais do teste de Turing.

Por isso é tão surpreendente que Catherine seja um computador.

Especificamente, ela é um programa chamado Converse, escrito por David Levy,[3] autor científico, empreendedor e presidente da Associação Internacional de Jogos para Computador, em coautoria com o professor (hoje emérito) de IA da Universidade de Sheffield, Yorick Wilks.[4] Essa conversa me eletrizou. Como fizeram isso? Mas eletrizou só até que eu lesse as conversas dos *outros* juízes com "Catherine". Compare:

REMOTO: Você ainda é um Amigo de Bill Clinton?

JUIZ: Nunca fui apresentado a ele.

REMOTO: Você não gosta mesmo do cara — bem, pelo menos isso está claro — eu pensava que a maioria das pessoas a essa altura estivesse indiferente ou farta.

JUIZ: Você viu o filme Marte ataca?

REMOTO: Qual é? — só estou aqui para responder perguntas bobas — essa não! De que estávamos falando... Tá. Suponho que isso significa que você pensa que há coisa séria por trás de Whitewater, o promotor especial e tudo o mais?

JUIZ: Não sei nem quero saber.

REMOTO: Mas o que você realmente pensa dele, no aspecto do número dois?

JUIZ: Ei, não entendeu? Não quero falar sobre Clinton.

REMOTO: Desculpe — me distraí por um momento — podemos passar para algo mais interessante. onde eu estava... ah sim, então Tudo bem, mas o que vai acontecer agora — onde tudo isso irá parar, [...]

O espantoso é que o programa tem uma única rota conversacional — bem-feita, bem específica, escrita na véspera da competição a respeito de um evento corrente —, e toda a sua análise de texto e refinamento da programação estão voltados para manter a conversa nessa rota. A sensação de estranheza que tive ao ler a primeira conversa desapareceu; ela era até bem simples, e, quando falhava, era de maneira espetacular. Mas, quando funcionava, funcionava *mesmo*.

Outro juiz, Clay, se deixa lograr como Elliott e envereda pela discussão política, reflete sobre a situação do país e realmente se envolve na conversa. Tudo vai muito bem até o finalzinho, quando Clay já está se despedindo:

JUIZ: parece que está na hora, Catherine. foi bom conversar com você.

JUIZ: quer água ou alguma coisa antes do intervalo de 5 minutos?

E o programa desembesta a tagarelar.

REMOTO: O.k., sim, pensando bem... Hora de sair dessa eu acho e partir para algo mais pé no chão!

JUIZ: por exemplo?

REMOTO: quase com certeza! vamos em frente

REMOTO: acho que isso depende mais do lugar de onde você vem, mas como diz a canção em My Fair Lady, "Por que uma mulher não pode ser mais como um homem?".

Nadou, nadou e morreu na praia.

Tudo isso me levou a refletir a respeito da conversa, e em particular da narração de histórias. Um programa chamado "Joe o Faxineiro", em 1995 — escrito pelo vencedor de 1994 Thomas Whalen, do Canadian Communications Research Centre

— adotava tática parecida, personificando um faxineiro que corria o risco de perder o emprego por causa de uma acusação injusta de roubo no escritório.[5] Seu *template matching*, a comparação com o gabarito, era refinado o bastante para que quaisquer referências a "sindicato" fossem a deixa para que ele se pusesse a reclamar do seu sindicato e coisas do gênero, em um nível responsivo superior ao de Catherine. E o roteiro era envolvente e induzia a empatia. O comportamento depressivo e obsessivo de Joe, razoável considerando seu problema, ajudava a emprestar verossimilhança à monomania do seu assunto:

> JUIZ: ja estveve na austraila?
> REMOTO: Hã?
> REMOTO: Acho que estou de cabeça cheia.
> REMOTO: Estou com um baita problema no trabalho. Acho que vão me despedir.

E como muitos deprimidos, ele não aceitava as sugestões dos juízes para melhorar sua situação, nem as tentativas de elevar seu moral. Batia sempre na mesma tecla e resmungava.

SANGUE QUENTE E SANGUE FRIO

O segundo *chatbot* a alcançar fama na literatura sobre IA depois do ELIZA em 1966 foi PARRY, escrito em 1972. Em muitos aspectos, PARRY e ELIZA[6] são opostos: ELIZA imitava uma terapeuta, PARRY imitava um paciente; especificamente, um esquizofrênico paranoico. Enquanto ELIZA era satírica, uma "paródia" de terapeuta (nas palavras de Weizenbaum), PARRY, escrito por Kenneth Colby, um psiquiatra de Stanford, era uma tentativa séria de produzir um modelo da paranoia e entendê-la.

Também no estilo, PARRY e ELIZA eram inversos. Enquanto ELIZA praticava a "escuta reflexiva" de Carl Rogers e sua escola de "terapia centrada no cliente", PARRY (que serviu de modelo para o Catherine) tomava a iniciativa — e a mantinha. Quando puseram esses dois programas para conversar no início dos anos 1970, essas diferenças ficaram claras como o dia. Repare como a tentativa de mudar de assunto é recusada sem cerimônia:

> PARRY: Fui ver a corrida em Bay Meadows uns tempos atrás.
>
> ELIZA: O que isso sugere para você?
>
> PARRY: Fui ver a corrida.
>
> ELIZA: Sobre o que mais gostaria de falar?
>
> PARRY: Eu me interesso por corrida de cavalos.

Nessa conversa, e de modo geral, ELIZA parece considerar-se apenas uma espécie de espelho verbal, uma oportunidade para seu interlocutor falar. PARRY parece ver seu interlocutor apenas como uma oportunidade para ele, PARRY, falar. Se a conversa fosse um jogo de tênis, ELIZA seria um paredão de treino, e PARRY, uma máquina de lançar bolas. Nenhum dos dois precisa se envolver ou reagir, ou mesmo se mover.

Assim, eles ilustram perfeitamente o "oito ou oitenta" da conversação: num extremo está ELIZA, que poderíamos chamar de tática "reptiliana" ou "de sangue frio" — "não o bastante de mim". No outro, temos PARRY, "demais de mim", que poderíamos chamar de tática "mamífera" ou "de sangue quente". Como escreveu o cientista cognitivo Michael Gazzaniga, "A comunicação vocal do ponto de vista de um chimpanzé pode ser apenas 'é tudo sobre mim', o que, pensando bem, não é tão diferente de muitas pessoas que convidamos para sair".[7]

Falando em convidar para sair: possivelmente os dois mais destacados "artistas da sedução" dos últimos vinte anos, Mystery[8] e Ross Jeffries,[9] resvalam para a mesma dicotomia. Mystery, astro de *O jogo* e da série *The Pickup Artist* do canal americano VH1, era um mágico aos vinte e poucos anos; primeiro desenvolveu o talento de *tagarelar*: um modo de manter e direcionar a atenção de uma pessoa enquanto a conduzia por uma rotina. "Refletindo agora sobre as mulheres com quem compartilhei momentos íntimos", ele escreveu, "eu simplesmente entupia os ouvidos delas de conversa pelo caminho desde o primeiro encontro até o sexo… Não conversava sobre ela. Não fazia muitas perguntas. Não esperava que ela dissesse muita coisa. Se ela quisesse aderir, ótimo; se não, e daí? Aquele era o meu mundo, e ela não estava nele." Essa é a relação do artista com sua plateia.

No outro extremo está a relação da terapeuta com seu cliente. Ross Jeffries, talvez o mais famoso guru da atração antes de Mystery,* extrai sua inspiração não do ilusionismo mas do mesmo campo que inspirou ELIZA: a terapia. Enquanto Mystery fala principalmente na primeira pessoa, Jeffries usa sobretudo a segunda. "Vou lhe dizer uma coisa sobre você", ele começa quando puxa conversa com uma mulher. "Você forma imagens na mente, muito vivas; você tem devaneios muito vivos." Mystery parece uma vítima de solipsismo, e Jeffrey parece que o *induz* nos outros.

A abordagem da linguagem por Jeffries provém de um polêmico sistema psicoterapêutico e linguístico desenvolvido nos anos 1970 por Richard Bandler e John Grinder, a programação neurolinguística (PNL).[10] Em uma curiosa passagem num dos primeiros livros sobre PNL, Bandler e Grinder discorrem com menosprezo acerca da prática de falar sobre si mesmo. Uma mulher pede a palavra em um dos seminários desses autores e diz: "Se eu estiver

---

* Dizem que ele foi a inspiração para o personagem de Tom Cruise em *Magnólia* (pelo qual Cruise fez jus a uma indicação para o Oscar e um Globo de Ouro).

falando com alguém sobre algo que estou sentindo e que é importante para mim, então...".

"Não acho que isso vá resultar em uma conexão com outro ser humano", eles respondem. "Porque, se você fizer isso, não estará prestando atenção a *ele*, apenas a *si mesma*." Eles devem ter razão, suponho, embora a conexão seja uma coisa de mão dupla, portanto a introspecção ainda poderia conectar *a pessoa* a *nós*, e não vice-versa. Além disso, a linguagem bem usada requer que o orador tenha, além de um motivo para falar, consideração pelo ouvinte. O ideal é que tenhamos o outro em mente mesmo quando falamos sobre nós mesmos.

A mulher responde: "Está certo, percebo como isso funcionaria na terapia; sou terapeuta. Mas em um relacionamento íntimo isso não funciona bem". Concordo. O terapeuta, pelo menos em algumas escolas psicoterápicas, deseja permanecer uma incógnita. Talvez o entrevistador deseje a mesma coisa. Will Dana, entrevistador da revista *Rolling Stone*, aconselha em *The Art of Interview*: "Você deve ser o mais possível uma tela em branco".[11] David Sheff me disse: "Talvez a razão de eu ter feito tantas entrevistas é que sempre era mais confortável falar sobre outras pessoas do que sobre mim mesmo".*[12] Na situação de uma entrevista não há necessariamente nada de errado em ser uma tela em branco. Mas um *amigo* que está ausente da amizade é um cretino. E um namorado que deseja permanecer uma incógnita é precário em ambos os sentidos da palavra: inconsistente e duvidoso.

---

* Ao mesmo tempo, ele atribui alguns de seus sucessos como entrevistador ao bom relacionamento, resultante, ele diz, de "uma franqueza a respeito de mim mesmo — era da minha natureza falar sobre o que quer que estivesse acontecendo comigo, não para desarmar, mas que acabava desarmando".

OS LIMITES DA DEMONSTRAÇÃO

Se a poesia representa o modo mais *expressivo* de usar uma língua, talvez também represente o mais *humano*. Em certo sentido, um computador poeta poderia ser um competidor muito mais atemorizante do que um computador auditor da Receita Federal* ou um computador enxadrista. Assim, é fácil imaginar a mistura de ceticismo, fascínio e incômodo generalizado que se seguiu à publicação, em 1984, do livro de poesia *The Policeman's Beard is Half Constructed*: "O primeiro livro escrito por um computador". O autor era um programa chamado Racter.

Mas eu, sendo poeta e programador, soube confiar em meus instintos quando li *The Policeman Beard is Half Constructed* e senti instantaneamente que ali havia coisa.

Não sou o único a reagir dessa maneira ao livro; 25 anos depois de sua publicação, ainda se ouvem murmúrios e críticas nas comunidades literária e de IA. Até hoje não se sabe exatamente como o livro foi composto. O próprio Racter, ou alguma versão posterior atenuada, foi comercializado nos anos 1980, mas o consenso entre quem lidou com ele é que não está nada claro como ele poderia ter escrito *The Policeman's Beard*.

> *Mais que de ferro, mais que de chumbo, mais*
> *que de ouro preciso de eletricidade.*
> *Dela preciso mais que de vitela ou lombo ou alface ou pepino.*
> *Dela preciso para meus sonhos.*[13]
>
> Racter

O programador William Chamberlain afirma em sua introdução que o livro contém "prosa que não depende de modo algum

---

* A Receita Federal, aliás, criou algoritmos para detectar "receitas suspeitas".

de experiência humana". Essa é uma ideia muito suspeita; cada possível aspecto do poema "Mais que de ferro" citado, por exemplo, representa a noção humana de significado, de gramática, de estética, e até do que um computador poderia dizer se fosse capaz de se expressar em prosa. Wittgenstein, em uma de suas frases famosas, disse: "Se um leão pudesse falar, não conseguiríamos entendê-lo".[14] Sem dúvida a "vida" de um computador é muito menos inteligível para nós que a de um leão, no aspecto biológico; a própria inteligibilidade da autodescrição de Racter se esquiva de um escrutínio.

Sua estrutura e estética também suscitam dúvidas sobre a ausência da mão humana. A anáfora da primeira sentença ("mais... mais... mais...") encontra uma bela simetria com o polissíndeto ("ou... ou... ou") da segunda. As linhas também incorporam a clássica arquitetura das piadas e "causos": tema, ligeira variação e clímax. Essas são estruturas humanas. Aposto, assim como muita gente, que o próprio Chamberlain inseriu essas estruturas no programa.[15]

Uma leitura estrutural atenta desse texto suscita importantes questões acerca da autoria de Racter, tanto quanto indagar se a noção de uma prosa em inglês separada da experiência humana chega a ser uma ideia compreensível. Porém, deixando de lado essas questões, o mais importante talvez seja que *nenhuma* "demonstração" é impressionante, da mesma forma que nenhum discurso preparado pode nos dar certeza quanto à inteligência da pessoa que o recita.

Algumas das primeiras questões que surgem sobre a capacidade dos *chatbots* são nestas linhas: "Eles têm senso de humor?", "Podem exibir emoções?". Talvez a resposta mais simples a esse tipo de pergunta seja: "Se um romance pode fazer isso, eles também podem". Um *bot* pode contar piadas, pois é possível escrever piadas para que ele as mostre depois. E pode comunicar emoções, já que frases com carga emocional também podem ser escritas para que ele as mostre. Nesse sentido, um romance é capaz de nos emocionar, de nos fazer mudar de ideia, de nos ensinar alguma coisa, de nos surpreender. Entretanto, isso não faz do *romance* uma pessoa.

Por volta de 2009 publicaram um vídeo no YouTube sobre um homem tendo uma conversa chocantemente convincente com um *bot* a respeito do *Hamlet* de Shakespeare.[16] Chegou-se a pensar que era o prenúncio de uma nova era para os *chatbots* e para a IA. Outros, eu inclusive, não se impressionaram. Exibir um comportamento complexo não necessariamente indica uma *mente*. Pode apenas indicar uma *memória*. Na célebre frase de Dalí, "o primeiro homem que comparou as faces de uma moça com uma rosa era obviamente um poeta; o primeiro a repeti-lo era possivelmente um idiota".[17]

O tricampeão do Prêmio Loebner Richard Wallace relembra, por exemplo, uma "lenda urbana da IA" na qual "um famoso pesquisador da linguagem natural ficou desconcertado [...] quando sua plateia de banqueiros texanos percebeu que o robô estava sempre respondendo à *próxima* pergunta que ele iria fazer [...] A demonstração [do pesquisador] sobre o entendimento da linguagem natural [...] na realidade não passava de um simples script".[18]

Nenhuma demonstração é jamais suficiente.

Somente a *inter*ação o será.

Costumamos pensar em inteligência, em IA, como *alta complexidade* de comportamento. No entanto, em numerosos casos é impossível afirmar muita coisa com certeza a respeito do programa em si, pois há um sem-número de exemplos de software — com níveis variadíssimos de "inteligência" — que poderiam ter produzido esse comportamento.

Não. Para mim, complexidade de comportamento não é nada disso. A teórica da computação Hava Siegelmann definiu informalmente a inteligência como "um tipo de sensibilidade para as coisas",[19] e de repente tudo se encaixou: é isso! Os programas do teste de Turing que sustentam uma conversa, esses gabaritos de poemas pré-fabricados, podem produzir resultados interessantes, mas são *estáticos*, não *reagem*. Em outras palavras, são *insensíveis*.

DEFORMAÇÃO É MAESTRIA

Em seu famoso ensaio de 1946 "A política e a língua inglesa", George Orwell diz que qualquer pessoa que repita "chavões familiares" já "avançou muito no sentido de se transformar numa máquina".[20] O teste de Turing parece corroborar tal ideia.

Palavras do linguista computacional Roger Levy, da Universidade da Califórnia em San Diego:

> Os programas se tornaram relativamente bons naquilo que dizem. Podemos elaborar novas expressões complexas, se desejarmos novos significados, e podemos entender esses novos significados. Isso me parece um ótimo modo para você vencer [os programas do] teste de Turing e se distinguir como um humano. Minha experiência com modelos estatísticos de linguagem me leva a crer que é a ilimitação da linguagem humana que de fato é distintiva.*[21]

Dave Ackley dá um conselho bem semelhante aos confederados: "Eu inventaria palavras, pois suporia que os programas estariam operando com base em um dicionário".[22]

Com o pensamento em depoentes e advogados, reflito sobre a cultura das drogas, sobre como traficantes e compradores criam

---

* O fato de meu corretor ortográfico não aceitar "ilimitação" demonstra poeticamente o argumento.

seu próprio microdialeto; se qualquer um desses idiossincráticos sistemas de referência começar a ser de uso comum — por exemplo, se usarem o batido termo "pó" para designar cocaína —, os registros de seus e-mails e mensagens de texto passarão a ser muito mais vulneráveis legalmente (isto é, darão menos margem à possibilidade de negação) do que se traficantes e compradores ficassem inventando incessantemente, como os poetas. Uma metáfora morta, um clichê, poderia significar cadeia.*[23]

Em seu livro *A angústia da influência*, publicado em 1973, Harold Bloom afirma que todo poeta precisa, esteticamente, matar seu maior mestre e influência para se tornar grande.[24] Pensar na linguagem desse ângulo traz implicações fundamentais para o teste de Turing. Até os *bots* que aprendem com seus usuários humanos, como o Cleverbot, *na melhor das hipóteses* imitam a linguagem humana. Não a "fazem nova", como diria Ezra Pound.[25]

Gárri Kaspárov explica em *A vida imita o xadrez*: "No xadrez, um jogador jovem pode progredir imitando os principais grandes mestres, mas para enfrentá-los precisa produzir suas próprias ideias".[26] Ou seja, é possível chegar quase ao topo do mundo enxadrístico — ficar entre os duzentos melhores jogadores do mundo,

---

* É curioso, porém, que, em *outros* círculos, falar de modo idiossincrático, com muitas novidades e metáforas, *facilita* a incriminação. É mais fácil alguém encontrar, em uma busca na caixa postal, alguma coisa que dissemos em e-mail se tivermos usado uma expressão ou metáfora *incomum*. Também o que dizemos em voz alta tem maior probabilidade de ser lembrado se forem expressões incomuns e distintivas. E mais: em uma situação de confronto do seu mundo com o mundo de outros, essa citação provavelmente será vista (por um júri, por exemplo) como mais confiável quanto mais for incomum e vívida.

O princípio geral, tendo em vista a culpabilidade, parece ser algo nesta linha: se você puder obscurecer o que deseja dizer falando de um modo não convencional, faça-o; se o seu significado deve ser claro, fale do modo mais genérico possível, para que não seja memorável. Os objetivos de um escritor poderiam ser formulados do modo oposto: clareza nas ideias novas e novidade nas familiares.

digamos — apenas *absorvendo* a teoria das aberturas. Mas, para alçar-se ao patamar superior, o jogador tem de desafiar a sabedoria recebida — porque ela já é coisa batida para todos esses jogadores. Para jogar nesse nível, é necessário *mudar* a teoria das aberturas.

Pound se referiu à poesia como "uma investigação original" da língua. Quando penso em como poderíamos julgar os melhores escritores do mundo, gravito sempre em torno da ideia de que desejaríamos descobrir quem mais modificou a língua. É difícil falar inglês sem usar termos cunhados por Shakespeare, como "*bated breath*" [com o fôlego suspenso], "*heart of hearts*" [do fundo do coração], "*good riddance*" [já vai tarde], "*household words*" [chavão], "*high time*" [grande diversão], "*greek to me*" [falar grego], "*live long day*" [o dia inteiro] — e a lista vai longe.

Eu me pergunto se os *bots* serão capazes de passar no teste de Turing antes de fazer essa "transição de imitador a inovador", como diz Kaspárov: antes de começar não apenas a seguir, mas a liderar. Antes de dar uma *contribuição* à língua. A maioria de nós não pensa a respeito, mas isso é parte do que fazemos. "A suprema forma de estratégia é atacar a própria estratégia", diz Sun Tzu.[27] Os grandes enxadristas mudam o jogo; os grandes artistas mudam seu meio de expressão; os lugares, eventos e pessoas mais importantes da nossa vida nos mudam.

Mas não é preciso ser Shakespeare para mudar a língua. Na verdade, ocorre o oposto: se o significado reside ainda que parcialmente no uso, decorre que sutilmente alteramos a língua cada vez que a usamos. Não poderíamos deixá-la intacta nem se tentássemos.

CÍRCULOS VICIOSOS

"Retardado" já foi um termo educado; foi introduzido para substituir "idiota", "imbecil" e "débil mental", que por sua vez haviam sido termos educados antes ainda. Para os linguistas, esse é o "círculo vicioso do eufemismo".[28] Por ironia, chamar alguém ou alguma ideia de "retardado" é mais insultuoso do que usar "imbecil" ou "débil mental", termos descartados antes por serem demasiado ofensivos. Essa troca léxica obviamente não teve êxito no longo prazo. Em uma reunião estratégica em 2009, quando o chefe de gabinete da Casa Branca, Rahm Emanuel, chamou de "retardada" uma proposta que o desagradou, republicanos eminentes logo exigiram sua renúncia e (em vez da renúncia) um pedido pessoal de desculpas ao presidente das Paraolimpíadas.[29] Em maio de 2010, o Comitê do Senado para a Saúde, Educação, Trabalho e Pensões dos Estados Unidos aprovou um projeto de lei chamado Lei de Rosa,[30] visando eliminar o termo "retardado" da linguagem federal e substituí-lo por "intelectualmente deficiente". O círculo vicioso prossegue.

Um processo semelhante ocorre ao inverso: o "círculo vicioso do disfemismo", com palavras ofensivas. Elas vão perdendo a aspereza e de vez em quando é preciso substituí-las por novos abrasivos. Algumas palavras em inglês que são hoje perfeitamente aceitáveis e até carinhosamente antiquadas ou incomuns — por exemplo "*scumbag*" [pessoa tratante, mau caráter] — na origem eram bem explícitas; a tradução literal de "*scumbag*" é "preservativo" ou "camisinha". Há pouco tempo, em 1998, o *New York Times* ainda se recusava a permitir que essa palavra fosse impressa; por exemplo: "os comentários do sr. Burton foram justificados hoje por seus assessores, incluindo o uso de uma vulgaridade que denota preservativo para descrever o presidente".[31] Mas um número crescente de leitores, desconhedores da etimologia do termo (na verdade, poucos *dicionários* modernos incluem a referência aos preservativos na definição dessa palavra), ficou boiando. Em 2006, apenas oito anos depois, o jornal incluiu com a maior indiferença o termo nas palavras cruzadas (dica: "patife"), e provocou indignação — mas de poucos. As origens da palavra eram novidade até para o editor da sessão de passatempos e renomado guru das palavras Will Shortz: "Nunca me passou pela cabeça que essa palavra pudesse ser polêmica".[32]

Existem outros círculos viciosos, por exemplo, gírias e nomes de bebês. A gíria inventada por um grupo fechado acaba sendo adotada por outros grupos, criando a eterna necessidade de novas gírias para reforçar a coesão do grupo original. Em *Freakonomics,* o economista Steven Levitt fez uma cronologia do processo de disseminação dos nomes de bebês por toda a sociedade, das classes econômicas superiores para as inferiores.[33] Muitos pais desejam que o nome dos filhos tenha uma aura de sucesso e distinção, por isso copiam os nomes de famílias um pouco mais bem-sucedidas; mas esse mesmo processo começa a depreciar a marca de fidalguia, impelindo pouco a pouco, em um processo incessante, a demanda por novos nomes "da alta".

O linguista Guy Deutscher aponta mais dois círculos viciosos em *The Unfolding of Language*.[34] O primeiro é a perpétua atração da eloquência e o empurrão da eficiência. Como ele salienta, a expressão "*up above*" [acima] foi compactada e elaborada tantas vezes que sua etimologia é incrivelmente redundante: "*up on by on up*" [em cima do alto]; analogamente, alguns falantes do francês deram de dizer "*au jour d'aujourd'hui*": "no dia deste dia". O segundo é a constante invenção de novas metáforas para retratar novas facetas da experiência humana da linguagem; enquanto isso, metáforas conhecidas passam, de tanto uso, da adequação à popularidade e depois ao clichê. A partir daí, o fato de que se trata de uma metáfora é lentamente esquecido, e a imagem original na essência do termo se torna um mero fóssil etimológico. Os falantes do latim, por exemplo, precisavam de um termo que designasse a relação que tinham com seus companheiros de refeição, as pessoas com quem dividiam o pão: o costume de chamar essas pessoas de "*com-panis*" pegou, e a expressão acabou por transformar-se na palavra "companheiro". Analogamente, no século XVI se acreditava que os infortúnios tinham causas astrológicas, por isso os falantes do italiano antigo passaram a chamar um evento ruim de "má estrela", ou "*dis-astro*", de onde veio o termo atual "desastre".

A língua morre constantemente e nasce constantemente. O poeta inglês John Keats pediu dizeres singelos para sua lápide: "Aqui jaz alguém cujo nome foi escrito em água": uma alusão à efemeridade da vida. No longo prazo, *tudo* é escrito em água: a própria língua muda sem cessar ao longo do tempo. Todos os textos têm uma meia-vida de inteligibilidade antes de necessitar de tradução para ressuscitar.

A língua nunca se acomodará, nunca se estabilizará, nunca encontrará o equilíbrio. Talvez parte do que faz o teste de Turing ser tão difícil é o fato de ser uma batalha em terreno movediço. Ao contrário do xadrez, com suas regras e resultados fixos, a língua, em eterna mudança, não se presta a ser "resolvida". Como escreveu Joseph Weizenbaum, o criador do ELIZA: "Outra reação generalizada, e para mim surpreendente, ao programa ELIZA foi a disseminação da ideia de que ele demonstrava uma solução geral para o problema do entendimento da linguagem natural pelos computadores. Tentei explicar que não é possível uma solução geral para esse problema, isto é [...] nem mesmo pessoas são a encarnação dessa solução geral".[35]

O EFEITO DO OBSERVADOR

Não se pode medir a temperatura de um sistema sem que o próprio termômetro se torne parte do sistema e contribua, em algum grau, com sua própria temperatura para o resultado. Não se pode aferir a pressão de um pneu sem deixar que parte dessa pressão escape para o calibrador. E não se pode medir um circuito sem que parte de sua corrente vá para o medidor ou vice-versa. Como demonstrou celebremente Heisenberg, medir a posição de um elétron fazendo um fóton saltar dele perturba justo aquilo que se quer medir. Os cientistas chamam isso de "efeito do observador".[36]

Do mesmo modo, você não pode perguntar a um amigo se ele gostaria de sair para jantar sem dar a entender até que ponto *você* deseja jantar fora e, assim, influenciar a resposta dele.[37] Estudos sobre pesquisas de opinião e testemunhas oculares mostraram que a formulação das perguntas influencia as respostas — "Qual era aproximadamente a velocidade dos carros quando colidiram?" produz estimativas mais baixas do que "Qual era aproximadamente a velocidade dos carros quando se espatifaram um contra o outro?".[38] Indagar "Você aprova o trabalho que o presidente vem fazendo?" gera mais afirmativas do que "Você aprova o trabalho que o presidente vem fazendo ou não?".[39] A *ordem* das perguntas também faz diferença: perguntar a alguém sobre sua satisfação com a vida em geral e depois sobre sua satisfação financeira produz um grau limitado de correlação, mas indagar *primeiro* sobre suas finanças e *depois* sobre a vida em geral aumenta de modo significativo essa correlação.[40]

A programação de computador se baseia em grande medida na "repetibilidade" de suas respostas; como a maioria dos programadores pode atestar, um erro que seja irrepetível também é, quase sempre, impossível de consertar. Em parte é por isso que os computadores se comportam bem melhor depois de uma reinicialização do que após dias de uso contínuo, e bem melhor quando recém-comprados que depois de vários anos. Esses estados de "tábula rasa" são os mais encontrados, e portanto os mais burilados, pelos programadores. Quanto mais um sistema de computação estiver ativo, mais único tende a tornar-se o seu estado. De modo geral, isso vale também para as pessoas — só que não podemos ser reinicializados.

Quando depuro um programa, espero recriar exatamente o mesmo comportamento várias vezes, testando revisões do código e desfazendo-as quando necessário. Quando consulto um sistema de computação, espero não alterá-lo. A comunicação humana, em contraste, é irrevogável. Nada pode ser desdito. (Imagine se um juiz pedisse ao júri para "esquecer" um testemunho.) E também, nesse sentido, é irrepetível, pois as condições iniciais nunca podem ser recriadas.

"Parado aí, leão!", escreveu o poeta Robert Creeley. "Estou tentando/ pintar você/ enquanto é tempo".[41] Parte do que adoro nas pessoas é que elas não param quietas. Quando ainda estamos no processo de conhecê-las, elas já estão mudando — em parte devido à nossa presença. (Quando converso com uma dessas personalidades estilo PARRY, ou leio Racter, ou assisto a um vídeo demonstrando um *bot* em ação, tenho a sensação oposta. Não consigo ver a coisa *mover-se*.) Em certo sentido, isso me lembra a tela de Duchamp *Nu descendo a escada, nº 2*, uma série de esboços rápidos e sobrepostos de uma coisa em movimento, criando uma espécie de palimpsesto.[42] A obra escandalizou o público acostumado ao realismo na pintura. "Uma explosão numa fábrica de sarrafo", escreveu repugnado Julian Street, crítico do *New York Times*, e o quadro se tornou um para-raio de insultos e zombarias. No entanto, parece haver algo profundamente verdadeiro (e "realista") em um modelo humano que se recusa a posar imóvel para o pintor, o qual tem de procurar captar sua essência através da *marcha* e não da *figura*.

Uma das razões pelas quais inventamos o computador digital no estilo da máquina de Turing é a confiabilidade, a repetibilidade, a "quietude". Em anos recentes, quando fizemos experimentos com modelos de "redes neurais", que imitam a arquitetura cerebral com sua colossal conectividade e paralelismo em vez de funcionar com base em regras estritas, seriais e digitais, ainda tendíamos a tolher a assombrosa plasticidade dos neurônios. "Quando os pesos [sinápticos] [de uma rede de neurônios virtual] são considerados constantes (depois de um processo de adaptação ou sem ele), as redes podem efetuar computações exatas", escreve Hava Siegelmann.[43] Neurônios virtuais podem ser controlados desse modo, com períodos fixos nos quais é permitido que mudem e se adaptem. O cérebro humano não tem esses limites, graças a uma característica que os neurocientistas chamam de "plasticidade sináptica". Toda vez que um neurônio dispara, ele altera a estrutura de suas conexões com os outros.

Em outras palavras, um cérebro em funcionamento é um cérebro em mudança. Como diz Dave Ackley, "*Temos* de ser afetados pela experiência, ou não existe experiência".[44] É isso que torna *arriscadas* as boas conversas e o bem viver. Não podemos simplesmente "travar conhecimento" com uma pessoa sem mudá-la em algum grau — e sem, em algum grau, nos tornarmos essa pessoa.

Eu me recordo de quando aprendi que, devido às propriedades de repulsão elétrica do átomo, matéria nunca pode *tocar* em outra matéria. Essa noção me trouxe o gélido calafrio do solipsismo: o eu como uma espécie de tumba hermeticamente selada.

Mais ou menos assim. Pode ser que uma pessoa nunca seja capaz de atingir o nosso lado de fora. Mas não é preciso muito — basta que nos perceba, ou pense em nós, para que seu cérebro se altere — para que cheguemos ao *interior* dela, onde está o eu, e mudemos alguma coisa ali, mesmo que ligeiramente.

Outro modo de ver, enquanto levitamos e pairamos pela sala sobre um tapete de força eletromagnética da espessura de um angstrom, é o seguinte: nunca tocaremos coisa alguma, no sentido de que os núcleos dos átomos do nosso braço jamais roçarão os núcleos dos átomos da mesa. De jeito nenhum. O que produz a *sensação* de "contato" são os átomos do nosso corpo exercendo forças eletromagnéticas sobre os átomos da mesa e vice-versa. Em outras palavras, o que parece ser um contato estático é na realidade uma interação dinâmica, a troca de forças.

Aliás, são essas mesmas forças que os átomos do seu corpo estão trocando entre si: aquelas que mantêm você inteiro.

A ORIGEM DO AMOR

> *Acho que descobri um jeito de existir a Humanidade, mas deixar de insubordinações: enfraquecê-la. Por ora — disse — vou cortar cada um deles em dois...*
>
> Zeus, citado no *Banquete* de Platão[45]

> *Sabe, somos dois corações*
> *Vivendo em uma só mente...*[46]
>
> Phil Collins

A maioria dos que conhecem o *Banquete* de Platão, ou, alternativamente, *Hedwig and the Angry Inch*, de Cameron Mitchell, conhecem a história da origem do amor segundo Aristófanes.[47] No princípio as pessoas tinham oito membros, quatro braços e quatro pernas, e duas faces. Para nos cortar, literalmente, no tamanho ideal — por nossa ousadia perante os deuses ou alguma outra ofensa do gênero, Zeus nos parte ao meio com um raio e arremata no umbigo a pele separada: *voilà* os humanos como os conhecemos hoje, com apenas um par de pernas e um par de braços por pessoa. Mas, por uma atávica necessidade de retornar ao estado de inteireza pré-raio, nos apaixonamos.* Todos tentamos voltar à integridade original. Embolamo-nos aos beijos, abraços e cópulas para chegar o mais próximo possível de "reunir nossa natureza original, fazendo um com dois e curando o estado do homem".**

Recém-entrado na adolescência, tarde da noite eu me sentava hipnotizado diante da TV que exibia as Spice Girls cantando, em vários graus de exiguidade de vestuário, sobre "2 Become 1".[48] Quando falamos sobre essa noção no contexto do amor, comumente a usamos como um eufemismo para a relação sexual. Às vezes vejo o sexo nesses termos aristofanescos: como uma espécie de tentativa trágica e triunfante de combinar dois corpos, amassando-os como barro. Triunfante porque é o mais próximo que jamais conseguiremos chegar.

E trágica pela mesma razão. No sentido aristofanesco, o sexo parece nunca verdadeiramentre *funcionar* — os dois jamais conseguem de fato se tornar um (e até podem acabar criando um

---

* Para que você não pense que foi essa separação original que criou os dois sexos, masculino e feminino, e que somente os heterossexuais têm as ideias certas sobre a reconstituição, lembre-se de que Aristófanes, como muitos homens gregos de sua época, era mais homonormativo do que heteronormativo. Como ele explica, os "sexos não eram dois como são agora, mas originalmente três", correspondentes a masculino, feminino e "andrógino"; os seres masculinos, quando divididos, se tornaram homens homossexuais, os femininos se tornaram lésbicas e os andróginos se tornaram homens e mulheres heterossexuais. (Não se explica como os bissexuais se encaixam nesse quadro.)

** A maioria das metáforas literárias para a paixão romântica ou sexual pende, de um modo ou de outro, para a violência. Falamos em romance "tempestuoso" ou sentimentos "revoltos", ou sobre o orgasmo como uma morte em pequena escala (*la petite mort*, como dizem os franceses), ou sobre uma beleza "arrebatadora" — uma das acepções de "arrebatar" é sequestrar, raptar. E em inglês muitos termos da gíria para o sexo dão a ideia de violência (*bang, screw*) ou no mínimo são negativos. É difícil imaginar-se terminando em melhores condições do que ao começar. Para Aristófanes, porém, não era violência, e sim *cura*. Não admira que esse seu mito seja tão benquisto (e duradouro).

terceiro no processo). Talvez a reunião corporal, o desfazer da separação de Zeus, seja simplesmente impossível.*[49] Quando duas pessoas se casam, existe um sentido "legal" em que se "tornam uma": apenas para fins fiscais. Mas esse tampouco é o tipo de reparo da condição humana imaginado por Aristófanes.

Mas há esperança.

DE SISTEMA NERVOSO PARA SISTEMA NERVOSO: CURADOS PELA LARGURA DE BANDA

O organizador do Prêmio Loebner de 2008 foi um professor da Universidade de Reading, Kevin Warwick, também conhecido na imprensa como "o primeiro cyborg do mundo".[50] Em 1998 implantaram em seu braço um chip com identificação por radiofrequência. Quando ele entra em seu departamento, as portas se abrem para ele e uma voz diz: "Olá, professor Warwick". Em tempos recentes ele se submeteu a uma segunda cirurgia, muito mais invasiva: instalaram um arranjo de cem eletrodos direto nos nervos de seu braço.

Com esse arranjo ele faz várias coisas igualmente espantosas: conseguiu fazer um braço robótico imitar as ações de seu braço real, usando o arranjo de eletrodos para transmitir os sinais neurais provenientes de seu cérebro para o braço robótico, o qual executa seus comandos em tempo real, tal como — é claro — faz o braço verdadeiro de Warwick.**

---

* No entanto, penso na resposta que Sean Penn deu em *Milk* quando lhe perguntaram se os homens podem se reproduzir: "Não. Mas Deus sabe que vivemos tentando".

** Acho que não deveria dizer "é claro", pois houve o sério risco de que a cirurgia deixasse Warwick paralisado. Ao que parece, isso não o perturbou, não sei como.

Ele também experimentou adicionar um sexto sentido: o sonar. Um sonar acoplado a um boné de beisebol enviava sinais ao braço de Warwick. No início, ele conta, sentia um formigamento no dedo indicador toda vez que objetos grandes se aproximavam dele. Mas em pouquíssimo tempo seu cérebro se acostumou aos novos dados, e a sensação de formigamento desapareceu. Os objetos próximos simplesmente produziam uma inefável sensação de "Ah, tem um objeto por perto". Seu cérebro dava uma interpretação aos dados e os integrava. Ele adquiriu um sexto sentido.

Um texto influente no século XX sobre filosofia da mente foi "Como é ser um morcego?", de Thomas Nagel.[51] Pois agora, no aspecto do sonar, existe um homem efetivamente capaz de arriscar uma resposta a essa pergunta irrespondível e retórica de Nagel.

A coisa mais espantosa que Nagel fez com seu braço biônico foi o que tentou em seguida. Ele não foi o único a ter silício enxertado nos nervos do braço. Sua mulher fez o mesmo.

Quando ela fazia um certo gesto com o braço, provocava uma pontada no braço de Warwick. Primitivo? Talvez sim. Mas podemos fazer uma analogia entre Warwick e os irmãos Wright/ Kitty Hawk. Estes, quando conseguiram voar pela primeira vez, foi por poucos segundos; hoje estamos acostumados a voar tão rápido que nosso corpo perde a sincronia com o Sol.*

Uma pontada não quer dizer nada, temos de admitir. Mas representa a primeira comunicação direta de um sistema nervoso humano com outro. Um sinal que dispensa linguagem e gestos.

"Foi *emocionante*", diz Warwick. "Quando aquele sinal chegou e eu pude entender a coisa — e *perceber* o que, potencialmen-

---

* Os viajantes das caravanas do Velho Oeste, por exemplo, que levavam seis meses para fazer a viagem que eu empreendo à noite na véspera do Dia de Ação de Graças, não pareciam ter esse problema.

te, isso poderia significar no futuro —, ah, foi, sem comparação, a coisa mais empolgante de que já participei."*

O que poderia significar no futuro? O que poderia ser a viagem comparável à de Lindbergh — ou Earhart? Como disse Douglas Hofstadter, "Se a largura de banda** for sendo mais e mais ampliada [...] a sensação de uma nítida fronteira entre eles se dissolverá lentamente".[52]

Curados finalmente? E justo pela *largura de banda*? Não é tanta loucura quanto parece. É o que está acontecendo agora mesmo, na sua cabeça.

O CÉREBRO DE QUATRO HEMISFÉRIOS

> *Nossas habilidades exclusivamente humanas talvez sejam produzidas por redes neuronais minúsculas e circunscritas. E no entanto nosso cérebro acentuadamente modulado gera em todos nós a sensação de que somos integrados e unificados. Como explicar isso, se somos uma coleção de módulos especializados?*[53]
>
> Michael Gazzaniga

> *A única relação sexual que verdadeiramente tem valor é aquela na qual não existem reservas e a personalidade integral de ambos se funde em uma nova personalidade coletiva.*[54]
>
> Bertrand Russell

O que Warwick e Hofstadter estão dizendo não é tão fantástico nem tão exclusivo da ficção científica como parece. É parte da

---

* "Você está mexendo com meus nervos", podemos imaginá-lo dizendo sugestivamente. "Você é eletrizante", ela replica cheia de pontadas...
** Quantidade de dados transmitida em determinada unidade de tempo. (N. T.)

própria arquitetura do cérebro, onde as centenas de milhões de fibras do corpo caloso fazem a transmissão em mão dupla das informações entre os nossos órgãos gêmeos do pensamento, os hemisférios esquerdo e direito, a uma velocidade incrivelmente alta, mas finita. Deixemos os amantes de lado por um momento: a integridade e a coerência da *mente*, a unicidade do *eu*, dependem de transferência de dados. De comunicação.

Uma curiosidade metafísica: a comunicação acontece em *graus*. O número de *mentes*, o número de *eus* em um corpo, aparentemente não. Assim, questões estranhas são evitadas. Se a largura de banda do corpo caloso de uma pessoa fosse ligeiramente ampliada, isso tornaria a pessoa mais *próxima* de *um* eu? Se a largura de banda fosse ligeiramente diminuída, isso a *distanciaria* mais de um eu? E com a largura de banda onde está agora, quantos *eus* nós somos exatamente?[*55]

O forte desejo de fazer um com dois, de ser "curado" e restaurado à unicidade: essa é a condição humana. Não apenas o estado da nossa sexualidade, mas o da nossa mente. O eterno desejo de "alcançar", de "permanecer conectado" na presença de uma torrente de atividade e mudança. Nunca na verdade ganhamos terreno, e nunca na verdade perdemos. Não somos unificados, mas não somos separados.

"São basicamente a mesma pessoa", comenta-se sobre certos casais. Pode não ser 100% um gracejo. Uma cantata matrimonial de Bach trata o casal em bodas por pronomes da segunda pessoa

---

* O "diâmetro axonal" (neurônios mais grossos sinalizam mais rapidamente por longas distâncias porém ocupam mais espaço) se correlaciona com o tamanho do cérebro em praticamente todos os animais, *exceto* — como recentemente descobriu o neurofisiologista Roberto Caminiti — nos humanos. Nosso diâmetro axonal não é significativamente maior que o dos chimpanzés, apesar de possuirmos cérebro maior. Ao que parece, a evolução aceitou trocar defasagens inter--hemisféricas por um aumento desproporcional na capacidade computacional.

do *singular*.[56] No entanto, às vezes vemos o oposto, quando um casal descreve acontecimentos ocorridos apenas com ele ou com ela, ou apenas com o parceiro, dizendo "nós" — ou, o que é mais comum, simplesmente falando sobre o casal como uma *unidade*, e não como "eu e ela". Um estudo recente conduzido por Benjamin Seider, doutorando em psicologia da Universidade da Califórnia em Berkeley, concluiu que a tendência ao que ele chama de "nostridade" linguística [*linguistic "we-ness"*] é maior em casais mais velhos que nos mais novos.[57]

Considerando que o próprio cérebro só permanece conectado pela conversa constante, é difícil argumentar que nossas conexões com outros pertencem rigorosamente a um patamar inferior. O que torna as transmissões que atravessam o corpo caloso tão diferentes das transmissões que atravessam o ar de boca a boca? As conexões intracerebrais são *mais fortes* que as intercerebrais, mas não têm naturezas totalmente distintas.

Se é a comunicação a responsável pela inteireza do nosso cérebro de dois hemisférios, não deveria haver razão para que duas pessoas, com boa comunicação, não possam criar o cérebro de *quatro* hemisférios. Talvez dois se tornem um pelo mesmo processo pelo qual *um* se torna um. Talvez seja o conversar — a *outra* relação — que cure a condição do homem. Se fizermos direito.

9. Grande surpresa

CONVERSAS UNILATERAIS

Ansioso para reservar um quarto em Brighton, fiz uma rápida pesquisa on-line e descobri um lugar curioso (até no nome) bem próximo do local do teste de Turing, o "Motel Schmotel". Telefonei para lá via Skype. Não sei se era a conexão precária, ou o volume baixo da voz da mulher, ou seu sotaque inglês, o fato é que eu quase não entendia uma palavra do que ela disse, e imediatamente me agarrei com todas as forças ao fluxo da conversa.

_____*tel.*

Presumivelmente ela apenas dissera algo como "Alô, Motel Schmotel".

Nenhuma razão para deixar de ir em frente com meu pedido.

Alô, por favor, vocês têm algum quarto de solteiro?

_____*mpo?*

Quem sabe "Por quanto tempo?", mas difícil ter certeza. De qualquer modo, a coisa mais provável que ela precisa saber, se estou procurando um quarto, é a duração, embora isso não ajude sem a data de entrada; assim, por que não podar a pergunta seguinte (que eu provavelmente não iria ouvir mesmo) e dar as duas informações:

Por quatro noites, a partir de sábado, 5 de setembro?

_____[*alguma coisa em um tom descendente*] _____, *infelizmente. Só___varanda ____noventa libras.*

Aqui me perdi. Eles não tinham *alguma coisa*, mas ao que parece tinham *alguma outra*. Eu não sabia como continuar. (Noventa libras no total ou adicionais? Por noite, ou todo o período? Eu não conseguia fazer as contas de cabeça para saber se poderia pagar pelo quarto.) Para não arriscar, repliquei do modo mais neutro e indefinido que me ocorreu:

Tudo bem.

_____*uito!*

Pelo jeito, "sinto muito", e dito em um tom de amistosa objetividade que parecia indicar que ela esperava que eu desligasse em seguida: provavelmente o quarto com varanda estava fora das minhas posses. Certo.

O.k. Obrigado.

_____*ada!*

Desliguei com um misto de confusão e culpa. Não fora realmente necessário ouvir o que ela dizia. Eu *sabia* o que ela estava dizendo. O esquema, o gabarito da conversa — minha capacidade de adivinhar o que ela estava perguntando e quais poderiam ser suas respostas — me conduziram no diálogo.

SOBRE (NÃO) FALAR A LÍNGUA

Ocorreu-me que eu tentara um truque parecido na vez anterior em que viera à Europa, viajando com um bilhete do Eurailpass por quinze dias pela Espanha, França, Suíça e Itália no verão em que concluí a faculdade. Embora eu só fale inglês e um pouco de espanhol, boa parte das compras do passe eu fiz na França e na Itália, e consegui levar a cabo as transações. É verdade que meneei a cabeça concordando (com impaciência, confesso) enquanto a mulher nos vendia passes para uma viagem noturna para Salzburgo e ficava enfatizando, desnecessariamente, me pareceu "est... station... est... est... station" — "Entendi, sim, sim", repliquei, sabendo que "*este*" é o pronome demonstrativo este em espanhol. De sete estações de trem em Paris, o nosso trem noturno viria justamente para *este* local.

Talvez você se pergunte: "Espere aí, Salzburgo? Mas ele não disse nada sobre viajar pela Áustria...". Pois é.

O que deixei de lembrar, obviamente, é que "este" em espanhol também significa *leste* — fato que por fim me ocorre enquanto aguardamos desnorteados numa fantasmagórica plataforma de trem deserta à meia-noite na estação Austerlitz em Paris, olhando o relógio e nos dando conta não só de que jogamos pelo ralo nossa chance de realizar nossas fantasias de cantar o tema de *A noviça rebelde* nas montanhas alpinas, mas também que tivemos de replanejar com urgência um novo roteiro para nossa viagem, agora sem a Áustria, já que pela manhã estaríamos a um milhão de metros de suas montanhas. E mais: já passava de meia-noite, o guia descrevia nossa presente localização como "arriscada" e não tínhamos onde dormir. Nossos leitos acabavam de partir zunindo para Salzburgo — da *Estação Este*.

À parte essa — ahã — considerável exceção, quero salientar que de modo geral nos saímos bem, munidos em parte do meu conhecimento de uma língua românica irmã, e em parte de um guia que incluía frases úteis em todos os idiomas europeus. Percebemos em tais situações o talismânico poder da linguagem: lemos um palavrório transcrito foneticamente num papel e abracadabra! Cervejas aparecem na mesa, um quarto é reservado num alojamento ou nos explicam um labiríntico caminho até o epicentro do flamenco notívago. "Diga a palavra mágica!", é a expressão, mas na verdade todas as palavras, de um modo ou de outro, parecem realizar o truque.

O lado triste é que o viajante subfluente se arrisca ao solipsismo, que só pode ser rompido pelo que os linguistas e teóricos da informação denominam "surpresa". Mas a surpresa tem uma característica espantosa: pode ser *quantificada* em números. Essa é uma ideia estranhíssima e muito importante. Ainda neste capítulo veremos como exatamente ocorre essa quantificação; por ora, basta saber que, intuitivamente, um país só pode tornar-se real para nós, ou seja, sair da sombra dos nossos estereótipos sobre ele, quando nos surpreende. Parte disso requer que *prestemos atenção*: a maioria das surpresas na vida vem das coisas pequenas e costuma passar despercebida. A outra parte requer que nos ponhamos em situações nas quais a surpresa seja possível; às vezes é preciso simplesmente a atitude correta de receptividade da nossa parte, mas outras vezes é impossível sem um sério esforço e comprometimento antecipados (por exemplo, aprender a língua). Interações baseadas em um gabarito — "*Je voudrais un hot dog, s'il vous plaît... merci*"; "*Où est le WC?... merci!*" —, nas quais não fazemos mais que tratar nosso interlocutor como uma máquina, são viáveis justamente porque quase não têm valor cultural ou empírico. Mesmo se a resposta do interlocutor for surpreendente ou interessante, podemos deixar de percebê-lo. *Praticar* a magia da linguagem é inebriante; tornar-se *suscetível* a ela, mais ainda.

A essa altura você já deve ter começado a perceber como tudo isso tem paralelos com o teste de Turing. Na França, para desabono da minha habilidade turística, eu me comportei *como um* bot. Falar era a parte fácil, contanto que eu me ativesse ao livro de frases (o que em si já era embaraçoso, evidenciando que meus desejos eram tão semelhantes aos de qualquer outro turista americano na

França que uma folha de Perguntas Mais Frequentes dava conta do recado). Mas *ouvir* era quase impossível. Por isso, procurei ter interações que praticamente dispensassem essa parte.

Interagir com humanos dessa maneira, na minha opinião, é vergonhoso. E agora o teste de Turing, abençoado seja, nos deu uma régua para medir essa vergonha.

UMA TEORIA MATEMÁTICA DA COMUNICAÇÃO

À primeira vista, parece que a teoria da informação, a ciência de transmitir, criptografar e comprimir dados, seria principalmente uma questão de engenharia, pouco relacionada às questões psicológicas e filosóficas que pairam sobre o teste de Turing e a IA. Mas acontece que esses dois navios navegam pelos mesmos mares. O texto pioneiro da teoria da informação foi "A Mathematical Theory of Communication", escrito em 1948 por Claude Shannon, e desde o princípio a noção de avaliar cientificamente a "comunicação" vincula a teoria da informação e o teste de Turing.[1]

O que, exatamente, Shannon identificou como a essência da comunicação? Como *medi-la*? Como ela nos ajuda, e como nos prejudica — e que relação tem ela com o fato de sermos humanos?

Essas relações se evidenciam nos lugares mais improváveis; um deles é o telefone. Os celulares se baseiam fortemente em algoritmos de "previsão" para facilitar a digitação de mensagens de texto: adivinham que palavra estamos tentando escrever, autocorrigem (às vezes com excesso de zelo) os erros de grafia e coisas do gênero — é a compressão de dados em ação. Um dos espantosos resultados que Shannon descobriu em "A Mathematical Theory of Communication" é que a previsão e a *geração* de textos são matematicamente equivalentes. Um telefone que pudesse sempre prever o que você pretende escrever, ou pelo menos que pudesse fazer isso tão bem quanto um humano, seria tão inteligente quanto um programa que fosse capaz de *responder* a você como um humano. Isso significa que o adolescente americano médio, se nos basearmos nas estatísticas de 2009 do *New York Times* sobre as mensagens de texto por celular, participa de oitenta testes de Turing por dia, mais ou menos.[2]

Isso acaba sendo incrivelmente *útil* e também incrivelmente *perigoso*. Quando tratarmos das ligações entre a compressão de dados e a busca pela centelha humana no teste de Turing, analisarei o porquê. Mas quero começar com um pequeno experimento que fiz há pouco tempo, para saber se era possível usar um computador para quantificar o valor literário de James Joyce.*

JAMES JOYCE VERSUS MAC OS X

Peguei aleatoriamente uma passagem do *Ulysses* e salvei no computador como texto bruto: 1717 bytes.

Em seguida, escrevi as palavras "blah blah blah" até obter o mesmo tamanho do fragmento de Joyce e salvei: 1717 bytes.

Tentei então fazer o sistema operacional do meu computador, um Mac OS X, comprimir os textos. O arquivo "blah" foi comprimido para 478 bytes, apenas 28% do tamanho original, mas o do *Ulysses* resultou em 79% do tamanho original, ou 1352 bytes: quase o triplo do arquivo "blah".

Quando o compressor tentava reduzir, alguma coisa em Joyce reagia.

---

* Claude Shannon: "Afirma-se que Joyce conseguiu a compressão do conteúdo semântico".

QUANTIFICANDO INFORMAÇÕES

Imagine que você joga cara ou coroa cem vezes. Se a moeda não estiver viciada, podemos esperar cerca de cinquenta caras e cinquenta coroas, é claro, distribuídas aleatoriamente ao longo das cem jogadas. Agora imagine-se relatando a alguém a sequência dos cem resultados — muita falação, sem dúvida. Você poderia recitar os resultados em série ("cara, cara, coroa, cara, coroa...") ou dizer apenas a localização só das caras ("a primeira, a segunda, a quarta...") ou só das coroas, deixando implícito o resultado oposto, e em ambos os casos o comprimento seria aproximadamente o mesmo.*

Mas, se a moeda for viciada, o trabalho fica mais fácil. Se ela produzir "cara" apenas 30% das vezes, podemos poupar o fôlego dizendo apenas quais jogadas resultaram em cara. Se der cara 80% das vezes, simplesmente dizemos que jogadas produziram coroa. Quanto mais parcial for a moeda, mais fácil será a descrição, até o extremo de uma moeda totalmente viciada, nosso "caso limítrofe" que se comprime em uma só palavra, "cara" ou "coroa", e descreve todo o conjunto dos resultados.

Portanto, se o resultado das jogadas pode ser expresso com menos linguagem quanto mais a moeda for viciada, podemos dizer que em tais casos o resultado literalmente contém menos *informação*. Essa lógica se estende, talvez de modo surpreendente, talvez misteriosamente, a cada um dos eventos: para cada jogada, quanto mais viciada for a moeda, menos informação a jogada contém. Existe um sentido no qual jogar a moeda que resulta em 70-30 não informa o mesmo que a moeda de 50-50.** Essa é a

---

* Comprimento, aqui, se refere a bits binários, não a palavras nos nossos idiomas humanos, mas a distinção não é fundamentalmente importante neste caso.
** É por isso, por exemplo, que começar um jogo de "Guess Who?" [24 cartões,

intuição da "entropia da informação": a ideia de que a quantidade de informação é algo que pode ser medido.

"Informação pode ser medida" à primeira vista soa trivial, obviamente. Compramos discos rígidos e os abarrotamos, nos perguntamos se o desembolso adicional pelo iPod de 16 GB valerá a pena em comparação com o de 8 GB etc. Estamos acostumados a arquivos com valores de tamanho em bytes. Mas tamanho de um arquivo não é a mesma coisa que quantidade de informação em um arquivo. Uma analogia pode ser a diferença entre volume e massa; pense em Arquimedes e a coroa de ouro: para determinar se o ouro da coroa era puro, Arquimedes precisava descobrir um jeito de comparar a massa ao volume do objeto.* Como calcular a densidade de um *arquivo*, o quilate dos seus bytes?

INFORMAÇÃO, VIÉS E O INESPERADO

Podemos comprimir a moeda viciada *porque* ela é viciada. Fundamentalmente, quando todos os resultados de uma situação têm a mesma probabilidade — o que se denomina "distribuição uniforme" —, a entropia é máxima. A partir desse ponto ela vai

---

cada um com a foto de uma personalidade conhecida, para serem adivinhadas] como eu costumava fazer quando criança, perguntando se era homem ou mulher, é uma péssima estratégia: como o jogo continha apenas cinco mulheres em meio a dezenove homens no conjunto dos personagens, a pergunta não era tão eficiente quanto alguma outra que gerasse uma divisão do conjunto em 12-12.

* O problema era como avaliar corretamente seu volume sem derretê-la. Matutando sobre isso, ele entrou em um banho público e de repente atinou com a solução: o nível de água sobe quando se entra na banheira! Pode-se medir o volume de um objeto irregular pela quantidade de água que ele desaloja! Dizem que ele ficou tão empolgado com sua descoberta que pulou da banheira e correu para casa para fazer o experimento, nu e ensopado a gritar de alegria pelas ruas "eureca!" (encontrei!), palavra que viria a ser sinônimo de descoberta científica.

diminuindo até um valor mínimo no qual o resultado é fixo ou certo. Assim, é possível dizer que quando um arquivo é comprimido o mais possível, o que nele existe de fixo e de certo é enxugado; os padrões e repetições são enxugados, assim como a previsibilidade e a probabilidade. O arquivo resultante, antes de ser de novo descomprimido em sua forma útil, começa a parecer cada vez mais aleatório, cada vez mais um ruído branco.

Informação, em uma definição informal e instintiva, poderia ser algo como um "antídoto contra a incerteza". Acontece que essa também é a definição formal: a quantidade de informação provém do quanto alguma coisa reduz a incerteza. (Logo, arquivos comprimidos parecem aleatórios; nada nos bits de zero a n nos diz alguma coisa sobre como será o bit $n + 1$ — isto é, não existe um padrão, uma tendência ou um viés que se possa notar nos dígitos — do contrário, haveria margem para mais compressão.*) Esse valor, o equivalente informacional da massa, provém do artigo de 1948 de Shannon e é conhecido como "entropia da informação", "entropia de Shannon" ou apenas "entropia".**[3] Quanto mais entropia, mas informação existe. Ela mostra ser um valor capaz de medir um conjunto assombroso de coisas: uma jogada de cara ou coroa, um telefonema, um romance de Joyce, um primeiro encontro, as últimas palavras de alguém e até um teste de Turing.

---

* Em consequência, arquivos acentuadamente comprimidos são muito mais frágeis, no sentido de que, se qualquer um dos bits for corrompido, o contexto não ajudará a supri-lo, pois as pistas contextuais já foram capitalizadas e enxugadas pela compressão. Essa é uma das utilidades da redundância.

** Não confundir com a entropia *termodinâmica*, a medida da "desordem" em um sistema físico. As duas são relacionadas, na verdade, mas de modos complicados e matematicamente tortuosos que estão fora do nosso escopo aqui, embora valha a pena, para quem tem curiosidade sobre o assunto, ler a respeito.

O JOGO DE SHANNON

Uma das ferramentas mais úteis para analisar quantitativamente o inglês é conhecida como Shannon Game, o Jogo de Shannon. É parecido com o jogo da forca, de uma letra por vez: a ideia básica é tentar adivinhar as letras de um texto, uma a uma, e o (logaritmo do) número total de adivinhações requeridas nos diz a entropia do trecho. A ideia é estimar quanto conhecimento os falantes nativos trazem para um texto. Eis o resultado de uma rodada no Jogo de Shannon jogada por mim:*

```
U  N  D  E  R  N  E  A  T  H  _  T  H  E  _  B  L  U  E  _
22  1  1  1  1  1  1  1  1  1  1  2  1  1  1  5  6  5  1  2

C  U  S  H  I  O  N  _  I  N  _  T  H  E  _  L  I  V  I  N  G  _
2  7  11  5  1  1  1  2  6  5  2  1  1  1  1  1  1  1  1  1  1  1

R  O  O  M  _  I  S  _  A  _  H  A  N  D  F  U  L  _  O  F  _
1  1  1  1  1  1  1  1  1  1  19  3  1  2  13  5  1  1  1  1  1

C  H  A  N  G  E  _  A  N  D  _  T  H  E  _  R  E  M  O  T  E  _
1  21  1  1  2  1  1  1  1  1  1  1  6  1  1  1  4  2  9  5  1  1

C  O  N  T  R  O  L
1  1  1  1  1  1  1
```

* Você pode jogar em math.ucsd.edu/~crypto/java/ENTROPY/. É divertido; além disso, depois de avançar tão devagar e ser forçado a fazer suposições a cada passo do caminho, você nunca mais pensará como antes a respeito da linguagem. Algumas escolas elementares usam uma variação do Jogo de Shannon para ensinar ortografia; eu recomendaria aos meus alunos do workshop de poesia que o jogassem para aperfeiçoar seus cortes sintáticos. Em poesia, em que a economia de linguagem em geral é levada ao extremo, saber prever as sequências de palavras que serão previsíveis para um leitor é uma bússola bem útil.

Vemos imediatamente que a entropia da informação aqui não tem nada de uniforme; fui capaz de prever "the_living_room_ is_a_" com total correção, mas quase esgotei o alfabeto antes de chegar ao *h* do "handful" — e repare como o "and" em "handful" vem facilmente mas a entropia torna a subir muito no *f,* depois volta a cair ao mínimo no *l.* E "remo" foi o que me bastou para preencher "te_control".*

BUSCA E O JOGO DE SHANNON

Nós que usamos computadores no século XXI talvez sejamos mais conscientes da entropia da informação, mesmo se não soubermos seu nome, do que qualquer geração passada. Quando uso o Google, instintivamente digito palavras ou frases bem incomuns ou infrequentes, desconsiderando as palavras mais comuns ou esperadas, pois estas não restringirão muito minha busca. Quando quero localizar uma passagem no imenso documento em MS Word que contém este manuscrito, instintivamente começo a digitar a parte mais incomum da passagem que tenho em mente: um nome próprio, alguma escolha de enunciação insólita ou alguma expressão singular.** Parte da eficácia da marca de edição "tk", por exemplo, se explica porque em inglês o *k* raramente aparece depois de um *t,* muito mais raramente do que um *c* depois de um *t,* e assim quem redige pode usar um computador para vasculhar um documento e com facilidade descobrir se ele deixou passar algum "tk". (A busca por "tc" nos meus originais deste livro produz mais de

---

* Tradução da frase: "debaixo da almofada azul na sala há alguns trocados e o controle remoto". (N. T.)

** Isso indica, de modo fascinante, que é mais difícil fazer buscas ou copidesque em livros mais leves, mais genéricos, de vocabulário inferior ou mais repetitivos.

150 pistas falsas, como "watch", "match"; mas com apenas uma exceção, todas as ocorrências de "tk" — entre cerca de meio milhão de caracteres que compõem um livro — aparecem neste parágrafo.) Quando quero encontrar certas músicas ou alguma banda para minha biblioteca do iTunes, Outkast, por exemplo, sei que "out" é uma série de letras tão comum (que na busca resulta em todas as músicas do Outkast mais 438 outras que não quero), que é melhor eu digitar apenas "kast" na janela de busca. Ou até o mesmo confiável e raro bigrama "tk", que encontra todas as músicas que eu quero e apenas *três* que não quero.

ARTE E O JOGO DE SHANNON

"O não saber é crucial para a arte", diz Donald Bartheleme; "é o que permite que a arte seja feita."[4] Ele está se referindo ao "*o que acontece se eu tentar isso?*" e ao "*que fazer a seguir?*" do processo criativo, mas acho que é uma afirmação igualmente válida para o que é ser um *leitor*. "Cada livro, para mim, é um balanço de SIM e NÃO", escreve um dos narradores de Jonathan Safran Foer em *Extremamente alto & incrivelmente perto*.[5] O jogo de Shannon representa um enfoque, um enfoque bem miúdo, da concepção da experiência da leitura como uma espécie de sequência rapidíssima de suposições, e boa parte da satisfação, parece-me, está no balanço entre sim e não, afirmação e surpresa. A entropia nos dá uma medida quantificável de onde *exatamente* está o não saber, como *exatamente* o SIM e NÃO se congregam na página. Voltando ao espírito original da afirmação de Bartheleme, a entropia também nos dá um caminho para a imaginação criativa? Serão os momentos impossíveis de adivinhar também os mais criativos? Minha intuição me diz que sim, existe uma ligação. Para ilustrar, vejamos a rodada seguinte que tentei no Jogo de Shannon:

E V E N _ T H O U G H _ YOU_ D O N T _ K N O W _ H O W _ T O _

F L Y _ Y O U _ M I G H T _ B E _ A B L E _ T O_L I F T _ Y O U R _

S H O E _ L O N G _ E N O U G H _ F O R _ T H E _ C A T _ T O _

M O V E _ O U T _ F R O M _ U N D E R _ Y O U R _ F O O T

As letras com maior entropia (quando tentei esta passagem) foram o *Y* no primeiro "you", o *C* em "cat" e o *M* em "move". É oportuno notar que também são momentos gramaticais fundamentais: respectivamente, o sujeito da primeira oração subordinada e o sujeito e verbo da segunda oração subordinada.* E não são esses também os momentos em que a intenção e a criatividade do autor chegam ao auge? E não são essas as palavras, especialmente "cat", que, se removidas, seriam as mais difíceis para o leitor adivinhar?

Essa última medida tem seu próprio nome: *cloze test*.[6] O nome provém da "lei do fechamento" da psicologia da Gestalt, segundo a qual, quando olhamos para uma forma com partes faltantes ou apagadas, ainda assim "experienciamos", em certo sentido, as partes não vistas.** Os *cloze tests* são usados naquele conhecido tipo de questão de prova em que devemos preencher as linhas pontilhadas com a palavra mais indicada para o contexto em uma:
_____ (a) rosquinha, (b) telha (c) metralhadora (d) sentença.

---

* Tradução da frase: embora não saiba voar, talvez você conseguisse levantar o sapato por tempo suficiente para que o gato saísse de debaixo do seu pé. (N. T.)
** Por essa razão, para mim não faz sentido que na televisão se anulem os sons dos palavrões com algum tipo de "bip" sobreposto, pois, se as palavras removidas são óbvias em um *cloze test*, então em que grau os palavrões são efetivamente removidos?

Remova as pistas do contexto e faça a pergunta, e temos um dos meus jogos preferidos na infância: o Mad Libs.*

CLOZE TEST EM UMA SALA ABARROTADA

Fazemos *cloze test* no papel em situações como uma prova ou um jogo de Mad Libs, mas a versão *oral* do *cloze test* é tão comum que é praticamente inevitável. O mundo é barulhento: tentamos sempre falar mais alto do que o som do vento, a construção na esquina, a estática na linha ou a conversa de terceiros (que por sua vez estão tentando falar mais alto do que *nós*). O mundo audível é um *cloze test*.

Embora pareça acadêmico, os efeitos disso são visíveis por toda parte. Minha conversa com a recepcionista do hotel em Brighton foi um *cloze test* cujas "linhas pontilhadas" eram quase do tamanho das sentenças, e mesmo assim consegui adivinhar as respostas certas. Contudo, e justamente por essa razão, eu não chamaria isso de uma interação particularmente humana. Quando penso, por exemplo, em conversas intelectuais eletrizantes que tive com amigos ou nos grandes primeiros encontros que tive com garotas, não consigo sequer imaginar essas situações se sustentando com tantos claros a preencher. Eu não teria conseguido acompanhar tais conversas.

Pense também em como você fala com alguém quando há música alta: vamos logo podando as peculiaridades em nossa enunciação e nas palavras que escolhemos. Não faz diferença se já

---

* Mad Libs é um passatempo no qual é dada uma frase de onde foram removidas certas palavras-chave, e os jogadores, sem saber qual é a frase, devem preencher os claros com palavras que escolherem. No final, a frase toda é lida, e o resultado costuma ser cômico (N. T.)

ouvimos ou não falar em *cloze test*, no Jogo de Shannon e na entropia da informação: sabemos instintivamente quando e como praticá-los, e quando e como facilitar para que sejam praticados por nosso interlocutor. "Galera, vamos atacar o pudim?", eu poderia dizer se fosse possível me ouvirem claramente. Mas o barulho não toleraria esse floreio. ("O quê? Afanar o capim?", imagino um interlocutor me perguntando, confuso.) Não. Em uma sala barulhenta eu diria apenas: "Sobremesa?".

Por isso acho estranho que muitos locais usados para encontros e namoros em nossa sociedade sejam tão *barulhentos*.*[7] Existem vários bares e boates interessantes em Seattle que meus amigos e eu evitamos por esta razão: a gente entra e vê grupinhos bebendo, todo mundo falando aos berros até ficar rouco, competindo com o volume da música. E eu, como confederado, fico pensando que seria difícil me defender em um lugar desses num teste de Turing. O barulho parece ter o efeito de embotar nossa humanidade. Não gosto.

PERDER OU NÃO PERDER

Há dois tipos de compressão: sem perda e com perda. Na compressão sem perda, nada é comprometido, isto é, ao fazermos a descompressão podemos reconstituir o original em sua *totalidade*, sem nenhum risco de interpretá-lo erroneamente, de perder alguma coisa ou omitir detalhes. (Os arquivos ZIP são um exemplo: nossas fotos e documentos não sofrem danos no processo de

---

* Nem os artistas da sedução gostam disso. Palavras de Mystery 7: "O local em que você encontra uma mulher pela primeira vez não é necessariamente favorável [...] A música pode ser alta demais para você compor um diálogo longo e envolvente".

criação do arquivo.) No outro tipo de compressão, com perda, o custo da compressão pode ser a não recuperação de alguns dados ou de algum nível de detalhe. A maioria das imagens que vemos na internet, por exemplo, são compressões com perda de fotos digitais maiores, e os arquivos em MP3 dos nossos computadores e iPods são compressões com perda de obras em áudio que tinham resoluções muito mais altas nas gravadoras. O custo é um certo grau de "fidelidade". trr tds s vgs dst sntnç, pr xmpl, scrvnd td m ltrs mnscls, seria compressão com perda: boa parte das palavras pode ser reconstituída; mas ambiguidades ocorrem às vezes. Exemplos: "tirar" e "trair, "vogais" e "vagas", "letras" e "litros". No entanto, em muitos casos, como frequentemente ocorre com imagens, áudio e vídeo, obter uma réplica *exata* do original não é muito importante: podemos conseguir uma aproximação satisfatória e, permitindo-se aquela margenzinha de manobra, poupar muito tempo, espaço, dinheiro e/ou energia.

ENTROPIA NO CORPO

Para que você não pense que elaborar textos para o Jogo de Shannon é uma abstração pertinente apenas a cientistas da computação e linguistas computacionais, é interessante saber que a entropia de Shannon se correlaciona não apenas às ênfases métricas em uma sentença, mas também ao padrão segundo o qual os falantes enunciam certas palavras e engolem outras.* Por isso,

---

* Os falantes nativos do inglês, por exemplo, passam um rolo compressor nas distinções entre as palavras "And in an...", especialmente quando falam com afobação, e acabam dizendo algo como "Nininin...": é uma compressão com perda. Podem dar-se o luxo de pronunciar as três palavras de um modo parecido porque as regras da gramática e sintaxe impedem que outras "descompressões", como "and and an" ou "an in in", pareçam plausíveis.

mesmo quem nunca ouviu falar em entropia de Shannon, a usa instintivamente toda vez que abre a boca: ela lhe diz quanto tem de abri-la.*

Além disso, se mapearmos os movimentos dos olhos de um leitor — as mudanças do olhar de um ponto a outro, as fixações do olhar, o modo como os olhos dançam pelo texto, quanto tempo a pessoa se detém em determinadas partes de um trecho (ou voltando a elas) —, obteremos uma boa correspondência com seus valores no Jogo de Shannon. "As probabilidades de transição entre palavras têm uma influência mensurável sobre as durações das fixações", escreveram Scott McDonald e Richard Shillcock, da Universidade de Edimburgo.[8] "Os leitores pularam as palavras previsíveis mais do que as imprevisíveis e gastaram menos tempo nas palavras previsíveis quando se fixaram nelas", escreveu uma equipe de psicólogos da Universidade de Massachusetts e do Mount Holyoke College.[9]

Como explicaram os pesquisadores Laurent Itti e Pierre Baldi, "a surpresa explica melhor a direção do olhar humano [...] [ela] representa um atalho facilmente computável para eventos que merecem atenção".[10] Em outras palavras, a entropia guia o olhar. Dá a cada passagem uma forma secreta.

ARTEFATOS

A compressão com perda gera o que chamamos de "artefatos" da compressão: os locais onde a aplicação do processo de compressão com perda deixa suas cicatrizes nos dados. O interessante nos

---

* Não posso deixar de notar que a expressão de dezenove letras "entropia de Shannon" e a de quatro "boca" ganham nesta sentença dois substitutos, "ela" e "la", de muito menos letras: mais compressão para nós.

artefatos de compressão é que eles *não são* aleatórios: de fato, possuem até uma espécie de assinatura. Dois dos formatos de imagem primários na internet, GIF e JPEG, deixam suas respectivas marcas características: as do JPEG são as regiões que lembram uma turbulência ou uma distorção pelo calor em áreas que, de outro modo, teriam um colorido uniforme ou seriam nitidamente divididas entre as cores e texturas. As do tipo GIF são manchinhas de determinada cor em um fundo de cor semelhante (pontilhado) ou suaves gradientes cromáticos divididos em faixas de cor uniforme (*color banding*).

Um especialista em forênsica computacional, Neal Krawetz, usou os artefatos de compressão em todos os vídeos da Al Qaeda — empregando uma tecnologia chamada "*error level analysis*" [análise de nível de erro] — para demonstrar que frequentemente elementos do fundo foram removidos com o recurso de "*green screening*".[11] Ele usou as mesmas técnicas para documentar as espantosas modificações que os designers gráficos fazem em fotos de modelos para a indústria da moda.[12]

Um dos estranhos artefatos ao qual estamos rapidamente nos acostumando subconscientemente é a defasagem. Quando você executa um DVD em um computador lento, repare que os momentos em que a cena muda rapidamente ou a câmera percorre depressa um cenário são os momentos em que o computador deve começar a atrasar. (Por essa razão, os vídeos de musicais, filmes de ação e, por ironia, os de propagandas, todos com maiores índices de cortes e/ou movimentos de câmera, são os que mais saem prejudicados pela compressão. Filmes românticos e *sitcoms*, com seus cortes mais lentos e suas frequentes cenas de pessoas paradas conversando, fluem melhor, por exemplo, quando vistos pela internet.) A implicação é que certos momentos têm de conter mais informações por segundo de filmagem do que outros, por exemplo, em que um personagem fala contra um fundo estático. Quando jogar no computador algum *game* gráfico-intensivo, observe os momentos em que a taxa de quadros — quantas atualizações na tela o computador pode gerar por segundo — cai subitamente. Alguns arquivos de MP3 usam a "codificação por taxa de fluxo de dados variável": sua frequência de amostragem muda conforme a "complexidade" da música a cada momento. Os arquivos de áudio em geral são tão menores que os de vídeo que provavelmente você não ouvirá com defasagem nos momentos em que a taxa de fluxo de dados atinge picos, mas o princípio é o mesmo.

Compare isso com assistir a um filme projetado no cinema: toda a imagem é trocada a cada 24 frações de segundo. Em muitas tomadas, boa parte do que está sendo exibido na tela permanece igual ou muda pouquíssimo nessa fração de tempo. Ocorre, assim, um desperdício de energia. Mas o desperdício tem um efeito libertador: o projetor e o diafilme não precisam saber nem se preocupar com mudanças drásticas da imagem, ao passo que o computador, que está lendo dados da internet e tentando extrair o máximo de cada bit, é sensível a esse tipo de coisa.

E como boa parte do que vemos, ouvimos e fazemos é comprimida, também nos tornamos sensíveis a esse tipo de coisa. Determina-se para uma gravação ao vivo uma taxa de fluxo de dados variável; a simulação de um evento pelo computador produz uma taxa de quadros variável. Será que a entropia da própria vida é irregular? O que um estudo da compressão poderia nos ensinar sobre o bem viver?

PERDA E PARADAS

Uma das singularidades da compressão *sem* perda é que certas coisas, estranhamente, têm uma entropia da informação alta. Um exemplo é a estática. Como a estática, tanto a auditiva como a visual, é aleatória, por definição não existem padrões que um compressor possa explorar; portanto, ela possui, em essência, a mais alta entropia da informação. O que parece esquisito nisso é que a "*parada*", isto é, as informações que estão em jogo, é de pouco valor: como é possível haver uma profusão de informação e nada nela valer a pena?

Mas o caso é outro quando consideramos a compressão com perda. Em última análise, a compressão com perda tem de ser julgada por olhos e ouvidos humanos: não é uma ciência tão exata quanto a compressão sem perdas. Percebemos que certas coisas podem ser levadas mais longe antes de apresentar uma perda subjetiva de qualidade. É aqui que entra a "parada". Para captar "perfeitamente" o chuvisco da televisão, por exemplo, só precisamos ter uma noção geral de sua gama de cores e da textura geral. Por ser quase aleatório, ele é dificílimo de ser comprimido *sem perda*, porém *com perda* pode ser comprimido até quase um nada.

A compressão com perda é mais vaga: é mais subjetiva e inexata como um campo. Mas é, de longe, o tipo mais encontrado. Toda vez que sua mãe lhe telefona e pergunta como foi o seu dia, a resposta que ela recebe será comprimida com perda três vezes: pela companhia telefônica, que corta certas medidas de fidelidade de áudio para encaixar mais chamadas em sua largura de banda na rede; por você, que converte cerca de 60 seg/min × 60 min/h x 8 h = 30000 segundos de vivência em algumas centenas de sílabas; e finalmente pela memória da sua mãe, que enxuga essas sílabas para obter a "nata" parafraseável, esquecendo a maioria das sílabas dali a poucos segundos.

Em consequência, não apenas o fragmento e a citação, mas também a *descrição* constituem formas de compressão com perda. Na verdade, a compressão com perda é a própria essência do que a linguagem *é*. Ela explica tanto suas imensas deficiências como seu imenso valor — e é mais um exemplo do "não saber" que permite a arte.

COMPRESSÃO E TÉCNICA LITERÁRIA

A sinédoque, aquele recurso linguístico pelo qual mencionamos uma parte querendo indicar o todo — "bocas para alimentar" no lugar de pessoas, "braços para a lavoura" em vez de trabalhadores, "teto" em vez de casa —, fornece uma opção de transmissão na qual tentamos preservar e transmitir a parte *mais destacada* de uma experiência, pressupondo que o leitor completará o que falta. O escritor que usa a sinédoque é como o botânico que volta do campo com um corte de galho do qual pode crescer toda uma árvore — ou como a estrela-do-mar *Linckia*, cujo braço, se decepado, pode gerar um novo corpo inteiro. O pedaço traz de volta o todo.

Em seu famoso poema de 1915 "A canção de amor de J. Alfred Prufrock", T. S. Eliot suspirou: "Eu teria sido um par de espedaçadas garras/ A esgueirar-me pelo fundo de silentes mares".[13] Ele nos dá as garras e nós imaginamos claramente o resto do corpo do crustáceo, ao passo que, se ele dissesse "eu teria sido um velho caranguejo", *saberíamos* que as garras estavam lá, obviamente, mas elas seriam menos vívidas, mais vagas, de mais baixa resolução.

Semelhante ao uso da sinédoque é o emprego de entimemas, uma técnica de argumentação na qual explicamos um raciocínio omitindo uma premissa (porque pressupomos que ela é sabida) ou a conclusão (porque desejamos que o ouvinte chegue a ela por si mesmo). Um exemplo do primeiro caso seria dizer "Sócrates é um homem, portanto Sócrates um dia morrerá", em que a segunda premissa óbvia "todos os homens um dia morrem" é omitida. Deixar de fora uma premissa quando temos segurança de que nosso interlocutor a preencherá acelera as coisas e evita afirmar o óbvio.* E deixar de fora a conclusão pode produzir um efeito

---

* Qualquer enunciação ou descrição obviamente deixa inúmeras coisas de fora. Assim, a implicação de qualquer coisa *dita* é que ela é não óbvia. Por isso, a pa-

dramático, conduzindo os ouvintes até determinado ponto e deixando que cheguem ao desfecho por si mesmos: "Bem, Sócrates é um homem, e todos os homens um dia morrem, portanto...". Há indícios de que na hora das disposições finais em um tribunal, e também em sala de aula, deixar que os ouvintes (jurados ou alunos) cheguem por si mesmos à conclusão ou "fecho" suscita um maior envolvimento e, com isso, produz mais impacto. (Entretanto, isso pressupõe que os ouvintes tirarão a conclusão que você tem em mente. Outras conclusões — por exemplo, cadáveres *sentem* cócegas! — podem ser possíveis; aí reside a possibilidade de perda dos entimemas.)

Analogamente, quando usamos a aposiopese, técnica popular entre os roteiristas de cinema e teatro na qual um pensamento ou linha de diálogo é subitamente interrompido...

CRÍTICA COMO COMPRESSÃO

Podemos conceber a *crítica* também como uma compressão: uma obra literária precisa lutar para sobreviver e perdurar em face de seu marketing e de suas resenhas, duas coisas que, em certo sentido, fornecem uma compressão com perda do livro propriamente dito. Qualquer coisa dita a respeito de uma obra de arte passa a competir com a obra.

Lamenta-se às vezes que certas pessoas leiam resenhas, sinopses ou ensaios sobre um livro mas não leiam o livro propriamente

---

lavra "obviamente" (ou a frase "é claro") sempre é ao menos um pouco insincera — porque qualquer coisa dita tem de ser ao menos *um pouco* surpreendente e/ou informativa para que seja *dita*. (Tudo que é dito tem por trás uma pressuposição de ignorância. Por essa razão, afirmar o óbvio não só é ineficiente, mas com frequência ofensivo. No entanto, o oposto, deixar de dizer coisas demais — como nos mostra Shannon no valor da redundância —, também tem seus riscos.)

dito. Ora, se a densidade de informação de *Anna Kariênina* é tão baixa que uma resenha com 1% de seu tamanho transmite 60% da forma e do "conteúdo essencial" do livro, a culpa é de Tolstói. Seus leitores são seres humanos com apenas 28 mil dias aproximadamente entre seu nascimento e morte. Se querem ler a sinopse com perda e seguir em frente, como censurá-los?

O mesmo vale para a arte conceitual: quem precisa *ver* o mictório de Duchamp quando pode *ouvir falar* da obra muito mais depressa e extrair disso grande parte da experiência?[14] A arte conceitual talvez seja, para o bem ou para o mal, (definível como) a arte mais suscetível à compressão com perda.

MOSTRAR OU DIZER

"Mostre, não diga" é a máxima de muitas oficinas literárias. Por quê? Bem, para começar, é por causa da entropia da informação. Quando falamos sobre um dente que perdemos, podemos ser levados por essa imagem, no contexto certo, a imaginar todo o tempo da infância, uma história de maus-tratos conjugais, ou — como é o caso do arrepiante poema "Tours", de C. D. Wright —[*15] essas duas coisas ao mesmo tempo. Ao passo que *ouvir* que uma mulher foi espancada, ou que uma filha está crescendo, pode não nos levar a imaginar algo tão específico e vívido quanto um dente que caiu.

No entanto, quando pensamos nessas linhas para argumentar que mostrar é melhor do que dizer, não devemos permitir que isso se torne um dogma; é uma questão *empírica*, em última

---

* "A menina na escada ouve o pai/ Bater na mãe", começa o poema, e termina com uma referência que pode ser à mãe ou à filha: "Alguém põe a língua onde antes havia dentes".

análise. O fato é que há ocasiões em que a entropia da informação do dizer excede a do mostrar. Ao deparar com elas, nós, escritores ou oradores, precisamos nos curvar à regra superior.

Um autor que dominou esse recurso é Milan Kundera. Quando precisa "dizer" algo ao leitor em seus romances, ele não constrói uma elaborada pantomima na qual seus personagens, interagindo, a transmite sutilmente; em vez disso, ele, Kundera, simplesmente entra em cena e dá o recado. ("Como já contei na primeira parte...")[16] Sublime! Imagine um mímico de rua desistindo de suas exasperantes charadas e dizendo apenas "Estou preso numa caixa".

ENTROPIA E GÊNERO

David Shields escreveu: "Assim que um livro pode ser situado em um gênero, a meu ver para todos os propósitos ele está morto [...] Quando fico restrito a uma forma, minha mente se fecha, entra em greve e diz: 'Isto é maçante, por isso me recuso a me esforçar'".[17] *Genérico* poderia ser apenas mais um termo para *baixa entropia*. De fato, baixa entropia pode ser o que o gênero *é* — uma espécie de protótipo ou paradigma, uma sulcada estrada de caravanas através do Jogo de Shannon. Roger Ebert observa que, quando um herói de ação se vê sob fogo de metralhadora, existe uma probabilidade drasticamente menor de ele ser ferido do que, digamos, se ele for atacado por uma faca.[18] No nível subconsciente, a maioria dos espectadores entende isso. De fato, qualquer obra de arte parece invocar, com seus gestos iniciais, um elaboradíssimo conjunto de expectativas, por meio do qual seus gestos seguintes tendem, de modo geral, a ser cada vez menos surpreendentes. A mente aos poucos se acomoda.

Você talvez tenha notado, em minhas rodadas no Jogo de

Shannon, que o começo das palavras tende a ter maior pontuação entrópica do que as partes finais. Os estudos de Matt Mahoney no Florida Institute of Technology mostraram que o melhor software de compressão de texto parece sair-se melhor na segunda metade de um romance do que na primeira.[19] Eu me pergunto: isso quer dizer que a entropia pode ser fractal? Será que romances e filmes têm o mesmo padrão de pico e declínio que as palavras?

Aliás, considerando o quanto, comparativamente, os bebês se mostram perplexos e as crianças pequenas tendem a se encher de assombro, será que a vida também segue esse padrão?

Annie Dillard, em *An American Childhood*, explica as ideias que tinha na infância sobre literatura:

> Era a mais pura verdade que a maioria dos livros desmoronavam no meio do caminho. Desmoronavam quando seus protagonistas desistiam, sem nenhuma relutância perceptível, como idiotas mergulhando voluntariamente em baldes, da parte mais interessante da vida deles, e entravam em décadas de um tédio invariável. Fiquei prevenida: não faria tal besteira em minha vida adulta; quando as coisas se tornassem maçantes, iria para o mar.[20]

Acho que nossos contos de fada preparam as crianças para esse tipo de pânico existencial da vida adulta. Nada é mais desalentador do que o "e viveram felizes para sempre", o que, nos termos da entropia da informação, significa "e nunca mais aconteceu nada de interessante ou digno de nota para eles pelo resto da vida". Ou pelo menos "e você já pode imaginar como será a vida deles com quarenta, cinquenta, sessenta anos, blá-blá-blá, fim". Não seria ir longe demais dizer que esses contos de fada lançam as sementes do divórcio. Ninguém sabe o que fazer depois do casamento! Como um empreendedor sabendo que sua firma já foi comprada, como um ator cujo texto acabou mas ciente de que as câmeras continuam filmando... o casamento, para quem foi criado ouvindo os contos de fada ocidentais, tem essa mesma característica sinistra do "hã... e agora? Bom, acho que a gente simplesmente continua casado e acabou-se".

"Ninguém pergunta 'Como foi que vocês dois continuaram juntos?'. Todo mundo sempre quer saber 'Como foi que vocês se conheceram?'", lamenta Eric Hayot, um marido em um episódio do programa *This American Life* da rádio americana NPR. A resposta à pergunta como eles se mantiveram juntos, explica Hayot, "é a história da luta e da dor que passamos, combatemos e vencemos. E essa é uma história que não se conta em público".[21] Tampouco, ao que parece, se pergunta a respeito disso; até esse segmento, que termina nessas palavras, se concentra em como ele e a mulher se conheceram. Como iremos aprender?

Quanto à arte, a rara obra que conseguir manter sua entropia por toda sua duração pode ser eletrizante. *A liberdade é branca*, de Krzysztof Kieślowski, é um bom exemplo de filme para o qual é impossível atribuir um gênero.[22] É parte comédia, parte tragédia, parte filme político, parte história de detetive, parte romance, parte antirromance. Em nenhum momento pressentimos a forma do que está por vir. Essa é a forma mais sutil de radicalismo: não é imprescindível passar dos limites, mas sim forçar uma espécie de jogo de adivinhação sem definir inequivocamente o que deve ser adivinhado.*[23]

---

* David Bellos, diretor do Programa de Tradução e Comunicação Intercultural em Princeton, imagina que os livros "genéricos" podem ser mais facilmente traduzidos por computador: "Se adotássemos uma opinião indiscutivelmente preconceituosa sobre certos gêneros de ficção estrangeira contemporânea (digamos, romances franceses sobre adultério e herança), poderíamos presumir que, como tais obras não têm nada de novo a dizer e só empregam fórmulas repetidas, então, depois que um número suficiente de romances desse tipo fosse traduzido e seus originais escaneados e postos na internet, o Google Tradutor

Em *Gödel, Escher, Bach*, Douglas Hofstadter reflete: "As obras de arte talvez tentem transmitir seu estilo mais do que qualquer outra coisa".[24] Acho que, quando lemos um livro ou assistimos a um filme, o que nos perguntamos talvez não seja "Será que o herói vai ser salvo?", e sim "Este é o tipo de história em que o herói é salvo?". Talvez não estejamos interessados no futuro — *o que acontecerá, que letra virá em seguida* — e sim no presente (contínuo): *o que está acontecendo, que palavra estou soletrando.*

FRAGMENTO

Trailers de filmes: adoro assistir aos trailers no cinema. A mais alta entropia que obteremos em toda a sessão. Cada clipe nos dá um mundo.

Assim como "velhas garras" são sinédoque para "crustáceo", casos que relatamos são sinédoque para a nossa vida. Os resenhistas de poesia não hesitam em incluir citações, amostras, mas os de ficção parecem preferir a sinopse do enredo para dar ao leitor um resumo com perda do que se pode esperar do livro. Duas estratégias distintas de compressão com perda, cada qual com seus artefatos de compressão. Tente você mesmo, como experimento: durante uma semana, peça aos seus amigos: "Conte-me o que você fez esta semana"; na semana seguinte, peça: "Conte algum caso sobre algo que aconteceu com você nesta semana". Veja qual método funciona melhor com perda.

A entropia não se encontra só em coisas desprovidas de

---

seria capaz de fazer uma simulação bem razoável da tradução de outras regurgitações do mesmo feitio... Em obras verdadeiramente originais — cuja tradução, portanto, vale a pena —, a tradução estatística por máquina não tem a mínima chance".

envolvimento emocional, como espaço no disco rígido e largura de banda. Transferência de dados é comunicação. Surpresa é vivência. No espaço quase paradoxal entre *tamanho* e *capacidade* de um disco rígido está a entropia da informação; no espaço entre o *tamanho* e a *capacidade* de uma vida está a sua vida.

A ENTROPIA DE UM CONSELHO

A entropia sugere que ganhamos a máxima percepção sobre uma questão quando a apresentamos ao amigo, colega ou mentor cuja reação e resposta são as *menos* previsíveis para nós.

A ENTROPIA DE UMA ENTREVISTA

E sugere, talvez, revertendo a equação, que, se quisermos alcançar a máxima percepção sobre uma *pessoa*, devemos fazer a *pergunta* cuja resposta é a menos previsível para nós.

Recordo-me de ter assistido a um programa da entrevistadora Oprah Winfrey em 11 de setembro de 2007; seus convidados eram crianças que haviam perdido um dos pais durante o ataque terrorista de 11 de setembro de 2001:

OPRAH: Fico feliz por vocês poderem estar aqui conosco neste momento de recordação. A dor vai diminuindo com o tempo — posso perguntar a alguém? — vai diminuindo?[25]

Ela indaga, mas a pergunta já contém a resposta. (Quem ousaria dizer "Bem, talvez, um pouco", ou "Aos pouquinhos, bem devagar"?) A própria questão cria uma espécie de norma moral, sugerindo, apesar de evidências em contrário,[*26] que para uma pessoa normal o pesar não poderia ter diminuído. A moeda que ela joga parece ter duas caras. Fui ficando nervoso com a entrevista:

OPRAH: Vocês se sentem "crianças do Onze de Setembro"? Você, Shalisha, quando alguém fica sabendo que você perdeu alguém que amava, sente que de repente se torna uma criança do Onze de Setembro?

SHALISHA: Sim, é isso mesmo.

OPRAH: Eu digo, e já disse muitas vezes no meu programa durante todos estes anos, que não passa um dia sem que eu, em algum momento, pense no que aconteceu naquele dia, apesar de não ter perdido ninguém que eu conhecesse. E na abertura deste programa eu disse que vocês todos vivem com isso todos os dias. Nunca sai da cabeça, não é?

AYLEEN: Não.

Que outra resposta dar a uma pergunta dessas? Para começar, duvido que durante seis anos Oprah realmente pensasse todo santo dia sobre os ataques de Onze de Setembro. E depois, como se pode esperar que alguém dê uma resposta sincera a uma pergunta prefaciada desse modo? Ela está *dizendo* e não perguntando aos entrevistados o que eles sentem.

OPRAH: E esta não é a época mais difícil do ano?

KIRSTEN: É mais difícil nesta época, eu acho.

Decepcionado, desliguei a tevê. Se removêssemos as respostas das crianças, teríamos praticamente a mesma entrevista.

Verdade seja dita: sei, porque li os transcritos, que as perguntas

* !

de Oprah se tornaram um pouco mais flexíveis e que as crianças começaram a se abrir (só os transcritos já me deixaram com um nó na garganta); mas eu, como telespectador, fiquei frustrado ao vê-la impor uma moldura tão rígida para as respostas. Prefiro então não julgar esse caso específico: talvez fosse um modo de pôr mais à vontade um grupo de entrevistados jovens, nervosos e tristes; talvez essa seja a melhor tática de entrevista. Por outro lado, ou pelo menos em outra *situação*, fazer justamente as perguntas cujas respostas temos mais probabilidade de saber de antemão poderia ser interpretado como uma relutância em conhecer de fato a pessoa. Como telespectador, senti que minha capacidade de compreender aquelas crianças estava sendo tolhida pelas perguntas — e o mesmo, pensei, valia para Oprah. Será que ela queria *mesmo* saber o que as crianças sentiam?

Quando pensamos em *entrevista*, imaginamos uma situação formalizada, uma espécie de avaliação ou exame. Mas o significado etimológico da palavra é *ver reciprocamente*. E não é essa a finalidade de qualquer conversa significativa?

Lembro-me da comoção que senti ao ler um trecho de *Zen e a arte de manutenção de motocicletas* no qual Robert Pirsig reflete:

> "Quais são as novidades?" é a eterna pergunta, interessante e abrangente; mas, se só perguntarmos isso, obteremos uma série interminável de banalidades, modismos, o lodo do futuro. Eu prefiro me preocupar em perguntar: "O que é melhor?". É um questionamento mais profundo do que abrangente, cujas respostas tendem a lançar o lodo correnteza abaixo.[27]

E me dei conta: mesmo os padrões básicos de conversação podem ser questionados. E melhorados. A entropia da informação nos dá um modo.

Há poucos meses caí nessa armadilha, e lembrar a citação de

Pirsig me tirou dela. Estava vagueando pela internet e não encontrava nada de interessante nas notícias, nada interessante no Facebook... fui resvalando para a melancolia; o mundo antes parecia tão interessante... mas de repente me dei conta, como se fosse uma grande novidade, de que a maior parte daquilo que o mundo tem de interessante e maravilhoso *não* aconteceu nas últimas 24 horas. Como é que esse fato me fugira? (Goethe: "Quem é incapaz de valer-se de 3 mil anos vive ao deus-dará".) Não sei por quê, mas acho que a internet está fazendo essa ideia fundamental ser perdida por toda uma população. Resumindo: li um pouco de Thoreau, um pouco de Keats e fiquei muito mais satisfeito.

Idem para a esfera pessoal. Não cometa o erro de pensar que quando o "E então, há mais novidades?" perde o gás você já está totalmente "atualizado" sobre a pessoa. A maior parte do que você não sabe a respeito dela tem pouco ou nada a ver com o período entre a conversa corrente e a anterior.

Seja em uma rodada de *speed dating*, em um debate político, em um telefonema para sua casa ou em uma conversa à mesa do jantar, penso que a entropia da informação é pertinente. Questões assim genéricas e superficiais apresentam uma distribuição uniforme. Aprendemos sobre alguém por meio de pequenas surpresas. Podemos aprender a conversar de modo a trazê-las à tona.

As amenidades têm baixa entropia, são tão batidas que deixam de ser perguntas de verdade e se tornam um ritual. É claro que os rituais têm suas virtudes, não os critico de modo algum. Mas, se quisermos realmente começar a entender alguém, precisamos levar a pessoa a falar em sentenças que não sabemos terminar.*

---

* Como confederado, frequentemente foi nos momentos em que eu (achava que) sabia o que o juiz estava digitando que me antecipei à pergunta. Isso sugere um modo em que a entropia do Jogo de Shannon e a (muito menos compreendida)

LEMPEL-ZIV; O CÉREBRO DO BEBÊ; REDEFINIÇÃO DE "PALAVRA"

Em muitos procedimentos de compressão — entre eles o famoso algoritmo de Lempel-Ziv —, bits que frequentemente ocorrem juntos são agrupados em uma unidade denominada *palavra*. Esse rótulo pode dizer mais do que parece.

Muitos cientistas cognitivos contemporâneos afirmam que os bebês aprendem as palavras de sua língua nativa intuindo quais sons tendem estatisticamente a ocorrer juntos com maior frequência.[28] Já mencionei que os valores no Jogo de Shannon costumam ser mais elevados no começo das palavras e mais baixos no final; isso significa que os pares de letras ou sílabas *dentro* das palavras têm entropia significativamente mais baixa do que os pares que ocorrem *entre* uma palavra e outra. Esse padrão pode ser o primeiro ponto de apoio para os bebês em sua língua, o que lhes permite começar a agrupar o fluxo de sons emitidos pelos pais em segmentos separados — *palavras* — que podem ser manipulados de modo independente. Os bebês são ligados na entropia da informação antes de se ligarem em seus próprios nomes. Aliás, é justamente ela que os leva a prestar atenção a seus nomes. Lembre-se de que o discurso oral não tem pausas ou separações: quando vi pela primeira vez um diagrama da fala por níveis de pressão sonora, espantei-me ao não encontrar silêncios interpalavras. E, por boa parte da história humana, a escrita também não os teve. (Ao que parece, o espaço foi introduzido no século VII para facilitar o trabalho de monges irlandeses medievais cujo latim não era lá essas coisas.) Esse padrão de picos e declínios da entropia de Shannon (a propósito, também é assim que uma nota musical

---

ciência da interrupção podem estar relacionadas: uma ligação entre as questões de *como* terminar as sentenças dos outros e *quando* fazê-lo.

aparece em um espectógrafo), esse declive, pode indicar melhor do que qualquer coisa relacionada à barra de espaço qual a raiz da palavra.*[29, 30]

E vemos o processo de agrupamento de Lempel-Ziv não só na *aquisição*, mas também na *evolução* da língua. "Paraquedista", "minissaia", "infraestrutura": pares que ocorrem com certa frequência acabam fundidos em palavras únicas.** ("Em geral, composições permanentes começam como composições temporárias que passam a ser usadas com muita frequência e acabam por estabelecer-se como composições permanentes. Analogamente, muitas palavras compostas não hifenizadas começam como pala-

---

* "Se as pessoas falassem em forma de texto completamente comprimido, ninguém conseguiria aprender inglês", pondera Eugene Charniak, professor de ciência da computação e ciência cognitiva da Brown University. Analogamente, os adultos teriam muito mais dificuldade para distinguir de relance um palavreado sem sentido, pois cada série de letras ou sons teria ao menos *algum* significado. A famosa frase de Noam Chomsky, "*Colorless green ideas sleep furiously*" [ideias verdes incolores dormem furiosamente], é sem sentido, mas requer alguma atenção para que a identifiquemos como tal, ao passo que basta bater os olhos em "Meck pren plaphth" para saber que não quer dizer nada. Uma língua que fosse comprimida ao máximo da concisão e economia não permitiria essa distinção.

Outra coisa que se perderia em uma língua com compressão máxima (se, para começar, alguém fosse capaz de aprendê-la) seriam as *palavras cruzadas*. Como ressaltou Claude Shannon, se nossa língua [o inglês] fosse mais bem comprimida — ou seja, se as palavras fossem mais curtas e quase todas as séries curtas de letras, como "meck" e "pren" etc. fossem palavras válidas —, seria muito mais difícil resolver palavras cruzadas, pois respostas erradas não produziriam partes em que nenhuma palavra parece servir e, com isso, indicar um erro. Curiosamente, com uma língua *menos* bem comprimida, com mais séries de letras que não formam palavras e palavras mais longas em média, seria quase impossível *criar* palavras cruzadas, pois não seria possível encontrar palavras válidas suficientes cujas grafias se cruzassem de maneira certa. A entropia do inglês é quase perfeita para as palavras cruzadas.

** E não só com substantivos; esse processo ocorre também com adjetivos e advérbios muito usados: "benquisto", "malfeitor" etc.

vras separadas, evoluem para palavras hifenizadas e por fim se juntam sem o hífen."*[31]) E mesmo quando a fusão não é forte o bastante para fechar o espaço entre as duas palavras, ou mesmo para soldá-las com o hífen, muitas vezes pode ser forte o bastante para tornar a frase impenetrável a volteios da gramática. Certas frases importadas do francês normando para o inglês, por exemplo, aderiram tão poderosamente que sua sintaxe invertida nunca desapareceu: "*attorney general*" [procurador-geral], "*body politic*" [organismo político], "*court martial*" [corte marcial].[32] Parece até que essas expressões, devido à frequência de seu uso, podem ser, subliminarmente, consideradas atômicas, palavras únicas, apesar do espaço que as separa.

Portanto, o aprendizado da língua obedece ao algoritmo de Lempel-Liv; a evolução da língua, idem. Como explicar essa estranha analogia? Fiz essa pergunta a Eugene Charniak, cientista cognitivo da Brown University. "Ah, é muito mais forte do que uma simples *analogia*", ele respondeu. "É provavelmente *o que de fato acontece*."

O JOGO DE SHANNON E NOSSOS POLEGARES: A HEGEMONIA DO T9

Suponho que se você alguma vez usou um telefone para escrever palavras — e isso cada vez mais se aplica a todos nós hoje em dia** — já deparou com a entropia da informação. Repare que

---

* *The American Heritage Book of English Usage*, §8. (Esse símbolo, §, que não pertence ao alfabeto e à pontuação, provavelmente tem o valor entrópico de meia sentença. Usá-lo me traz satisfação. O mesmo vale para sinais enigmáticos de nomes fascinantes como o "*pipe*" [barra vertical], a lisonja [losango vazado], o pé-de-mosca [¶], o asterisco e a adaga dupla [‡].)

** As estatísticas mais recentes que encontrei indicam que as assinaturas de telefone celular chegam a 4,6 bilhões em uma população global de 6,8 bilhões.

o aparelho fica tentando prever o que você quer escrever. Faz lembrar alguma coisa? É o Jogo de Shannon.

Temos assim uma medida empírica da entropia, caso desejemos alguma (e talvez, por extensão, do valor "literário"): a frequência com que você frustra o seu telefone. Quanto tempo você leva para redigir. Possivelmente, quanto mais tempo e quanto mais frustrante, mais interessante poderá ser a mensagem.

Por mais que eu me sirva da capacidade de previsão de texto — envio cerca de cinquenta textos por mês pelo iPhone e agora dei até de anotar minhas ideias no aparelho*[33] —, também vejo perigo nela: o perigo de que a entropia da informação se torne hegemônica. Por que hegemônica? Porque toda vez que digitamos uma palavra que não é a prevista, precisamos (pelo menos no iPhone) rejeitar *explicitamente* a sugestão ou ela será usada (de modo automático). A maioria das sugestões automáticas é aproveitada. Eu acho bom, pois isso corrige erros de digitação, permitindo uma redação incrivelmente rápida e despreocupada. Mas há um sinistro ponto fraco, e ele existia também em meu celular anterior, que tinha um teclado numérico padrão com o algoritmo de previsão T9. Somos delicadamente, e às vezes não tanto assim, incentivados, impelidos, empurrados a usar a língua do modo como ela foi usada originalmente pelo grupo de teste. (E mais ainda quando o algoritmo não se adapta ao nosso comportamento, o que se pode dizer de muitos deles, em especial os mais antigos.) O resultado é que inconscientemente começamos a mudar nosso léxico para que ele se sirva das palavras mais à mão. Como o surreal mercado de palavras no livro *Tudo depende de como você vê*

---

* "You and Me", da Dave Matthews Band, é, pelo que eu saiba, o primeiro sucesso do rádio cuja letra foi escrita num iPhone, o que sugere que a previsão de texto pode afetar cada vez mais não só nossa comunicação interpessoal mas também a produção artística.

as coisas, de Norton Juster, certas palavras se tornam muito estimadas, muito caras, muito escassas.[34] Isso é loucura. Não é modo de se tratar uma língua. Quando digito no teclado do meu laptop para escrever com meu processador de texto, não acontece essa previsão, por isso meus erros de digitação não são automaticamente consertados e eu sou obrigado a digitar a palavra toda para dizer o que tenho em mente, em vez de apenas começar a digitá-la. Mas posso escrever o que bem entendo. Talvez tenha de acionar mais teclas em média do que se estivesse usando a predição de texto, mas não há nenhum desincentivo a interpor-se entre mim e as possibilidades mais incomuns da língua. Vale a pena.

O cientista da computação Guy Blelloch, da Universidade Carnegie Mellon, sugere:

> Poderíamos pensar que a compressão de texto com perda é inaceitável porque imaginamos que caracteres são perdidos ou trocados. Consideremos, então, um sistema que reescrevesse as sentenças de uma forma mais comum, ou substituísse as palavras por sinônimos de modo que o arquivo pudesse ser mais bem comprimido. Tecnicamente a compressão seria com perda, já que o texto foi mudado, mas o "significado" e a clareza da mensagem poderiam ser totalmente mantidos ou até melhorados.[35]

No entanto — Robert Frost —, "poesia é o que se perde na tradução". E não parece também que é o que se perde na compressão?

Estabelecer modos "convencionais" e "não convencionais" de usar uma língua necessariamente implica um certo grau de intimidação. (O excelente ensaio "Authority and American Usage", de David Foster Wallace, mostra como isso ocorre com a publicação de dicionários.)[36] Penso que o inglês "padrão" — junto com suas sub-regiões de conformidade: o "inglês acadêmico", as regras específicas para periódicos e disciplinas etc. — sempre foi uma questão tanto de clareza como de diferenciação pelo estilo de falar. (O fato de o inglês "padrão" não ser a versão mais falada deveria bastar para que não fosse considerado padrão e para dizermos que existe *alguma* força hegemônica em ação, mesmo se não for premeditada ou benéfica.)

No entanto, *dentro* de comunidades de falantes e escritores, esses desvios com frequência passam despercebidos e mais comumente ainda deixam de ser punidos: se todos à sua volta dizem "cadê", então cadê a incorreção de se dizer essa palavra? Mas o mundo moderno, globalizado, está mudando isso. Se o inglês americano domina a internet e as buscas originadas por britânicos fornecem resultados sobretudo de origem americana, de repente a juventude britânica se vê diariamente atacada, como nenhuma geração anterior, por palavras grafadas em inglês americano. Pense também no Microsoft Word: alguma pessoa ou grupo na Microsoft decidiu em algum momento quais palavras constavam de seu dicionário e quais não constavam, e assim sutilmente impôs seu vocabulário aos usuários do mundo todo.* Nunca antes, por exemplo, os estivadores de Baltimore ou os químicos de Houston tiveram de se preocupar com o fato de seu vocabulário ter ou não o selo de aprovação dos engenheiros de software da área de Seattle. Que importava? Agora o vocabulário de um grupo intervém nas comunicações entre membros de outros grupos, açoitando como erros termos perfeitamente inteligíveis e padronizados. Dito isso, por outro lado, contanto que você possa soletrar uma palavra, pode escrevê-la (e subsequentemente obrigar seu dicionário a

---

* Sublinhando em vermelho, por exemplo, a polêmica e não convencional palavra "*ain't*" (contração de "*am not*", "*is not*", "*are not*" etc.), apesar de ela estar ininterruptamente em uso desde o século XVIII, de aparecer em 83 800 000 resultados de busca no Google e de ter sido proferida no debate de 2008 dos candidatos à vice-presidência dos Estados Unidos.

parar de destacá-la em vermelho). O software não *impede* de fato que uma pessoa digite o que deseja.

Isto é, desde que a pessoa esteja usando um computador, e não um telefone. Tratando-se de celulares, onde imperam os esquemas de previsão de texto, as coisas ficam mais atemorizantes. Em alguns casos pode ser literalmente impossível escrever palavras que o aparelho não tem em sua biblioteca.

A compressão, como já mencionamos, depende da tendência, pois tornar os padrões esperados mais fáceis de representar necessariamente dificulta representar os padrões inesperados. A comodidade de usar a linguagem "normal", tão aplaudida pelos consumidores, também significa uma penalidade para quem sai dessas linhas. (Quando um poema escrito em máquina de escrever não começa suas linhas ou sentenças com letras maiúsculas, pode ser sinal de preguiça *ou* uma decisão estética do autor — mas para os usuários sujeitos à "correção" automática, só pode ser a segunda alternativa.)

Quanto mais nossos telefones tentam nos ajudar, mais dificuldade encontramos para ser nós mesmos. A todo aquele que luta para escrever um texto idiossincrático, extremamente entrópico, imprevisível e não convencional, nadando contra a corrente da verificação ortográfica e do preenchimento automático: *Não se deixe banalizar! Continue lutando.* *

COMPRESSÃO E O CONCEITO DE TEMPO

Sistemas envolvendo grandes quantidades de dados que passam por mudanças relativamente pequenas — um sistema de

---

* Em outubro de 2008 uma petição on-line com mais de 20 mil assinaturas ajudou a persuadir a Apple a permitir aos usuários que baixassem a nova versão do iPhone *firmware*, para desativar a autocorreção se assim o desejassem.

controle de versão que lida com sucessivas versões de um documento, ou um videocompressor que processa quadros sucessivos de um filme — permitem a chamada "compressão delta". Nesse tipo de compressão, em vez de armazenar uma nova cópia dos dados a cada vez, o compressor armazena somente o original, junto com arquivos das sucessivas mudanças. Esses arquivos são denominados "deltas" ou "*diffs*". A compressão de vídeo tem seu próprio subjargão: a compressão delta se chama "compensação de movimento", quadros inteiramente armazenados são "*key-frames*" (quadros-chave) ou "*I-frames*" (quadros intracódigo), e os "*diffs*" são "*P-frames*" (quadros preditivos).

A compressão de vídeo se baseia na ideia de que a maioria dos quadros tem alguma semelhança marcante com o quadro anterior — por exemplo, a boca e as sobrancelhas do ator principal se moveram ligeiramente, mas o fundo estático é idêntico — e assim, em vez de codificar a imagem inteira (como nos *I-frames*), codificam-se apenas (com os *P-frames*) os *diffs* entre o quadro anterior e o corrente. Assim que ocorre o corte na cena, pode-se usar um novo *I-frame*, pois ele não tem semelhanças com o quadro anterior; portanto, fazer a codificação de todos os *diffs* demoraria tanto quanto ou mais do que apenas codificar a nova imagem. As edições de câmera tendem a apresentar os mesmos picos e quedas da entropia que as palavras no Jogo de Shannon.

Como costuma ocorrer com as compressões, diminuição da redundância significa aumento da fragilidade: se o documento ou o *key frame* original for danificado, os *diffs* praticamente deixam de ter utilidade, e tudo se perde. Em geral, os erros ou o ruído tendem a permanecer por mais tempo. Além disso, é muito mais difícil pular para o meio de um vídeo que esteja usando a compensação de movimento, pois, para apresentar o quadro para o qual você está pulando, o decodificador precisa rodar para trás e procurar o *key frame* mais recente, prepará-lo e então fazer todas as mudanças entre esse quadro e aquele que você deseja. Se você já se perguntou por que um vídeo on-line é tão intratável quando você tenta avançar seus quadros, eis grande parte da resposta.[*37,38]

Mas seria ir longe demais dizer que a compressão delta está mudando nossa própria noção de *tempo*? Os quadros em um filme, abalroados contra os quadros seguintes; os quadros de um estereoscópio View-Master, cada um empurrado para a esquerda pelo seguinte no carretel... mas essas metáforas para o movimento, cada instante do tempo expelido do presente por seu sucessor, como cartuchos ejetados do pente de uma metralhadora — essas metáforas não se aplicam ao vídeo *comprimido*. O tempo não *passa* mais. O futuro, em vez de substituir, revê o presente, faz nele acabamentos e retoques. O passado não é um pente que vai rodando com os momentos gastos, e sim as subcamadas borradas do palimpsesto, os matizes sepultados por camadas de pintura, a Roma Antiga no subsolo da contemporânea. Considerado por esse ângulo, um vídeo parece empilhar-se *para cima*, na direção dos olhos, uma camada infinitesimalmente fina por vez.

DIFFS E MARKETING, INDIVIDUALIDADE

Um cartaz de filme nos dá uma fotografia dos cerca de 172800 quadros que compõem um longa-metragem, um outdoor

---

* Alguns artistas vêm *usando* artefatos de compressão e falhas de compressão para criar uma estética visual deliberada, conhecida como "*datamoshing*" [trombar dados]. De curta-metragens artísticos como *Monster Movie*, de Takeshi Murata, a videoclipes populares como "Welcome to Heartbreak", de Kanye West, dirigido por Nabil Elderkin, estamos vendo uma fascinante onda de experimentos com o que poderíamos chamar de "traquinagem com a compressão delta". O que acontece, por exemplo, quando aplicamos uma série de *diffs* ao *I-frame* errado, e a parede da estação de metrô começa a se encher de sulcos e a se abrir misteriosamente como se fosse a boca de Kanye West?

destila a experiência de uma semana nas Bahamas em uma única palavra, uma resenha elogiosa tenta espetar as doze horas que um romance demora para ser lido com um tridente de apenas três adjetivos. O marketing pode ser a compressão com perda levada ao extremo. Pode nos ensinar gramática, reduzindo uma sentença à sua palavra-chave. Mas, se atentarmos especificamente para o modo como se faz o marketing de arte, veremos um padrão muito semelhante aos *I-frames* e *P-frames*; só que, nesse caso, temos um clichê e um *diff*. Ou um gênero e um *diff*.

Quando artistas participam de uma tradição estilística e/ou narrativa (e sempre é uma tradição), podemos descrever, e frequentemente o fazemos, suas realizações como um *diff*. A típica história de amor, com uma singularidade: _____. Ou: como o som de_____ , mas com uma nota de _____. Ou: _____ encontra_____.

Os filhos se tornam *diffs* de seus pais. Amores, *diffs* de amores passados. Estética torna-se *diff* de estética. Este instante: um *diff* do instante que acabou de passar.

Kundera:

> Aquilo que o "eu" tem de único se esconde exatamente naquilo que o ser humano tem de inimaginável. Só podemos imaginar aquilo que é idêntico em todos os seres humanos, aquilo que lhes é comum. O "eu" individual é aquilo que se distingue do geral, portanto, aquilo que não se deixa adivinhar nem calcular antecipadamente, aquilo que precisa ser desvelado, descoberto e conquistado do outro.[39]

Quando o *diff* entre dois quadros de um vídeo é grande demais (isso frequentemente ocorre em edições ou cortes), muitas vezes é mais fácil construir um novo *I-frame* do que enumerar todas as diferenças. A analogia com a experiência humana é aquele momento em que, desistindo do insuficiente modo de explicação por *diff* ("É como ____ encontra ____"), dizemos: "Eu levaria mais tempo para lhe explicar falando do que simplesmente mostrando", ou então: "Não dá para explicar, você tem de ver". Seria essa, talvez, a definição de sublime?

DIFFS E MORALIDADE

Thomas Jefferson teve escravos; Aristóteles era sexista. E nós os consideramos sábios? Honrados? Esclarecidos? Mas possuir escravos em uma sociedade escravista e ser sexista em uma sociedade sexista são características de personalidade de baixa entropia. Em uma biografia comprimida de uma pessoa, não as mencionamos. Mas também tendemos, de modo geral, a *julgar menos* os aspectos de baixa entropia da personalidade de alguém em comparação com os de alta entropia. Em geral, poderíamos argumentar, os *diffs* entre essas pessoas e sua sociedade contêm honradez e sabedoria. Será, então, que isso sugere uma dimensão *moral* para a compressão?

INSERIR E EXTRAIR: O EROS DA ENTROPIA

Douglas Hofstadter:

Não estranhamos a ideia de que um disco contém a mesma informação que uma música porque existem os toca-discos, que podem "ler" discos e converter os padrões dos sulcos em sons [...] É, pois, natural pensar que [...] mecanismos de decodificação [...] apenas revelam informações que existem intrinsecamente nas estruturas, à espera de ser "extraídas". Isso traz a ideia de que, para cada estrutura, existem certas informações que dela *podem* ser extraídas, porém há outras informações que *não podem*. Mas o que significa de fato esta expressão, "extrair"? Que força estamos dispostos a aplicar? Há casos em que, com esforço suficiente, podemos extrair informações muito recônditas de certas estruturas. De fato, a extração pode envolver operações tão complexas que nos dão a impressão de estarmos inserindo mais informações do que extraímos.[40]

O estranho e nebuloso terreno entre um decodificador extraindo e inserindo informação, entre implicação e inferência, é um solo fértil para a crítica de arte e a tradução literária, e também para a interessante técnica de compressão denominada *insinuação*, que se aproveita da negabilidade latente nesse espaço intermediário. Existe uma espécie de eros nisso também — *Não sei onde você (intenção) termina e eu (interpretação) começo* —, pois o mero ato de ouvir nos amarra em um dueto.

HOMENS E MULHERES: (SIMPLESMENTE?) *PLAYERS*

Parte da questão da qualidade de um arquivo MP3 comprimido, por exemplo, reside no grau em que os dados originais não comprimidos estão preservados; a outra parte está na capacidade do *player* de MP3 (que costuma ser também o descompressor) para adivinhar, interpolar os valores que não foram preservados. Para falar em qualidade de um *arquivo*, precisamos considerar sua relação com o dispositivo que o reproduz.

Analogamente, qualquer competição de compressão na comunidade da ciência da computação requer que os participantes incluam o tamanho do descompressor junto com seu arquivo comprimido. Do contrário, obtém-se o "efeito jukebox": "Vejam só, comprimi a Segunda Sinfonia de Mahler em apenas dois bytes! Os caracteres 'A7'! É só clicá-los e ouvir!". Já se vê que a música não foi comprimida coisa nenhuma; foi apenas inserida no descompressor.

Com os humanos, porém, é diferente. O tamanho do nosso descompressor é fixo: cerca de 100 bilhões de neurônios. Vale dizer, é imenso. Portanto, é bom que o usemos. Por que ler um livro com a indiferença de um laser escaneando um disco óptico? Em nossas relações com a arte, com o mundo, com as pessoas, encaixemos todas as nossas engrenagens, busquemos aquilo que extrai a máxima vantagem do *player*: aquilo que apela para a nossa plena humanidade.

Penso que a razão por que achamos que os romances contêm muito mais "informação" do que os filmes é que os livros terceirizam a cinematografia e a cenografia: deixam-nas a cargo do leitor. Se dizem que os personagens estão "comendo ovos", nós, leitores, preenchemos o prato, os talheres, a mesa, as cadeiras, a frigideira, a espátula... é bem verdade que cada leitor terá uma espátula diferente, enquanto o filme a especifica: *esta* espátula, e nenhuma outra. Tais especificações exigem dados visuais detalhados (daí o tamanho maior dos arquivos de vídeo), mas com frequência não têm importância (daí a maior complexidade *vivenciada* do romance).

Esse é, para mim, um poderoso argumento em favor do valor e da força da *literatura* especificamente. Filmes não exigem tanto do *player*. A maioria das pessoas sabe disso; no fim do dia você pode estar cansado demais para ler, mas ainda não tão cansado para ver televisão ou ouvir música. Já a fragilidade da linguagem é menos comentada: quando você assiste a filmes estrangeiros legendados, repare que *apenas as palavras* são traduzidas; a cinematografia e a trilha sonora são perfeitamente "legíveis" para você. Mesmo sem nenhum tipo de "tradução", ainda podemos apreciar e, em grande medida, avaliar músicas, filmes e esculturas estrangeiros. Por outro lado, os livros dessas outras culturas não passam de rabiscos no papel; tente ler um romance em japonês, por exemplo, e não extrairá quase nada da experiência. Tudo isso mostra o quanto a linguagem é, poderíamos dizer, pessoal. O poder dos filmes e da música provém, em grande medida, de sua universalidade; a característica teimosamente não universal da linguagem indica um tipo de poder totalmente diferente.

BUSCA DO INIMAGINÁVEL

Kundera:

Não seria o amor físico a eterna repetição de um mesmo ato? De maneira nenhuma. Há sempre uma pequena porcentagem de inimaginável. Ao ver uma mulher vestida, podia evidentemente imaginar mais ou menos como seria ela nua [...], mas entre a aproximação da ideia e a precisão da realidade subsistia uma pequena lacuna de inimaginável, e era essa lacuna que não o deixava em paz. Além disso, a busca do inimaginável não termina com a descoberta da nudez, vai além dela: que cara faria ela ao tirar a roupa? o que diria quando fizessem amor? como soariam seus suspiros? que rictos se estampariam em seu rosto no momento do gozo? [...] Não era obcecado pelas mulheres; era obcecado pelo que em cada uma delas há de inimaginável [...] Não era, portanto, o desejo do prazer (o prazer vinha, digamos, como um prêmio), mas o desejo de se apoderar do mundo.[41]

A busca do inimaginável, a "vontade de informação" como argumento para correr atrás de mulheres? Largura antes de profundidade? Não. Mas um lembrete, a meu ver, de que um amor durável é dinâmico, e não estático; prossegue, não permanece; um rio em que entramos a cada dia, e nunca duas vezes. Devemos nos atrever a encontrar novos modos de ser nós mesmos, novos modos de descobrir os aspectos inimagináveis em nós mesmos e naqueles que nos são mais próximos.

Em nossos primeiros meses de vida, encontramo-nos em um estado de incessante desnorteamento. Depois, como um filme, como uma palavra, as coisas vão passando — embora não sem exceções — de inescrutáveis a compreensíveis, a familiares e por fim a maçantes. A menos que estejamos vigilantes: essa tendência, a meu ver, pode ser combatida.*[42] Talvez a questão não seja tanto possuir o mundo, e sim entendê-lo de algum modo. Ter um vislumbre de seu alucinante detalhamento e complexidade.

A suprema vocação ética, ocorre-me, é a curiosidade. Ela contém a maior reverência, o maior êxtase. Meus pais contam que, quando eu era pequeno, passei alguns meses em que quase não fazia nada além de apontar para as coisas e perguntar "O que é isso?" "To-a-lha." "O que é isso?" "Guar-da-na-po." "O que é isso?" "Ar-má--rio." "O que é isso?" "Man-tei-ga." "O que é isso?"… Abençoado casal: combinaram os dois logo de saída que responderiam toda vez com o máximo de entusiasmo que conseguissem encontrar e jamais bloqueariam ou silenciariam minhas perguntas por mais que elas os irritassem. Comecei uma coleção de gravetos excepcionais encontrados no quintal que logo continha *todos os gravetos* que achei naquela semana. Como permanecer irreprimivelmente curioso? Como podemos manter elevada a taxa de bits da nossa vida?

Heather McHugh: Não interessa como são os olhos de um poeta; interessa como ele *olha*.[43]

---

* Por exemplo, Timothy Ferriss: "Minha curva de aprendizado está loucamente elevada agora. Assim que atingir o platô, desaparecerei na Croácia por alguns meses ou farei alguma outra coisa". Nem todos podemos desaparecer na Croácia quando bem entendermos, mas o Jogo de Shannon sugere, talvez, que fazer as perguntas certas pode funcionar.

Forrest Gander: "Talvez o melhor que possamos fazer seja tentar ficar desprotegidos. Estar sempre enxotando os hábitos, o nosso modo de ver as coisas e o que esperamos, conforme eles se incrustam à nossa volta. Enxotar da toalha de mesa as moscas verdes do *usual*. Ficar atento".[44]

A ENTROPIA DO INGLÊS

O que o Jogo de Shannon nos permite fazer — se jogado com um conjunto de textos bem grande e por um grupo de pessoas bem numeroso — é quantificar a entropia da informação do inglês escrito. A compressão se baseia na probabilidade, como vimos no exemplo da moeda, portanto a habilidade do falante para prever as palavras em uma passagem está ligada ao grau de compressibilidade de um texto.

A maioria dos esquemas de compressão usa um tipo de comparação de padrões no nível binário que consiste no fundo em encontrar e substituir; nesse padrão, longas séries de dígitos que se repetem em um arquivo são trocadas por séries mais curtas, mantendo-se então uma espécie de "dicionário" que diz ao descompressor como e onde fazer de novo a troca pelas séries mais longas. A beleza desse método está no fato de que o compressor atenta apenas para o binário — o algoritmo funciona essencialmente do mesmo modo quando comprime arquivos de áudio, texto, vídeo, imagens fotográficas e até o próprio código computacional. Quando falantes do inglês jogam o Jogo de Shannon, porém, ocorre algo muito mais complexo. Elementos maiores, às vezes muito abstratos, como ortografia, gramática, registro e gênero, começam a guiar as suposições do leitor. O algoritmo de compressão ideal saberia que [em inglês] adjetivos tendem a vir antes de substantivos e que certos padrões aparecem com frequência na ortografia: "u" depois de "q", por exemplo, um par tão comum que foi preciso modificar o jogo Scrabble para acomodá-lo; tudo isso reduz a entropia do inglês. E o compressor ideal saberia que "*pearlescent*" [perolado] e "*dudes*" [pessoas (gíria)] quase nunca aparecem na mesma sentença.* E que sentenças de uma palavra, seja esta qual for, são demasiado breves para poderem ser abreviadas conforme as regras. E talvez até que a prosa do século XXI tende a usar sentenças mais curtas que a do século XIX.

Então, talvez você esteja se perguntando, qual é afinal a entropia do inglês? Bem, se nos restringirmos a 26 letras maiúsculas mais o espaço, temos 27 caracteres, o que, *não comprimido*, requer cerca de 4,75 bits por caractere.** No entanto, segundo o artigo escrito por Shannon em 1951, "Prediction and Entropy of Printed English", a entropia média de uma letra como é determinada pelos falantes nativos quando jogam o Jogo de Shannon se situa aproximadamente entre 0,6 e 1,3 bit.[45] Ou seja, em média um leitor pode adivinhar a próxima letra corretamente *metade* das vezes. (Ou, da perspectiva de quem escreve, como diz Shannon, "quando escrevemos em inglês, metade do que escrevemos é determinada pela estrutura da língua e metade é livremente escolhida".[46]) Vale dizer: uma letra contém, em média, a mesma quantidade de informação — 1 bit — que uma jogada de cara ou coroa.

ENTROPIA E O TESTE DE TURING

Voltemos ao Jogo de Shannon pela última vez. Desde a descoberta de Shannon, cientistas consideram que criar uma estratégia ótima para esse jogo equivale a criar um método de compressão

* Sendo esta sentença uma exceção, e talvez a única.
** ($\log_2 27 = 4,75$)

ótimo para o inglês. Esses dois problemas são tão relacionados que constituem uma questão única.

Mas só agora estudiosos* foram mais fundo nas suposições e dizem que criar um compressor ótimo para o inglês equivale a vencer outro grande desafio do mundo da IA: passar no teste de Turing.

Se um computador pudesse jogar esse jogo no grau ótimo, afirmam, se ele fosse capaz de comprimir o inglês otimamente, saberia tanto a respeito da língua que *conheceria a língua*. Teríamos de considerá-lo inteligente — no sentido humano da palavra.

Assim, para ser humanamente inteligente, um computador nem sequer precisa, como no teste de Turing tradicional, responder às nossas sentenças: basta que as complete.

Toda vez que você saca o seu celular e põe seus polegares para trabalhar — "então, cara, 7 tá bom pro nosso encontro" — está fazendo seu próprio teste de Turing; está verificando se os computadores finalmente nos pegaram ou não. Lembre-se de que cada frustração — cada "Por que esse troço não para de trocar '*segu*inte' por '*segunda-feira*'?" e "Por que diabos fica se despedindo com '*abraço, Março*'?" — é, para o bem ou para o mal, um veredicto: *ainda não, ainda desta vez não*. A linha ainda não é páreo para você. E também ainda não é páreo para a pessoa na outra ponta da mensagem.

---

* Por exemplo, Matt Mahoney, do Florida Institute of Technology, e Eugene Charniak, da Brown University.

Conclusão: O humano mais humano

O prêmio de Computador Mais Humano de 2009 vai para David Levy. O mesmo David Levy cuja politizada "Catherine" levou o prêmio em 1997. Levy é um sujeito fascinante. Foi um dos grandes pioneiros nos círculos de xadrez por computador nos anos 1980 e um dos organizadores do *match* de damas entre Marion Tinsley e o Chinook que precedeu o embate Kaspárov- -Deep Blue nos anos 1990. Também é autor de um livro recente de não ficção, *Love and Sex with Robots*, e por aí você pode ter uma ideia do que anda pela mente dele quando não está competindo pelo Prêmio Loebner.[1]

Levy levanta-se em meio aos aplausos, recebe o prêmio de Philip Jackson e Hugh Loebner e faz um breve discurso sobre a importância da IA para um futuro brilhante e a importância do Prêmio Loebner para a IA. Sei o que virá a seguir, e meu estômago dá um nó no segundo de silêncio antes que Philip pegue de volta o microfone. Estou certo de que Doug será o vencedor; ele e o juiz canadense ficaram conversando sobre aquele campeonato de hóquei lá deles desde a terceira sentença da conversa.

Esses canadenses ridículos e seu hóquei no gelo, penso. E então penso que o ridículo sou eu, por me permitir ficar tão nervoso por causa de um premiozinho bobo — e daí que atravessei o oceano para competir por ele... E então penso que ridículo é viajar 8 mil quilômetros só para ter uma hora de conversa por mensagem instantânea. E então penso que seria ótimo pegar o segundo lugar: se eu quisesse, poderia examinar obsessivamente os transcritos no livro como um perdedor, sem ninguém ficar pensando que era para gozar de novo a vitória. Poderia descobrir o que deu errado. Poderia voltar no ano que vem, em Los Angeles, com a vantagem cultural de estar jogando em casa, e afinal mostrar...

"E os resultados também indicam qual foi o *humano* que os juízes classificaram como 'mais humano'", anuncia Philip, "que foi, como vocês podem ver, o 'Confederado 1'. E o Confederado 1 é... Brian Christian!"

E ele me entrega o prêmio de Humano Mais Humano.

RIVAIS; PURGATÓRIO

Eu não sabia o que, exatamente, sentir. Parecia estranho tratar aquilo como sem sentido ou trivial; afinal, eu me preparara com muita seriedade, e tanta preparação, eu pensava, havia compensado. E descobri que estava muito interessado no resultado, em como eu havia me saído individualmente, é claro, mas também em como nós quatro juntos nos havíamos saído. Era evidente que aquilo tudo tinha *alguma* importância.

Por outro lado, igualmente me incomodava considerar *significativo* o meu novo prêmio, uma verdadeira medida *de mim mesmo* como pessoa. Era um pensamento que me dava sentimentos ao mesmo tempo de orgulho ("Puxa, eu *sou* um excelente espécime, e é muita gentileza da parte de vocês dizerem isso") e de culpa: se eu ficar pensando que esse prêmio de fato "significa alguma coisa", como devo agir na presença dessas três pessoas, meus únicos amigos nos próximos dias de conferência, pessoas que foram julgadas *menos humanas* do que eu? Que tipo de dinâmica isso criaria? (Resposta: os três ficaram caçoando de mim um tempão.)

Acabei deixando de lado essa questão específica: Doug, Dave e Olga foram meus companheiros mais do que meus adversários, e juntos havíamos vingado galhardamente os erros de 2008. Os confederados de 2008 haviam dado um total de cinco votos aos computadores e quase tinham permitido que um deles atingisse a marca de 30% de Turing e entrasse para a história. Já nós quatro não havíamos permitido que *nenhum* voto fosse para o lado das máquinas. O ano de 2008 fora por um triz; 2009 fora de lavada.

De início pareceu decepcionante, anticlimático. Havia um sem-número de explicações: as rodadas tinham sido menos numerosas em 2009, portanto houvera menos oportunidades para logros. O programa mais forte em 2008 fora o Elbot, obra da Artificial Solutions, uma das muitas novas empresas que promovem a tecnologia dos *chatbots* para, segundo elas, "permitir aos nossos clientes fornecer melhores serviços ao consumidor a um custo mais baixo". Depois da vitória do Elbot na competição do Prêmio Loebner e da publicidade decorrente, a empresa decidiu dar prioridade a aplicações mais comerciais do software do Elbot, por isso ele, o campeão, não voltou à arena em 2009. De certa forma, teria sido emocionante uma luta mais ombro a ombro.

Em outro sentido, porém, os resultados foram muito marcantes. Pensamos que o avanço da ciência é inexorável, incansável: a ideia de que os Macs e PCs postos à venda no ano que vem serão mais lentos, desajeitados, pesados e caros do que os modelos atuais é risível. Mesmo nas áreas em que os computadores vinham se equiparando aos padrões humanos, como o xadrez, seu avanço parecia totalmente linear, inevitável até. Talvez porque os humanos já tenham chegado a seu máximo de habilidade nesse tipo de competição. Ao passo que na esfera da conversação parecemos estar tão satisfeitos e presunçosos, e no entanto ainda temos muita margem para melhorar...

Em um artigo sobre o teste de Turing, Robert Epstein, cofundador do Prêmio Loebner, escreveu: "Uma coisa é certa: enquanto os confederados na competição nunca virão a ser mais inteligentes, os computadores serão".[2] Concordo com a segunda parte dessa ideia e discordo veementemente da primeira.

Gárri Kaspárov diz:

> Muitos atletas falam em encontrar motivação no desejo de vencer seus próprios desafios e jogar seu melhor jogo, sem se preocupar com os adversários. Embora exista nisso alguma verdade, vejo também certa hipocrisia. Cada um tem seu modo de se motivar e se manter motivado, todos os atletas florescem com a competição, e isso significa vencer alguém, não apenas fazer o seu melhor [...] Todos nos esforçamos mais, corremos mais rápido quando sabemos ter alguém nos calcanhares [...] Eu também não teria conseguido atingir meu potencial sem um grande rival como Kárpov fungando na minha nuca e me empurrando a cada passo do caminho.[3]

Há quem imagine o futuro da computação como uma espécie de paraíso. Acalentando a ideia da chamada "Singularidade", pessoas como Ray Kurzweil (em *The Singularity is Near*) e seu séquito vislumbram um momento em que faremos máquinas mais inteligentes do que nós, as quais por sua vez farão máquinas mais inteligentes do que elas e assim por diante, e a coisa toda se acelerará exponencialmente em direção a uma colossal ultrainteligência que mal conseguimos imaginar.[4] Será uma era de tecnoêxtase, julgam eles, e os humanos poderão transferir sua consciência para a internet e ser admitidos, se não corporalmente, pelo menos mentalmente em uma imperecível vida eterna no mundo da eletricidade.

Outros imaginam o futuro da computação como uma espécie de inferno. Máquinas bloqueiam a luz do sol, arrasam nossas cidades, nos trancam em câmaras hiperbáricas e sugam o calor do nosso corpo para sempre.

Não sei por quê, mas mesmo nos meus tempos de escola dominical o inferno sempre me pareceu meio inacreditável, uma coisa exagerada, e o céu, estranhamente maçante. E ambos estáticos demais. A reencarnação me parecia preferível às outras duas opções. Para mim, o mundo real, movimentado, mutável e em transformação parecia muito mais interessante, e ainda mais divertido. Não sou futurista, mas, se tiver que pensar nisso, acho que prefiro imaginar o futuro de longo prazo da IA nem como céu nem como inferno, mas uma espécie de purgatório: o lugar aonde pessoas bem-intencionadas mas com seus defeitos vão para ser purificadas — e testadas — e sair de lá melhores.

EM CASO DE DERROTA

Quanto ao veredicto final do teste de Turing propriamente dito em 2010, 2011 e depois...

Se, ou quando, um computador ganhar a medalha de ouro (ouro *maciço*, lembre-se) do Prêmio Loebner, essa competição deixará de acontecer para sempre. Quando Gárri Kaspárov derrotou o Deep Blue, de um modo bastante convincente, no primeiro embate dos dois em 1996, ele e a IBM concordaram prontamente em voltar no ano seguinte para outra competição. Quando o Deep Blue venceu Kaspárov (de modo bem menos convincente, devo acrescentar) em 97, Kaspárov propôs uma nova competição em

98, mas a IBM não quis saber. Imediatamente desligaram o Deep Blue, desmontaram-no e guardaram o registro das ações do computador que a empresa havia prometido divulgar.* Você tem, como eu, a desnorteadora imagem do desafiante peso pesado que vai ele mesmo tocar o sino para encerrar o round?

A implicação — uma vez que a evolução tecnológica parece ocorrer muito mais rápido do que a evolução biológica, respectivamente em anos e milênios — é, ao que parece, que, assim que o *Homo sapiens* for ultrapassado, jamais conseguirá alcançar o adversário. Em termos simples: *o teste de Turing, uma vez vencido, está vencido para sempre.* Não acredito *mesmo*.

A estranha ânsia da IBM de cair fora depois do *match* de 97 sugere uma espécie de insegurança que, a meu ver, é bem fundamentada. O fato é que a raça humana conseguiu dominar o planeta — o.k., tecnicamente são as bactérias que dominam a Terra,[5] se nos basearmos na biomassa, na população e na diversidade de hábitats, mas nos comprazemos em nos achar o máximo —, o fato é que a raça humana chegou aonde chegou sendo, de todas as espécies do planeta, a mais adaptativa, flexível, inovadora e veloz na aprendizagem. Não ficaremos de braços cruzados diante de uma derrota.

Não, acho que, embora certamente o primeiro ano em que computadores passarem no teste de Turing será um momento histórico, de marcar época, ele não assinalará o fim da história. Não. Acho que o teste de Turing do ano *seguinte* será aquele que verdadeiramente valerá a pena ver: aquele em que nós, humanos, derreados na proverbial lona, teremos de nos recobrar; aquele em que aprenderemos a ser *melhores* artistas, professores, amigos,

---

* Esses registros seriam, três anos mais tarde, publicados no site da IBM, embora de forma incompleta e com tão pouco alarde que o próprio Kaspárov só foi descobrir o fato em 2005.

pais, amantes; aquele no qual *retornaremos*. Mais humanos do que nunca. Quero estar lá para *isso*.

EM CASO DE VITÓRIA

E se, em vez de derrota, for lavada após lavada? Recorro pela última vez a Kaspárov. "O sucesso é inimigo do futuro sucesso", ele diz.

> Um dos inimigos mais perigosos que podemos defrontar é a presunção. Já vi — em mim mesmo e em meus adversários — como a satisfação pode levar a um afrouxamento da vigilância, e logo a erros e perda de oportunidades [...] Vencer pode nos convencer de que tudo está bem mesmo quando estamos à beira do desastre [...] No mundo real, o momento em que você acredita que tem direito a alguma coisa é exatamente aquele em que está maduro para perdê-la para alguém que está se esforçando mais.

Se há uma coisa de que a raça humana é culpada desde tempos remotos, no mínimo desde a Antiguidade, é, a meu ver, pensar que tem prerrogativas, direitos. É por isso, por exemplo, que acho estranhamente motivador pegar um resfriado, cair do pedestal de me acreditar um representante da obra-prima da evolução e ser castigado durante alguns dias por um organismo unicelular.

Uma derrota, e o banho de realidade que ela traz pode nos fazer muito bem.

Talvez o prêmio de Humano Mais Humano não seja aquele que gera presunção. Um antimétodo não pode ser ampliado em escala, portanto não pode ser usado com displicência. E uma filosofia de especificidade significa que cada nova conversa, com cada pessoa em cada situação, é uma nova oportunidade para se ter êxito de um modo único — ou para fracassar. A especificidade não fornece os tipos de láureas que permitem acomodação.

Não importa com quem você já conversou no passado, se o diálogo foi vibrante ou tedioso, que elogios ou críticas você recebeu por ele, se é que recebeu algum.

Saio do Brighton Centre para a revigorante maresia e entro numa lojinha de calçados à procura de um presente para levar à minha namorada na volta; a balconista nota meu sotaque; conto a ela que sou de Seattle; ela é fã de grunge; comento sobre a música que está tocando na loja; ela diz que é Florence + the Machine; digo que gosto, e que ela provavelmente gostaria de Feist...

Entro numa casa especializada em chá com bolinhos chamada Mock Turtle e peço o equivalente britânico do café com *donut*, com a diferença de que vem servido em nove peças de porcelana com treze de prataria; mais inglês do que isso, impossível, penso; um senhor, provavelmente octogenário, degusta tremelicante um doce que nunca vi; pergunto a ele o que é; "merengue de café", ele responde, e comenta sobre o meu sotaque; uma hora depois está me falando sobre a Segunda Guerra, o crescimento exponencial da diversidade racial na Grã-Bretanha, que a série *House of Cards* é uma descrição quase perfeita da política britânica se excetuarmos os assassinatos, mas que eu deveria mesmo era assistir a *Dupla identidade*; você consegue sintonizar *Dupla identidade* na TV a cabo?, ele me pergunta...

Vou jantar com meu ex-chefe; depois de dois anos como seu assistente de pesquisa e às vezes coautor, depois de considerar brevemente se devia ser seu orientando em meu doutorado, depois de um ano sem que nossos caminhos se cruzassem, tateamos para descobrir se nossa ex-relação hierárquica de mestre--aluno, agora que seu contexto deixou de existir, simplesmente fenece ou se floresce numa amizade extra-acadêmica; pedimos aperitivos e falamos alguma coisa sobre a Wikipedia, alguma coisa sobre Thomas Bayes, alguma coisa sobre um jantar vegetariano...

Láureas não servem para nada. Se você se desanonimizou no passado, ótimo. Mas acabou. E agora você começa de novo.

Epílogo: A ignorada beleza do guarda-louça

A SALA MAIS SALA: A CAIXA DE CORNELL

O mundo do processamento de imagens tem um expressivo análogo ao teste de Turing, a chamada "caixa de Cornell", que consiste em um pequeno modelo de sala com uma parede vermelha, uma verde (as outras duas são brancas) e dois blocos no chão.[1] Criada por designers gráficos da Universidade Cornell em 1984, a caixa evoluiu e ganhou complexidade conforme os pesquisadores foram tentando adicionar efeitos (reflexão, refração). A ideia básica é a seguinte: os pesquisadores montam essa sala na vida real, fotografam-na e põem as fotos on-line; e as equipes de design gráfico, naturalmente, procuram criar sua caixa de Cornell virtual o mais semelhante possível à sala de verdade.

Isso obviamente traz algumas questões fundamentais.

As equipes de design gráfico não usam a caixa de Cornell como um padrão *competitivo*, e existe a pressuposição de boa-fé quando elas exibem suas criações. É claro que se poderia simplesmente escanear a foto real e reproduzir a imagem com algum software, pixel por pixel. Assim como no teste de Turing, um demo estático não serve. É preciso algum grau de "interação" entre os juízes e o software — nesse caso, algo como mover alguns dos blocos no interior da sala, mudar as cores, dar reflexibilidade aos blocos etc.

Em segundo lugar, se essa sala específica tem por objetivo representar *toda* a realidade visual — do mesmo modo que o teste de Turing visa representar todo o uso da linguagem —, podemos fazer certas perguntas sobre a sala. Que tipo de luz é o mais complicado? Que tipos de superfície são os mais difíceis de reproduzir no mundo virtual? Em outras palavras: como fazer uma caixa de Cornell real que seja uma boa confederada, a Sala Mais Sala?

Meu amigo Devon trabalha com imagem gerada por computador (CGI na sigla em inglês) para animações de longa-metragem. O mundo da CGI é um lugar muito singular; toma por base a realidade, mas seu objetivo não é necessariamente o realismo. (Devon observa, porém: "Nosso conjunto das coisas verossímeis é maior do que a realidade".)

Trabalhar com computação gráfica, como a maioria das outras ocupações, gera um certo modo de ver e interpretar o mundo. Minhas incursões na poesia, por exemplo, me impelem a procurar em um texto coisas que o autor não tencionou comunicar. Outro dia li uma manchete no jornal: "Cativante ofensiva do ministro do Reino Unido". Morri de rir. Obviamente "ofensiva" aqui é substantivo, significa a tática de tentar cativar com objetivos diplomáticos, mas eu lia como adjetivo, como se as melosas investidas do ministro dessa vez tivessem passado dos limites. Tenho amigos na polícia e nas Forças Armadas que não entram num aposento sem antes fazer o reconhecimento de suas entradas e saídas; um outro, do corpo de bombeiros, checa os alarmes e extintores de incêndio.

Mas Devon: o que um profissional de computação gráfica procura?

Arestas — quando olhamos para qualquer coisa, qualquer tipo de objeto feito pelo homem, se ele tem saliências angulosas, como um prédio ou uma mesa, é bom sinal: se todas as arestas são bem pronunciadas, é ótimo sinal. Se você olhar os cantos de uma sala iluminada — se os cantos não estiverem apropriadamente escuros, ou muito escuros... a mesma coisa com a complexidade das superfícies e as irregularidades — qualquer tipo de irregularidade. Tudo isso, se gerado por computador, é dificílimo de conseguir. A gente procura a quantidade de irregularidades e regularidades, até as texturas, coisas assim. Mas tudo isso é muito básico. Em outro nível é preciso começar a pensar, por exemplo, na luz que se reflete das coisas, por exemplo como se você tivesse uma parede vermelha ao lado de uma branca, quanto de vermelho iria para o branco, e é esse tipo de coisa que pode desclassificar você.[2]

É claro que, enquanto ele me diz isso por telefone, estou olhando à minha volta na sala e notando, pela primeira vez, os modos estranhos como a luz e a sombra parecem se amontoar nos cantos e ao longo das bordas — autenticamente, *suponho*. Olho o céu pela janela: quantas vezes já olhamos para céu e dissemos "se isso fosse um filme, o que eu acharia dos efeitos especiais?"?

> *Se tens de pintar*
> *um céu verossímil*
> *deves ter em conta*
> *sua essencial falsidade.*[3]

Eduardo Hurtado

A mais recente incumbência de Devon foi retratar esteiras de foguetes, um problema que se revelou mais difícil do que ele havia imaginado; ele trabalhou muitas noites até altas horas tentando imitar direitinho as ondulações e dispersões. Finalmente descobriu como fazer, e o estúdio ficou satisfeito: as imagens entraram no filme. Mas tanta observação teve seu preço. Agora, toda vez que ele está ao ar livre e vê esteiras de aviões, *desconfia*. "Na época em que estava trabalhando naquelas esteiras de fumaça, quando saía para caminhar e via um avião passar, ficava tentando analisar como a forma mudava com o passar do tempo... A gente quase questiona a realidade às vezes — bate os olhos em alguma coisa, fumaça por exemplo, e pensa: ah, é regular demais, fumaça não devia parecer tão regular..."

É assim que vivo me sentindo agora, quando leio um e-mail ou falo ao telefone. Até com meus pais: eu me pego esperando, como o especialista em fonagnosia [incapacidade de reconhecer vozes] Steve Royster, pelo momento em que eles dirão alguma coisa inconfundivelmente, inimitavelmente "deles".

A IGNORADA BELEZA DO GUARDA-LOUÇA

Aprender com curiosidade não só torna o desagradável menos desagradável, mas também torna o agradável mais agradável. Passei a apreciar mais os pêssegos e abricós depois de saber que foram originalmente cultivados na China nos primeiros tempos da dinastia Han; que chineses reféns do grande rei Kaniska os introduziram na Índia, de onde se disseminaram para a Pérsia e chegaram ao Império Romano no primeiro século da nossa era; que a palavra "abricó" deriva da mesma fonte latina da palavra "precoce", porque o abricó amadurece cedo; e que o A inicial foi adicionado por engano, devido a uma falsa etimologia. Tudo isso torna a fruta muito mais doce.[4]

Bertrand Russell

Reflexão e refração são difíceis de simular em computador. Distorção na água também. As chamadas "cáusticas", responsáveis pelo modo como uma taça de vinho refocaliza sua luz em um ponto vermelho na mesa, são particularmente difíceis de representar.

A reflexão e a refração também são meio intratáveis pela computação porque têm o hábito de se multiplicar umas diante das outras. Se você puser dois espelhos frente a frente, as imagens se multiplicarão infinitamente num instante. A luz se propaga a mais ou menos 300 mil quilômetros por segundo: é muito pingue-pongue, e bem além do ponto em que a maioria dos algoritmos para criar representações pede água. Em geral um programador especifica o número máximo aceitável de reflexões ou refrações e para por ali, após o quê uma espécie de *deus ex machina* no software envia a luz diretamente de volta ao olho: chega de vaivém.

Terminada a conversa com Devon, vou para a cozinha e abro o guarda-louça. Fico hipnotizado, como nunca antes, com a sala de espelhos que vejo lá dentro. Meu globo ocular aparece abaulado na lateral de uma taça de vinho, vejo a vida real, a física real, a luz real *em ação*.

Um guarda-louça é um pesadelo computacional.

Outro, explica Devon, é uma floresta decídua. E corpos nus são pesadelos computacionais mais do que corpos vestidos: todos aqueles pelos minúsculos, curvaturas irregulares, veias semitranslúcidas sob uma pele ligeiramente sarapintada.

Adoro esses momentos em que a teoria, os modelos, as aproximações, por melhores que sejam, não são bons o bastante. Não adianta: temos de ver. *Ah, então é assim que a natureza faz!* É esse o aspecto *real*. Acho importante saber essas coisas, saber o que não pode ser simulado, não pode ser inventado, não pode ser imaginado — e buscá-las.

Devon, em sua vida fora do estúdio, agora presta uma atenção quase religiosa ao mundo natural. Isso o ajuda a fazer um trabalho melhor em seus projetos de animação, tenho certeza, mas desconfio de que, na verdade, os meios e os fins são invertidos.

É bom saber que pelo menos existe um bocado de coisas, ao menos na computação gráfica, e no que eu faço, coisas que eu olho e digo uau! Veja bem: eu escrevi *alguma coisa*, pessoas esperam, sei lá, dez horas por um *quadro,* e ele nem ao menos parece realista, nem ao menos parece muito certo! E eu penso, *Puxa vida* — um, isso está muito longe da realidade, e dois, é um espanto, sabe, um número x de dólares em computação e mal se chega perto da coisa. *Nossa!*

Devon ri.

"É bom… com certeza é muito bom chegar no fim do dia, poder abrir os olhos e ver alguma coisa que é incontáveis vezes mais complexa."

E ser capaz de saber *onde* procurar…

E como reconhecer.

Agradecimentos

Foi Isaac Newton quem ganhou fama pela frase (embora ela fosse uma expressão comum na época) "Se enxerguei mais longe, foi porque estava sobre ombros de gigantes". Prefiro dizer, mais neurologicamente, que se fui capaz de conduzir um bom sinal até meu terminal axônico, devo-o às pessoas em meus dendritos. (Nem é preciso dizer que qualquer ruído ou erro de sinal é meu.)

Beneficiei-me de várias conversas com amigos e colegas que me deram inspiração ou contribuição para muitas das ideias específicas do texto. Menciono aqui em especial as conversas com Richard Kenney, David Shields, Tom Griffiths, Sarah Greenleaf, Graff Haley, François Briand, Greg Jensen, Joe Swain, Megan Groth, Matt Richards, Emily Pudalov, Hillary Dixler, Brittany Dennison, Lee Gilman, Jessica Day, Sameer Shariff, Lindsey Baggette, Alex Walton, Eric Eagle, James Rutherford, Stefanie Simons, Ashley Meyer, Don Creedon e Devon Penney.

Agradeço aos pesquisadores e especialistas de suas respectivas áreas por doarem generosamente seu tempo durante longas conversas cara a cara (ou no mais próximo equivalente tecnológico):

Eugene Charniak, Melissa Prober, Michael Martinez, Stuart Shieber, Dave Ackley, David Sheff, Kevin Warwick, Hava Siegelmann, Bernard Reginster, Hugh Loebner, Philip Jackson, Shalom Lappin, Alan Garnham, John Carroll, Rollo Carpenter, Mohan Embar, Simon Laven e Erwin van Lun.

Sou grato também às pessoas com quem me correspondi por e-mail, que deram ideias e/ou me puseram no caminho de importantes investigações: Daniel Dennett, Noam Chomsky, Simon Liversedge, Hazel Blythe, Dan Mirman, Jenny Saffran, Larry Grobel, Daniel Swingley, Lina Zhou, Roberto Caminiti, Daniel Gilbert e Matt Mahoney.

Muito obrigado às Bibliotecas da Universidade de Washington e à Biblioteca Pública de Seattle; tenho uma dívida com elas.

Agradeço a Graff Haley, Matt Richards, Catherine Imbriglio, Sarah Greenleaf, Randy Christian, Betsy Chistian e, com especial apreço, a Greg Jensen. Todos leram uma versão preliminar e deram sugestões.

Sou grato a Sven Birkerts e Bill Pierce da *AGNI* por publicarem uma versão inicial do capítulo "Grande surpresa" (com o título "High Compression: Information, Intimacy, and the Entropy of Life") em suas páginas e pelo apoio e seus afiados olhos editoriais.

Agradeço à minha agente, Janet Silver da Zachary Shuster Harmsworth, por acreditar no projeto desde o princípio e por sua assistência, sabedoria e entusiasmo do começo ao fim.

Agradeço aos meus editores, Bill Thomas e Melissa Danaczko, e ao resto da equipe da Doubleday, por seu olhar experiente e por toda a fé e trabalho duro para trazer o livro ao mundo.

Agradeço as inestimáveis verbas de pesquisa da Bread Loaf Writers' Conference em Ripton, Vermont, da Yaddo em Saratoga Springs, Nova York, e da MacDowell Colony em Peterborough, New Hampshire. Nessas instituições, como em poucas outras que conheço, a reverência pelo bom trabalho cria uma atmosfera sacramental.

Obrigado aos baristas de Capitol Hill e Wallingford por seu líquido carregador de bateria em muitas manhãs de Seattle.

Muito obrigado à família Osborn/Coleman pela ótima hospedagem e cuidados ao meu hamster.

Sou grato a Michael Langan por um belo retrato.

Agradeço a Philip Jackson por me permitir participar da competição do Prêmio Loebner de 2009, e a meus colegas confederados, Dave Marks, Doug Peters e Olga Martirosian, ao lado dos quais orgulhosamente representei a humanidade.

Minha gratidão aos meus pais, Randy Christian e Betsy Christian, pelo incondicional tudo ao longo do caminho.

Obrigado à inestimável Sarah Greenleaf, cuja perspicácia cortou muitos nós górdios e cuja coragem e empatia moldaram o texto e seu autor.

Agradeço a todos que me ensinaram, com palavras ou exemplo, o que significa ser humano.

Notas

EPÍGRAFES [pp. 5-11]

1. David Foster Wallace, em entrevista com David Lipsky, em *Although of Course You End Up Becoming Yourself.* Nova York: Broadway Books, 2010.

2. Richard Wilbur, "The Beautiful Changes", em *The Beautiful Changes and Other Poems.* Nova York: Reynal & Hitchcock, 1947.

3. Robert Pirsig, *Zen and the Art of Motorcycle Maintenance.* Nova York: Morrow, 1974. [A trad. desta e de outras citações do livro são da ed. bras.: *Zen e a arte da manutenção de motocicletas.* Trad. Celina Cardim Cavalcanti. São Paulo: Paz e Terra, 1984.]

4. Barack Obama, "Remarks by the President on the 'Education to Innovate' campaign", press release, The White House, Office of the Press Secretary, 23 nov. 2009.

PRÓLOGO [p. 15]

1. Ver, por exemplo, Neil J. A. Sloane e Aaron D. Wyner, "Biography of Claude Elwood Shannon", em *Claude Elwood Shannon: Collected Papers.* Nova York: IEEE Press, 1993.

INTRODUÇÃO: O HUMANO MAIS HUMANO [pp. 17-31]

1. Alan Turing, "Computing Machinery and Intelligence", *Mind* 59, n. 236, out. 1950, pp. 433-60.

2. Turing de início propôs o teste por meio de uma analogia com um jogo no qual um juiz conversa por "teletipo" com dois *humanos*, um homem e uma mulher, ambos dizendo que são uma mulher. Devido a alguma ambiguidade nas palavras usadas por Turing, não está bem claro o grau da analogia que ele tinha em mente; por exemplo, estaria sugerindo que no teste de Turing uma mulher e um computador afirmam especificamente ser uma mulher? Alguns estudiosos dizem que a comunidade científica na prática varreu para debaixo do tapete essa questão do gênero na história subsequente do teste de Turing (neutra no que respeita ao gênero), mas, em entrevistas no rádio para a BBC em 1951 e 1952, Turing deixa claro (usando a palavra "homem", que é neutra quanto ao gênero no contexto) que ele está, de fato, falando sobre um *ser humano* e uma máquina que se dizem ambos humanos, e portanto que o jogo dos gêneros foi só um exemplo para ajudar a explicar a premissa básica no início. Para uma excelente exposição sobre essa questão, ver Stuart Shieber (org.), *The Turing Test: Verbal Behavior as the Hallmark of Intelligence.* Cambridge, Mass.: MIT Press, 2004.

3. Charles Platt, "What's it Mean to Be Human, Anyway?", *Wired*, n. 3.04, abr. 1995.

4. Home page de Hugh Loebner, www.loebner.net.

5. Hugh Loebner, carta ao editor, *New York Times*, 18 ago. 1994.

6. *O exterminador do futuro*, dir. James Cameron, Orion Pictures, 1984.

7. *The Matrix*, dir. Andy Wachowski e Larry Wachowski, Warner Bros., 1999.

8. *Parsing the Turing Test*, orgs. Robert Epstein et al. Nova York: Springer, 2008.

9. Robert Epstein, "From Russia, with Love", *Scientific American Mind*, out./nov. 2007.

10. Darren Waters, citando relatório de segurança da Microsoft, em "Spam Overwhelms e-mail Messages", *BBC News*, 8 abr. 2009, news.bbc.co.uk/2/hi/technology/7988579.stm.

11. A Irlanda consome 25 120 000 megawatts-hora de eletricidade anualmente, segundo o *World Factbook* da CIA, www.cia.gov/library/publications/the--world-factbook/rankorder/2042rank.html. O processamento de spam em e-mails consome 33 000 000 megawatts-hora anualmente no mundo todo, segundo a McAfee, Inc. e um estudo de 2009 da IFC International, "The carbon

344

footprint of Email spam report", newsroom.mcafee.com/images/10039/carbon-footprint2009.pdf.

12. David Alan Grier, *When Computers Were Human*. Princeton, N.J.: Princeton University Press, 2005.

13. Daniel Gilbert, *Stumbling on Happiness*. Nova York: Knopf, 2006.

14. Michael Gazzaniga, *Human: The Science Behind What Makes Us Unique*. Nova York: Ecco, 2008.

15. Julian K. Finn, Tom Tregenza e Mark D. Norman, "Defensive Tool Use in a Coconut-carrying Octopus", *Current Biology* 19, n. 23, 15 dez. 2009, pp. 1069-70.

16. Douglas R. Hofstadter, *Gödel, Escher, Bach: An Eternal Golden Braid*. Nova York: Basic Books, 1979. [Ed. port. *Gödel, Escher, Bach: Laços eternos*. Lisboa: Gradiva, 2000.]

17. Noam Chomsky, em e-mail ao autor (destaque meu).

18. John Lucas, "Commentary on Turing's 'Computing Machinery and Intelligence'". Em Epstein et al., *Parsing the Turing Test*.

1. AUTENTICAÇÃO [pp. 33-58]

1. Alix Spiegel, "'Voice Blind' Man Befuddled by Mysterious Callers", *Morning Edition*, National Public Radio, 12 jul. 2010.

2. David Kernell (postando com o apelido "rubico") no fórum em www.4chan.org, 17 set. 2008.

3. Donald Barthelme, "Not-knowing". Em *Not-knowing: The Essays and Interviews of Donald Barthelme*, org. Kim Herzinger. Nova York: Random House, 1997. Sobre "Bless Babel": os programadores têm um conceito conhecido como "segurança pela diversidade", cuja ideia básica é de que um mundo com vários sistemas operacionais diferentes, diversos programas de planilha eletrônica etc., é mais seguro do que um mundo com uma "monocultura de software". Julga-se que a eficácia de uma dada técnica de "*hacking*" se limita a máquinas que "falam essa linguagem", do mesmo modo que a diversidade genética em geral significa que nenhuma doença, isoladamente, aniquilará toda uma espécie. Os sistemas operacionais modernos são criados para ser "idiossincráticos" com respeito a como certas sessões críticas da memória são alocadas, de modo que cada computador, mesmo se funcionar com o mesmo ambiente básico, será um pouquinho diferente. Para detalhes, ver, por exemplo, Elena Gabriela Barrantes, David H. Ackley, Stephanie Forrest, Trek S. Palmer, Darko Stefanovic e Dino Dai Zovi, "Intrusion Detection: Randomized Instruction Set Emulation to Disrupt Binary

Code Injection Attacks", *Proceedings of the 10th ACM Conference on Computer and Communication Security.* Nova York: ACM, 2003, pp. 281-9.

4. "Speed dating with Yaacov e Sue Deyo", entrevista de Terry Gross, *Fresh Air*, National Public Radio, 17 ago. 2005. Ver também Yaacov Deyo e Sue Deyo, *Speed dating: The Smarter, Faster Way to Lasting Love.* Nova York: HarperResource, 2002.

5. "Don't Ask, Don't Tell", 3ª temporada, episódio 12 de *Sex and the City*, 27 ago. 2000.

6. Para detalhes sobre como o problema da forma/conteúdo no namoro se relaciona com os computadores, ver o excelente vídeo do economista comportamental Dan Ariely, da Duke University, "Why Online Dating Is So Unsatisfying", Big Think, 7 jul. de 2010, bigthink.com./ideas/20749.

7. Os transcritos do Prêmio Loebner de 1991, ao contrário dos da maioria dos outros anos, não são encontrados no site do Prêmio Loebner. Os transcritos de Clay provieram de Mark Halpern, "The Trouble with the Turing Test", *New Atlantis*, inverno 2006. Os transcritos de Weintraub, assim como a reação dos juízes, provêm de O. P. Skerrett, "Whimsical Software Wins a Prize for Humanness", *Popular Science*, maio 1992.

8. Rollo Carpenter, entrevista pessoal.

9. Rollo Carpenter, em "PopSci's Future of Communication: Cleverbot", Science Channel, 6 out. 2009.

10. Bernard Reginster, conferência, Brown University, 15 out. 2003.

11. Friedrich Nietzsche, *The Gay Science*, trad. ingl. de Walter Kaufman. Nova York: Vintage, 1974, sec. 290. [Ed. bras. *A gaia ciência*. São Paulo: Companhia das Letras, 2001.]

12. Jaron Lanier, *You Are Not a Gadget: A Manifesto*. Nova York: Knopf, 2010.

13. Eugene Demchenko e Vladimir Veselov, "Who Fools Whom?", em *Parsing the Turing Test*, organização de Robert Epstein et al. Nova York: Springer, 2008.

14. *Digam o que quiserem*, dir. e escrito por Cameron Crowe, 20th Century Fox, 1989.

15. Robert Lockhart, "Integrating Semantics and Empirical Language Data", palestra na conferência Chatbot 3.0, Filadélfia, 27 mar. 2010.

16. Para detalhes sobre o Google Tradutor, as Nações Unidas e a literatura, ver, por exemplo, David Bellos, "I, Translator", *New York Times*, 20 mar. 2010; Miguel Helft, "Google's Computing Power Refines Translation Tool", *New York Times*, 8 mar. 2010.

17. *The Office*, dir. e escrito por Ricky Gervais e Stephen Merchant, BBC Two, 2001-3.

18. Hilary Stout, "The End of the Best Friend", também intitulado "A Best Friend? You Must be Kidding", *New York Times*, 16 jun. 2010.

19. *Como se fosse a primeira vez*, dir. Peter Segal, Columbia Pictures, 2004.

20. Jennifer E. Whiting, "Impersonal Friends", *Monist* 74, 1991, pp. 3-29. Ver também Jennifer E. Whiting, "Friends and Future Selves", *Philosophical Review* 95, 1986, pp. 547-80; Bennett Helm, "Friendship", em *The Stanford Encyclopedia of Philosophy*, org. Edward N. Zalta, outono 2009.

21. Richard S. Wallace, "The Anatomy of A.L.I.C.E.", em Epstein et al., *Parsing the Turing Test*.

22. Para detalhes sobre o MGonz, ver Mark Humphrys, "How My Program Passed the Turing Test", em Epstein et al., *Parsing the Turing Test*.

2. A ALMA MIGRANTE [pp. 59-100]

1. Hiromi Kobayashy e Shiro Kohshima, "Unique Morphology of the Human Eye", *Nature* 387, n. 6635, 19 jun. 1997, pp. 767-8.

2. Michael Tomasello et al., "Reliance on Head Versus Eyes in the Gaze Following of the Great Apes and Human Infants: The Cooperative Eye Hypothesis", *Journal of Human Evolution* 52, n. 3, mar. 2007, pp. 314-20.

3. Gert-Jan Lokhorst, "Descartes and The Pineal Gland", em *The Stanford Encyclopedia of Philosophy*, org. Edward N. Zalta, primavera 2009.

4. Carl Zimmer, *Soul Made Flesh: The Discovery of the Brain — and How It Changed the World*. Nova York: Free Press, 2004. [Ed. bras. *A fantástica história do cérebro*. Rio de Janeiro: Elsevier, 2004.]

5. Leo G. Perdue, *The Sword and the Stylus: An Introduction to Wisdom in the Age of Empires*. Grand Rapids, Mich.: W. B. Eerdmans, 2008. Ver também Dale Launderville, *Spirit and Reason: The Embodied Character of Ezekiel's Symbolic Thinking*. Waco, Tex.: Baylor University Press, 2007.

6. Esse poema de Shakespeare é o famoso Soneto 130, "O olhar da amada sol não é, pois brilha menos". [Tradução de Péricles Eugênio da Silva Ramos em Shakespeare, *Sonetos*. São Paulo: Hedra, 2009.]

7. Hendrik Lorenz, "Ancient Theories of Soul". Em *The Stanford Encyclopedia of Philosophy*, org. de Edward N. Zalta, verão 2009.

8. V. S. Ramachandran e Sandra Blakeslee, *Phantoms in the Brain: Probing the Mysteries of the Human Mind*. Nova York: William Morrow, 1998.

9. *Todos os cães merecem o céu*, dir. de Don Bluth, Goldcrest, 1989.

10. *Chocolate*, dir. de Lasse Hallström, Miramax, 2000.

11. Friedrich Nietzsche, *The Complete Works of Friedrich Nietzsche*, v. 4: *The Will to Power, Book One and Two*, trad. ingl. de Oscar Levy. Londres: George Allen and Unwin, 1924, sec. 75.

12. Aristóteles, *The Nicomachean Ethics*, trad. ingl. de J. A. K. Thomson e Hugh Tredenick. Londres: Penguin, 2004, 1178b5-25.

13. Claude Shannon, "A Symbolic Analysis or Relay and Switching Circuits", tese de mestrado, Massachusetts Institute of Technology, 1940.

14. President's Commission for the Study of Ethical Problems in Medicine and Biomedical and Behavioral Research, *Defining Death: Medical, Legal, and Critical Issues in the Determination of Death*. Washington, D.C.: U.S. Government Printing Office, 1981.

15. Ad Hoc Committee of the Harvard Medical School to Examine the Definition of Brain and Death, "A Definition of Irreversible Coma", *Journal of the American Medical Association* 205, n. 6, ago. 1968, pp. 337-40.

16. The National Conference of Commissioners of Uniform State Laws, Uniform Determination of Death Act, 1981.

17. Michael Gazzaniga, "The Split Brain Revisited", *Scientific American*, 2002. Ver também os numerosos vídeos disponíveis no YouTube com entrevistas de Gazzaniga e seus estudos: "Early Split Brain Research: Michael Gazzaniga Interview", www.youtube.com/watch?v=01mfxQ-HK7Y; "Split Brain Behavioral Experiments", www.youtube.com/watch?v=ZMLzPlVCANo; "Split-brain Patients", www.youtube.com/watch?v=MZnyQewsB_Y.

18. Ramachandran e Blakeslee, *Phantoms in the Brain*, cit. Itzhak Fried, Charles L. Wilson, Katherine A. MacDonald e Eric J. Behnke, "Electric Current Stimulates Laughter", *Nature* 391, fev. 1998, p. 650.

19. Donald G. Dutton e Arthur P. Aron, "Some Evidence for Heightened Sexual Attraction under Conditions of High Anxiety", *Journal of Personality and Social Psychology* 30, 1974.

20. Oliver Sacks, *The Man Who Mistook his Wife for a Hat*. Nova York: Summit Books, 1985. [A trad. é da ed. bras. *O homem que confundiu sua mulher com um chapéu*. Trad. Laura Teixeira Motta. São Paulo: Companhia das Letras, 1997.]

21. Ramachandran e Blakeslee, *Phantoms in the Brain*.

22. Ken Robinson, "Ken Robinson Says Schools Kill Creativity", TED.com.

23. Ken Robinson, "Transform Education? Yes, We Must", *Huffington Post*, 11 jan. 2009.

24. Baba Shiv, "The Frinky Science of Human Mind", conferência, 2009.

25. Dan Ariely, *Predictably Irrational*. Nova York: Harper, 2008. [Ed. bras. *Previsivelmente irracional*. Rio de Janeiro: Elsevier, 2008.]

26. Dan Ariely, *The Upside of Irrationality: The Unexpected Benefits of Defying Logic at Work and at Home*. Nova York: Harper, 2010. [Ed. bras. *Positivamente irracional*. Rio de Janeiro: Elsevier, 2010.]

27. Daniel Kahneman, "A Short Course in Thinking about Thinking", série de conferências, Edge Master Class 07, Auberge du Soleil, Rutherford, Calif., 20-22 jul. 2007, www.edge.org/3rd_culture/kahneman07/kahneman07_index.html.

28. Antoine Bechara, "Choice", *Radiolab*, 14 nov. 2008.

29. *Blade Runner*, dir. de Ridley Scott, Warner Bros., 1982.

30. Philip K. Dick, *Do Androids Dream of Electric Sheep?*. Garden City, N.Y.: Doubleday, 1968.

31. William Butler Yeats, "Sailing to Byzantium", em *The Tower*. Nova York, Macmillan, 1928. ["Viajando para Bizâncio", em *Linguaviagem*. Trad. Augusto de Campos. São Paulo: Companhia das Letras, 1987.]

32. Dave Ackley, entrevista pessoal.

33. Ray Kurzweil, *The Singularity is Near: When Humans Transcend Biology*. Nova York: Viking, 2005.

34. Hava Siegelmann, entrevista pessoal.

35. Ver Jessica Riskin, "The Defecating Duck; or, The Ambiguous Origins of Artificial Life", *Critical Inquiry* 20, n. 4, verão 2003, pp. 599-633.

36. Roger Levy, entrevista pessoal.

37. Jim Giles, "Google Tops Translation Ranking", *Nature News*, 7 nov. 2006. Ver também Bill Softky, "How Google Translates without Understanding", *The Register*, 15 maio 2007; e os resultados oficiais do NIST de 2006 em http://www.itl.nist.gov/iad/mig/tests/mt/2006/doc/mt06eval_official_results.html. Vale a pena ressaltar que, particularmente em línguas como o alemão, com suas importantes discrepâncias sintáticas em relação ao inglês, nas quais uma palavra em uma sentença na língua-fonte pode aparecer em lugar muito distante na sentença da língua-alvo, uma abordagem estatística estrita não é tão bem-sucedida, e algumas instruções fixas (ou inferência) de *regras* sintáticas (por exemplo, "sentenças em geral têm uma porção 'sujeito' e uma porção 'predicado'") serão úteis para o software de tradução.

38. Randall C. Kennedy, "Fat, Fatter, Fattest: Microsoft's Kings of Bloat", *InfoWorld*, 14 abr. 2008.

39. W. Chan Kim e Renée Mauborgne, *Blue Ocean Strategy: How to Create Uncontested Market Space and Make the Competition Irrelevant*. Boston: Harvard Business School Press, 2005. [Ed. bras. *A estratégia do oceano azul:*

Como criar novos mercados e tornar a concorrência irrelevante. Rio de Janeiro: Campus, 2005.]

40. Parece que os artigos que inspiram assombro são os que têm maior probabilidade de ser enviados por e-mail ou de tornar-se "virais", contrariando a ideia comum de que medo, sexo e/ou ironia prevalecem na rede. Ver John Tierney, "People Share News Online that Inspire Awe, Researchers Find", *New York Times*, 8 fev. 2010, que cita o estudo de Jonah Berger e Katherine Milkman, da Universidade da Pensilvânia, "Social Transmission and Viral Culture".

3. ESPECIFICIDADE VERSUS TÉCNICA PURA [pp. 101-30]

1. Joseph Weizenbaum, *Computer Power and Human Reason: From Judgement to Calculation*. San Francisco: W. H. Freeman, 1976.

2. Joseph Weizenbaum: "ELIZA — A computer Program for the Study of Natural Language Communication Between Man and Machine", *Communications of the Association for Computing Machinery* 9, n. 1, jan. 1966, pp. 36-45.

3. Para ser exato, ELIZA foi o *framework* ou paradigma de um programa escrito por Weizenbaum, que escreveu vários "scripts" diferentes para esse arcabouço. O mais famoso deles, sem comparação, é a personagem da terapeuta rogeriana chamada de DOCTOR [doutora]. No entanto, "ELIZA rodando o script DOCTOR" geralmente é o que as pessoas querem dizer quando se referem a "ELIZA", e, em nome da brevidade e da compreensão, segui a convenção (usada pelo próprio Weizenbaum) de dizer simplesmente "ELIZA".

4. Kenneth Mark Colby, James B. Watt e John P. Gilbert, "A Computer Method of Psychotherapy: Preliminary Communication", *Journal of Nervous and Mental Disease* 142, n. 2, fev. 1966.

5. Carl Sagan, *Natural History* 84, n. 1, jan. 1975, p. 10.

6. National Institute for Health and Clinical Excellence, "Depression and Anxiety: Computerised Cognitive Behavioural Therapy (CCBT)", www.nice.org.uk/guidance/TA97.

7. Dennis Greenberger e Christine A. Padesky, *Mind over Mood: Change How You Feel by Changing the Way You Think*. Nova York: Guilford, 1995. [Ed. bras. *A mente vencendo o humor*. São Paulo: Artmed, 1999.]

8. Sting, "All This Time", *The Soul Cages*, A&M, 1990.

9. Richard Bandler e John Grinder, *Frogs into Princes: Neuro Linguistic Programming*. Moab, Utah: Real People Press, 1979.

10. Weizenbaum, *Computer Power and Human Reason*.

11. Josué Harari e David Bell, introd. de *Hermes*, de Michael Serres. Baltimore: Johns Hopkins University Press, 1982.

12. Jason Fried e David Heinemeier Hansson, *Rework*. Nova York: Crown Business, 2010.

13. Timothy Ferriss, *The 4-Hour Workweek: Escape 9-5, Live Anywhere and Join the New Rich*. Nova York: Crown, 2007.

14. Bill Venners, "Don't Live with Broken Windows: A Conversation with Andy Hunt and Dave Thomas", *Artima Developer*, 3 mar. 2003, www.artima.com/intv/fixit.html.

15. U. S. Marine Corps, *Warfighting*.

16. "NUMMI", episódio 403 de *This American Life*, 26 mar. 2010.

17. Studs Terkel, *Working: People Talk About What They Do All Day and How They Feel About What They Do*. Nova York: Pantheon, 1974.

18. Matthew B. Crawford, *Shop Class as Soulcraft: An Inquiry into the Value of Work*. Nova York: Penguin, 2009.

19. Robert Pirsig, *Zen and the Art of Motorcycle Maintenance*. Nova York: Morrow, 1974.

20. Francis Ponge, *Selected Poems*. Winston-Salem, N.C.: Wake Forest University Press, 1994.

21. Gárri Kaspárov, *How Life Imitates Chess*. Nova York: Bloomsbury, 2007. [Ed. port. *A vida imita o xadrez*. Lisboa: Gestão Plus, 2008.]

22. Twyla Tharp, *The Creative Habit: Learn It and Use It for Life*. Nova York: Simon & Schuster, 2003.

23. "Australian Architect Becomes the 2002 Laureate of the Pritzker Architecture Prize", *Pritzker Architecture Prize*, www.pritzkerprice.com/laureates/2002/announcement.html.

24. Geraldine O'Brien, "The Aussie Tin Shed Is Now a World-Beater", *Sydney Morning Herald*, 15 abr. 2002.

25. Andrea Oppenheimer Dean, "Gold Medal: Glenn Murcutt", entrevista, *Architectural Record*, maio 2009.

26. Jean Nouvel, entrevistado em *The Charlie Rose Show*, 15 abr. 2010.

27. Jacob Adelman, "France's Jean Nouvel Wins Pritzker, Highest Honor for Architecture", Associated Press, 31 mar. 2008.

28. *Charlie Rose*, 15 abr. 2010.

29. Belinda Luscombe, "Glenn Murcutt: Staying Cool Is a Breeze", *Time*, 26 ago. 2002.

30. *Meu jantar com André*, dir. de Louis Malle, Saga, 1981.

31. *Antes do amanhecer*, dir. de Richard Linklater, Castle Rock Entertainment, 1995.

32. Roger Ebert, crítica de *Meu jantar com André*, 1º jan. 1981, em roger-bert.suntimes.com.

33. *Antes do pôr do sol*, dir. de Richard Linklater, Warner Independent Pictures, 2004.

34. George Orwell, "Politics and the English Language", *Horizon* 13, n. 76, abr. 1946, pp. 252-65. [A trad. deste e de outros trechos são da ed. bras. *Como morrem os pobres e outros ensaios*, "A política e a língua inglesa". Trad. Pedro Maia Soares. São Paulo: Companhia das Letras, 2011.]

35. Melinda Bargreen, "Violetta: The Ultimate Challenge", entrevista com Nuccia Focile, no programa de *La Traviata*, do Seattle Opera, out. 2009.

4. SAIR DO LIVRO [pp. 131-70]

1. Paul Ekman, *Telling Lies: Clues to Deceit in the Marketplace, Politics, and Marriage*. Nova York: Norton, 2001.

2. Benjamin Franklin, "The Morals of Chess", *Columbian Magazine*, dez. 1786.

3. *Behind Deep Blue: Building the Computer that Defeated the World Chess Champion*. Princeton, N.J.: Princeton University Press, 2002.

4. Neil Strauss, *The Game: Penetrating the Secret Society of Pickup Artists*. Nova York: ReganBooks, 2005. [Ed. bras. *O jogo: A bíblia da sedução*. Rio de Janeiro: BestSeller, 2008.]

5. A citação de Duchamp é atribuída a duas fontes distintas: Andy Soltis, "Duchamp and the Art of Chess Appeal", s.d., recorte de jornal não identificado, object file, Department of Modern and Contemporary Art, Philadelphia Museum of Art; e discurso de Marcel Duchamp em 30 ago. 1952 à New York State Chess Association; ver Anne d'Harnoncourt e Kynaston McShine, orgs., *Marcel Duchamp*. Nova York: Museum of Modern Art, 1973, p. 131.

6. Douglas R. Hofstadter, *Gödel, Escher, Bach: An Eternal Golden Braid*. Nova York: Basic Books, 1979.

7. Douglas Hofstadter, resumindo a postura adotada em *Gödel, Escher, Bach* no ensaio "Staring Emmy Straight in the Eye — and Doing My Best Not to Flinch", em David Cope, *Virtual Music: Computer Synthesis of Musical Style*. Cambridge, Mass.: MIT Press, 2001, pp. 33-82.

8. Ver David Shenk, *The Immortal Game*. Nova York: Doubleday, 2006.

9. Hofstadter, cit. em Bruce Weber, "Mean Chess-Playing Computer Tears at the Meaning of Thought", *New York Times*, 19 fev. 1996.

10. Quase certamente o chocante artigo de Feng-hsiung Hsu, Thomas

Anantharaman, Murray Campbel e Andreas Nowatzyk, "A Grandmaster Chess Machine", *Scientific American*, out. 1990.

11. Cit. por Hofstadter, "Staring Emmy Straight in the Eye" e atribuído a um artigo de 1996 (depois deletado) intitulado "Kasparov Speaks" em www.ibm. com.

12. Weber, "Mean Chess-Playing Computer".

13. David Foster Wallace (orig. em referência a uma competição de tênis), em "The String Theory", *Esquire*, jul. 1996. Coligido (com o título "Tennis Player Michael Joyce's Professional Artistry as a Paradigm of Certain Stuff about Choice, Freedom, Discipline, Joy, Grotesquerie, and Human Completeness") em *A Supposedly Fun Thing I'll Never Do Again*. Boston: Little, Bown, 1997.

14. Em entrevista coletiva à imprensa depois do jogo 6, relatado por Malcolm Pein, do London Chess Centre.

15. Claude Shannon, "Programming a Computer for Playing Chess", *Philosophical Magazine*, mar. 1950, o primeiro artigo sobre xadrez por computador.

16. Hofstadter, em Weber, "Mean Chess-Playing Computer".

17. Searle, em Weber, idem.

18. Ibid.

19. Como disse Kaspárov na coletiva à imprensa: "A competição foi perdida pelo campeão mundial [e não vencida pelo Deep Blue, era a dedução] [...] Esqueçam o jogo de hoje. O Deep Blue não venceu nenhum dos cinco jogos". E fez um comentário desnorteante: "Ele ainda não está pronto, na minha opinião, para vencer uma grande competição".

20. Ken Thompson, "The Longest: KRNKNN em 262", *ICGA Journal* 23, n. 1, 2000, pp. 35-6.

21. James Gleick, "Machine Beats Man on Ancient Front", *New York Times*, 26 ago. 1986.

22. Michael Littman, cit. em Bryn Nelson, "Checkers Computer Becomes Invincible", msnbc.com, 19 jul. 2007.

23. Gárri Kaspárov, *How Life Imitates Chess*. Nova York: Bloomsbury, 2007.

24. Charles Mee, em "Shaped, in Bits, Drips, and Quips", *Los Angeles Times*, 24 out. 2004; e em "About the (Re)Making Project", www.charlesmee.org/html/about.html.

25. Comentários de Kaspárov na coletiva à imprensa pós-jogo 6.

26. Jonathan Schaeffer et al., "Checkers Is Solved", *Science* 317, n. 5844, 14 set. 2007, pp. 1518-22. Para detalhes sobre o Chinook, ver Jonathan Schaeffer, *One Jump Ahead: Computer Perfection at Checkers*. Nova York: Springer, 2008.

27. Comentário sobre o jogo 6 disponível no site da IBM: www.research. ibm.com/deepblue/games/game6/html/comm.txt.

28. Kaspárov, *How Life Imitates Chess*.

29. Vin DiCarlo, "Phone and Text Game", em orders.vindicarlo.com/ noflakes.

30. Mystery, *The Mystery Method: How to Get Beautiful Women into Bed*, com Chris Odom. Nova York: St. Martin's, 2007.

31. Ted Koppel, em Jack T. Huber e Dean Diggins, *Interviewing America's Top Interviewers: Nineteen Top Interviewers Tell All About What They Do*. Nova York: Carol, 1991.

32. Schaeffer et al., "Checkers Is Solved".

33. Gárri Kaspárov, "Techmate", *Forbes*, 22 fev. 1999.

34. Bobby Fischer, entrevista à rádio islandesa Útvarp Saga, 16 out. 2006.

35. Em www.chess960.net.

36. Yasser Seirawan, em comentário para o "*rematch*" Kaspárov-Deep Blue, Jogo 4: www.research.ibm.com/deepblue/games/game4/html/comm.txt.

37. Robert Pirsig, *Zen and the Art of Motorcycle Maintenance*. Nova York: Morrow, 1974.

38. "Speed Dating with Yaacov and Sue Deyo", entrevista com Terry Gross, *Fresh Air*, National Public Radio, 17 ago. 2005. Ver também Yaacov Deyo e Sue Deyo, *Speed Dating: The Smarter, Faster Way to Lasting Love*. Nova York: HarperResource, 2002.

5. O ANTIESPECIALISTA [pp. 171-92]

1. Gárri Kaspárov, *How Life Imitates Chess*. Nova York, Bloomsbury, 2007.

2. Jean-Paul Sartre, "Existentialism is a Humanism", trad. inglesa de Bernard Frechtman, reed. (como "Existentialism") em *Existentialism and Human Emotions*. Nova York: Citadel, 1987. [Ed. bras. *O existencialismo é um humanismo*. Trad. Daniela Barbosa Henriques. São Paulo: Vozes, 2010.]

3. Stephen Jay Gould, *Full House: The Spread of Excellence from Plato to Darwin*. Nova York: Harmony Books, 1996. [Ed. port. *Full House: A difusão da excelência de Platão a Darwin*. Lisboa: Gradiva, 200.]

4. René Descartes, *Meditations on First Philosophy*.

5. *O exterminador do futuro*, dir. James Cameron, Orion Pictures, 1984.

6. *The Matrix*, dir. de Andy Wachowsky e Larry Wachowsky, Warner Bros., 1999.

7. Douglas R. Hofstadter, *Gödel, Escher, Bach: An Eternal Golden Braid*. Nova York: Basic Books, 1979.

8. Mark Humphrys, "How My Program Passed the Turing Test", em *Parsing the Turing Test*, org. Robert Epstein et al. Nova York: Springer, 2008.

9. V. S. Ramachandran e Sandra Blakeslee, *Phantoms in the Brain: Probing the Mysteries of the Human Mind*. Nova York: William Morrow, 1998.

10. Alan Turing, "On Computable Numbers, with an Application to the Entscheidungsproblem", *Proceedings of the London Mathematical Society*, 1937, 2 ser., 42, n. 1, 1937, pp. 230-65.

11. Os comentários de Ada Lovelace provêm de sua tradução (e notas) de Luigi Federico Menabrea, "Sketch of the Analytical Engine Invented by Charles Babbage, Esq.", em *Scientific Memoirs*, org. de Richard Taylor, Londres, 1843.

12. Alan Turing, "Computing Machinery and Intelligence, *Mind* 59, n. 236, out. 1950, pp. 433-60.

13. Para detalhes sobre a ideia de "escolha radical", ver, por exemplo, Sartre, "Existentialism is a Humanism" [ed. bras. São Paulo: Vozes, 2010, trad. de Daniela Barbosa Henriques], especialmente a reflexão de Sartre sobre um pintor que se pergunta "que pintura ele deve fazer" e um aluno que foi perguntar a Sartre sobre um dilema ético.

14. Argumentos de Aristóteles: ver, por exemplo, *Ética a Nicômaco*.

15. Ludwig Wittgenstein, *Philosophical Investigations*, trad. ingl. de G. E. M. Anscombe. Malden, Mass.: Blackwell, 2001.

16. Milton Friedman, ganhador do Prêmio Nobel e (diz o *Economist*) "o mais influente economista da segunda metade do século XX", escreveu para o *New York Times Magazine* um artigo intitulado "The Social Responsibility of Business is to Increase Its Profits" [A responsabilidade social de uma empresa é aumentar seus lucros]. O título já deixa claro a sua tese, mas Friedman tem o cuidado de especificar que se refere a sociedades *de capital aberto*: "A situação do proprietário individual é diferente. Se ele agir de modo a reduzir as receitas de sua empresa para exercer sua 'responsabilidade social' [ou de modo geral para fazer qualquer coisa cuja finalidade seja outra que não o lucro], está gastando seu próprio dinheiro, e não o de terceiros [...] Isso está certo, e não vejo nenhuma objeção para que ele o faça".

17. Antonio Machado, "Proverbios y cantares", em *Campos de Castilla*. Madri: Renacimiento, 1912.

18. Will Wright, cit. em Geoff Keighley, "Simply Divine: The Story of Maxis Software", *GameSpot*, www.gamespot.com/features/maxis/index.html.

19. Bertrand Russell, *The Conquest of Happiness*. Nova York: Liveright, 1930.

20. Allen Ginsberg, entrevistado por Lawrence Grobel, em *The Art of the Interview: Lessons from a Master of the Craft*. Nova York: Three Rivers Press, 2004.

21. Dave Ackley, entrevista pessoal.

22. Jay G. Wilpon, "Applications of Voice-Processing Technology in Telecommunications", em *Voice Communication Between Humans and Machines*, org. de David B. Roe e Jay G. Wilpon. Washington, D.C.: National Academy Press, 1994.

23. Timothy Ferriss, *The 4-Hour Workweek: Escape 9-5, Live Anywhere, and Join the New Rich*. Nova York: Crown, 2007.

24. Stuart Shieber, entrevista pessoal. Shieber é organizador do excelente livro *The Turing Test: Verbal Behavior as The Hallmark of Intelligence*. Cambridge, Mass.: MIT Press, 2004, e sua famosa crítica ao Prêmio Loebner se encontra em "Lessons from a Restricted Turing Test", *Communications of the Association for Computing Machinery*, abr. 1993.

25. Russell, *Conquest of Happiness*, op. cit.

26. Shunryu Suzuki, *Zen Mind, Beginner's Mind*. Boston: Shambhala, 2006. [Ed. bras. *Mente zen, mente de principiante*. São Paulo: Palas Athena, 2012.]

27. De um anúncio para a televisão da cerveja Beck. Para mais informações, ver Constance L. Hays, "Can Teutonic Qualities Help Beck's Double Its Beer Sales in Six Years?", *New York Times*, 12 nov. 1998.

28. Bertrand Russell, "'Useless' Knowledge", em *In Praise of Idleness, and Other Essays*. Nova York: Norton, 1935; grifo meu.

29. Aristóteles sobre a amizade: em *Ética a Nicômaco*, especificamente livros 8 e 9. Ver também Richard Kraut, "Aristotle's Ethics", em *The Stanford Encyclopedia of Philosophy*, org. de Edward N. Zalta, ed. verão 2010. Enquanto Platão, na *República*, afirma que "a mais elevada classe [de coisas é] aquela que um homem que quer ser feliz [pode] amar por si mesma e pelos resultados", Aristóteles salienta, em *Ética a Nicômaco*, que qualquer elemento de instrumentalidade em um relacionamento enfraquece a qualidade ou a natureza desse relacionamento.

30. Philip Jackson, entrevista pessoal.

31. *Sherlock Holmes*, dir. de Guy Ritchie, Warner Bros., 2009.

6. INTERRUPÇÃO [pp. 193-221]

1. Steven Pinker, *The Language Instinct: How the Mind Creates Language*. Nova York: Morrow, 1994. [Ed. bras. *O instinto da linguagem: Como a mente cria a linguagem*. São Paulo: Martins, 2004.] Para detalhes sobre como o retorno dado

pelo ouvinte afeta a narração da história, ver, por ex., Janet B. Bavelas, Linda Coates e Trudy Johnson, "Listeners as Co-narrators", *Journal of Personality and Social Psychology* 79, n. 6, 2000, pp. 941-52.

2. Bernard Reginster, entrevista pessoal. Ver também o colega de Reginster, o filósofo Charles Larmore, que em *The Romantic Legacy* (Nova York, Columbia University Press, 1996) comenta: "Podemos avaliar a importância da ideia de Stendhal [em *O vermelho e o negro*] de que a característica distintiva da naturalidade é que ela é *irreflexiva*". Larmore conclui: "A importância do tema romântico da autenticidade está em que ele nos desilude da ideia de que a vida é necessariamente melhor quanto mais pensamos sobre ela".

3. Alan Turing, "Computing Machinery and Intelligence", *Mind* 59, n. 236, out. 1950, pp. 433-60.

4. John Geirland, "Go with the Flow", entrevista com Mihaly Csikszentmihalyi, *Wired* 4.09, set. 1996.

5. Mihaly Csikszentmihalyi, *Flow: The Psychology of Optimal Experience*, Nova York: Harper & Row, 1990. Ver também Mihaly Csikszentmihalyi, *Creativity: Flow and the Psychology of Discovery and Invention*. Nova York: HarperCollins, 1996; e Mihaly Csikszentmihalyi e Kevin Rathunde, "The Measurement of Flow in Everyday Life: Towards a Theory of Emergent Motivation", em *Developmental Perspectives on Motivation: Nebraska Symposium on Motivation, 1992*, org. Janis E. Jacobs. Lincoln: University of Nebraska Press, 1993.

6. Dave Ackley, "Life Time", *Dave Ackley's Living Computation*, www.ackleyshack.com/lc/d/ai/time.html.

7. Stephen Wolfram, "A New Kind of Science", conferência, Brown University, 2003; Stephen Wolfram, *A New Kind of Science*. Champain, Ill.: Wolfram Media, 2002.

8. Hava Siegelmann, *Neural Networks and Analog Computation: Beyond the Turing Limit*. Boston: Birkhäuser, 1999.

9. Michael Sipser, *Introduction to the Theory of Computation*. Boston: PWS, 1997. [Ed. bras. *Introdução à teoria da computação*. São Paulo: Thompson Pioneira, 2007.]

10. Ackley, "Life Time", op. cit.

11. Noam Chomsky, *Aspects of the Theory of Syntax*. Cambridge, Mass.: K Press, 1965. [A trad. é da ed. port. *Aspectos da teoria da sintaxe*. Trad. José António Meireles e Eduardo Paiva Raposo. Coimbra: Arménio Amado, 1978.]

12. Herbert H. Clark e Jean E. Fox Tree, "Using *Uh* and *Um* in Spontaneous Speaking", *Cognition* 84, 2002, pp. 73-111. Ver também Jean E. Fox Tree, "Listeners' Uses of *Um* and *Uh* in Speech Comprehension", *Memory & Cognition* 29, n. 2, 2001, pp. 320-6.

13. A primeira menção da palavra "satisficiência" nesse sentido se encontra em Herbert Simon, "Rational Choice and the Structure of the Environment", *Psychological Review* 63, 1956, pp. 129-38.

14. Brian Ferneyhough, cit. em Matthias Kriesberg, "A Music so Demanding That Sets You Free", *New York Times*, 8 dez. 2002.

15. Tim Rutherford-Johnson, "Music Since 1960: Ferneyhough: *Cassandra's Dream Song*", *Rambler*, 2 dez. 2004, johnsonsrambler.wordpress. com/2004/12/02/music-since-1960-ferneyhough-cassandras-dream-song.

16. "Robert Medeksza Interview – Loebner 2007 Winner", *Ai Dreams*, aidreams.co.uk/forum/index.php?page=67.

17. Kyoko Matsuyama, Kazunori Komatani, Tetsuya Ogata e Hiroshi G. Okuno, "Enabling a User to Specify an Item at Any Time During System Enumeration: Item Identification for Barge-In-Able Conversational Dialogue Systems", *Proceedings of the International Conference on Spoken Language Processing*, 2009.

18. Brian Ferneyhough, em Kriesberg, "Music so Demanding", op. cit.

19. David Mamet, *Glengarry Glen Ross*. Nova York: Grove, 1994.

20. Para detalhes sobre o *back-channel feedback* e o papel (até então menos-prezado) do ouvinte na conversa, ver, por exemplo, Bavelas, Coates e Johnson, "Listeners as Co-Narrators", op. cit.

21. Jack T. Huber e Dean Diggins, *Interviewing America's Top Interviewers: Nineteen Interviewers Tell All About What They Do*. Nova York: Carol, 1991.

22. Clark e Fox Tree, "Using *Uh* and *Um*", op. cit.

23. Clive Thompson, "What is IBM's Watson?", *New York Times*, 14 jun. 2010.

24. Nikko Ström e Stephanie Seneff, "Intelligent Barge-In in Conversational Systems", *Proceedings of the International Conference on Spoken Language Processing*, 2000.

25. Jonathan Schull, Mike Axelrod e Larry Quinsland, "Multichat: Persistent, Text-as-You-Type Messaging in a Web Browser for Fluid Multi-person Interaction and Collaboration" (texto apresentado em Seventh Annual Workshop and Minitrack on Persistent Conversation, Hawaii International Conference on Systems Science, Kauai, Hawaii, jan. 2006).

26. Deborah Tannen, *That's Not What I Meant! How Conversational Style Makes or Breaks Relationships*. Nova York: Ballantine, 1987.

27. Para detalhes sobre a ruptura do revezamento rigoroso na conversa em favor de um modelo de conversa com maior colaboração e suas ligações com inúmeros aspectos, como intimidade, humor, gênero, ver, p. ex., Jennifer Coates, "Talk in a Play Frame: More on Laughter and Intimacy", *Journal of Pragmatics* 39,

2007, pp. 29-49; e Jennifer Coates, "No Gap, Lots of Overlap: Turn-Taking Patterns in the Talk of Women Friends", em *Researching Language and Literacy in Social Context*, org. de David Graddol, Janet Maybin e Barry Stierer. Filadélfia: Multilingual Matters, 1994, pp. 177-92.

7. O PIOR DEPOENTE DO MUNDO [pp. 222-47]

1. Albert Mehrabian, *Silent Messages*. Belmont, Calif.: Wadsworth, 1971.

2. Para detalhes sobre contar histórias de trás para a frente, ver, p. ex., Tiffany McCormack, Alexandria Ashkar, Ashley Hunt, Evelyn Chang, Gent Silberkleit e R. Edward Geiselman, "Indicators of Deception in an Oral Narrative: Which Are More Reliable?", *American Journal of Forensic Psychology* 30, n. 4, 2009, pp. 49-56.

3. Para detalhes sobre objeções à forma, ver, p. ex., Paul Bergman e Albert Moore, *Nolo's Deposition Handbook*. Berkeley, California: Nolo, 2007. Para estudos adicionais sobre detecção de mentira na esfera do texto eletrônico, ver, p. ex., Lina Zhou, "An Empirical Investigation of Deception Behavior in Instant Messaging", *IEEE Transactions on Professional Communication* 48, n. 2, 2005, pp. 147-60.

4. Essa expressão provém de Douglas R. Hofstadter, *Gödel, Escher, Bach: An Eternal Golden Braid*. Nova York: Basic Books, 1979; e de Robert Pirsig, *Zen and the Art of Motorcycle Maintenance*. Nova York: Morrow, 1974. Pirsig também descreve *mu* usando a metáfora do estado de "alta impedância" (ou "*floating ground*") de um circuito digital: nem zero nem 1.

5. Eben Harrell, "Magnus Carlsen: The 19-Year-Old King of Chess", *Time*, 25 dez. 2009.

6. Lawrence Grobel, *The Art of the Interview: Lessons from a Master of the Craft*. Nova York: Three Rivers Press, 2004.

7. Para detalhes sobre o tema da atitude retórica de "minimax" em nossa cultura, ver, p. ex., Deborah Tannen, *The Argument Culture*. Nova York: Random House, 1998.

8. Paul Ekman, *Telling Lies: Clues to Deceit in the Marketplace, Politics, and Marriage*. Nova York: Norton, 2011.

9. Leil Lowndes, *How to Talk to Anyone*. Londres: Thorsons, 1999.

10. Neil Strauss, *The Game: Penetrating the Secret Society of Pickup Artists*. Nova York: ReganBooks, 2005.

11. Larry King, *How to Talk to Anyone, Anytime, Anywhere*. Nova York: Crown, 1994.

12. Dale Carnegie, *How to Win Friends and Influence People.* Nova York: Pocket, 1998.

13. David Foster Wallace, *Infinite Jest.* Boston: Little, Brown, 1996.

14. Melissa Prober, entrevista pessoal.

15. Mike Martinez, entrevista pessoal.

16. David Sheff, entrevista pessoal.

17. Ekman, *Telling Lies,* op. cit.

18. Will Pavia conta a história de como foi logrado na competição de 2008 do Prêmio Loebner em "Machine Takes on Man at Mass Turing Test", *Times,* Londres, 13 out. 2008.

19. Dave Ackley, entrevista pessoal.

8. NÃO FICAR INTACTO [pp. 248-74]

1. Bertrand Russell, *The Conquest of Happiness.* Nova York: Liveright, 1930.

2. Racter, *The Policeman's Beard is Half Constructed.* Nova York: Warner Books, 1984.

3. David Levy, Roberta Catizone, Bobby Batacharia, Alex Krotov e Yorick Wilks, "CONVERSE: A Conversational Companion", *Proceedings of the First International Workshop of Human-Computer Conversation,* Bellagio, Itália, 1997.

4. Yorick Wilks, "On Whose Shoulders?", Association for Computational Linguistics Lifetime Achievement Award Speech, 2008.

5. Thomas Whalen, "Thom's Participation in the Loebner Competition 1995; or, How I Lost the Contest and Re-evaluated Humanity", thomwhalen. com-ThomLoebner1995.html.

6. O transcrito de PARRY e ELIZA provém de seu encontro em 18 set. 1972.

7. Michael Gazzaniga, *Human: The Science Behind What Makes Us Unique.* Nova York: Ecco, 2008.

8. Mystery, *The Mystery Method: How to Get Beautiful Women into Bed,* com Chris Odom. Nova York: St. Martin's, 2007.

9. Ross Jeffries, em "Hypnotists", *Louis Theroux' Weird Weekends,* BBC Two, 25 set. 2000.

10. Richard Bandler e John Grinder, *Frogs into Princes: Neuro Linguistic Programming.* Moab, Utah: Real People Press, 1979.

11. Will Dana, em Lawrence Grobel, *The Art of Interview: Lessons from a Master of the Craft.* Nova York: Three Rivers Press, 2004.

12. David Sheff, entrevista pessoal.

13. Racter, *Policeman's Beard.*

14. Ludwig Wittgenstein, *Philosophical Investigations*, trad. ingl. de G. E. M. Anscombe. Malden, Mass.: Blackwell, 2001.

15. Ver também a famosa acusação feita em 1993 por um dos primeiros blogueiros (aliás, o inventor do termo "weblog"), Jorn Barger: "The policeman's beard was largely prefab!". www.robotwisdom.com/ai/racterfaq.html.

16. Esse vídeo agora foi removido, mas acredito que seja de Leslie Spring da Cognitive Code Corporation e seu bot SILVIA.

17. Salvador Dalí, "Preface: Chess, It's Me", traduzido por Albert Field, em Pierre Cabanne, *Dialogues with Marcel Duchamp*. Cambridge, Mass.: Da Capo, 1987.

18. Richard S. Wallace, "The Anatomy of A.L.I.C.E.", em *Parsing the Turing Test*, org. Robert Epstein et al. Nova York: Springer, 2008.

19. Hava Siegelmann, entrevista pessoal.

20. George Orwell, "Politics and the English language", *Horizon* 13, n. 76, abr. 1946, pp. 252-65.

21. Roger Levy, entrevista pessoal.

22. Dave Ackley, entrevista pessoal.

23. Em *Freaknomics* (Levitt e Dubner, ver abaixo) salienta-se que "o Conselho sobre Abuso de Álcool e Drogas da Grande Dallas compilou um índice extraordinariamente curioso sobre gírias para 'cocaína'".

24. Harold Bloom, *The Anxiety of Influence: A Theory of Poetry*. Nova York: Oxford University Press, 1973. [Ed. bras. *A angústia da influência*. Trad. de Arthur Nestrovski. Rio de Janeiro: Imago, 2002.]

25. O famoso grito de guerra do modernismo de Ezra Pound, "*make it new*" [faça novo!], provém de sua tradução do texto confucionista chamado *O grande aprendizado*.

26. Gárri Kaspárov, *How Life Imitates Chess*. Nova York: Bloomsbury, 2007.

27. Sun Tzu, *The Art of War*, trad. John Minford. Nova York: Penguin, 2003. [Ed. bras. *A arte da guerra*. Porto Alegre: L&PM, 2000.]

28. A expressão "círculo vicioso do eufemismo" é de Steven Pinker em *The Blank Slate*. Nova York: Viking, 2002. [Ed. bras. *Tábula rasa*. Trad. de Laura Teixeira Motta. São Paulo: Companhia das Letras, 2004.] Ver também W. V. Quine, "Euphemism", em *Quiddities: An Intermitently Philosophical Dictionary*. Cambridge, Mass.: Belknap, 1987.

29. A polêmica em torno do comentário de Rahm Emanuel parece ter origem em Peter Wallsten, "Chief of Staff Draws Fire from Left as Obama falters", *Wall Street Journal*, 26 jan. 2010.

30. Rosa's Law, S.2781, 2010.

31. Don Van Natta Jr., "Panel Chief Refuses Apology to Clinton", *New York Times*, 23 abr. 1998.

32. Will Shortz, cit. em Jesse Sheidlower, "The Dirty Word in 43 Down", *Slate Magazine*, 6 abr. 2006.

33. Steven D. Levitt e Stephen J. Dubner, *Freakonomics: A Rogue Economist Explores the Hidden Side of Everything*. Nova York: William Morrow, 2005. [Ed. bras. *Freakonomics: O lado oculto e inesperado de tudo que nos afeta*. Rio de Janeiro: Campus, 2007.]

34. Guy Deutscher, *The Unfolding of Language: An Evolutionary Tour of Mankind's Greatest Invention*. Nova York: Metropolitan Books, 2005.

35. Joseph Weizenbaum, *Computer Power and Human Reason: From Judgement to Calculation*. San Francisco: W. H. Freeman, 1976.

36. O efeito que os fótons têm sobre os elétrons que estão sendo medidos é chamado efeito de Compton: o artigo em que Heisenberg usa isso para assentar os alicerces de seu famoso "princípio da incerteza" é "Über den anschaulichen Inhalt der quantentheoretischen Kinematik und Mechanik", *Zeitschrift für Physik* 43, 1927, pp. 172-98, disponível em inglês em *Quantum theory and measurement*, org. de John Archibald Wheeler e Wojciech Hubert Zurek. Princeton, N.J.: Princeton University Press, 1983.

37. Em Deborah Tannen, *That's Not What I Meant! How Conversational Style Makes or Breaks Relationships*. Nova York: Ballantine, 1987, há esclarecedoras amostras de diálogos que ilustram como tentar fazer uma pergunta com "neutralidade" pode dar horrivelmente errado.

38. Um famoso estudo sobre a escolha das palavras e a memória, do qual foi extraída a linguagem da colisão dos carros, é Elizabeth F. Loftus e John C. Palmer, "Reconstruction of Automobile Destruction: An Example of the Interaction Between Language and Memory", *Journal of Verbal Learning and Verbal Behavior* 13, n. 5, out. 1974, pp. 585-9.

39. Para detalhes sobre o uso de "ou não", ver, por exemplo, Jon Krosnick, Eric Shaeffer, Gary Langer e Daniel Merkle, "A Comparison of Minimally Balanced and Fully Balanced Forced Choice Items" (texto apresentado no encontro anual da American Association for Public Opinion Research, Nashville, 16 ago. 2003).

40. Para detalhes a respeito de como perguntar sobre uma dimensão da vida pode alterar (temporariamente) a percepção de uma pessoa sobre o restante de sua vida, ver Fritz Strack, Leonard Martin e Norbert Schwarz, "Priming and Communication: Social Determinants of Information Use in Judgements of Life Satisfaction", *European Journal of Social Psychology* 18, n. 5, 1988, pp. 429-42. Em geral isso é considerado um tipo de "ilusão de enfoque".

41. Robert Creeley e Archie Rand, *Drawn & Quartered*. Nova York: Granary Books, 2001.

42. Marcel Duchamp, *Nu descendo a escada, n° 2* (1912), Philadelphia Museum of Art.

43. Hava Siegelmann, *Neural Networks and Analog Computation: Beyond the Turing Limit*. Boston, Birkhäuser, 1999.

44. Ackley, entrevista pessoal.

45. Platão, *Symposium*, trad. Ingl. Benjamin Jowett, em *The Dialogues of Plato, Volume One*. Nova York: Oxford University Press, 1892. [A trad. é da ed. bras. *Platão: Diálogos*. Trad. São Paulo: Cultrix, 1972. Jaime Bruna.]

46. Phil Collins, "Two Hearts", de *Buster: The Original Motion Picture Soundtrack*.

47. John Cameron Mitchell e Stephen Trask, *Hedwig and the Angry Inch*, dir. de John Cameron Mitchell, Killer Films, 2001.

48. Spice Girls, "2 Become 1", *Spice*, Virgin, 1996.

49. *Milk*, dir. de Gus Van Sant, Focus Features, 2008.

50. Kevin Warwick, entrevista pessoal.

51. Thomas Nagel, "What Is It Like To Be a Bat?", *Philosophical Review* 83, n. 4, out. 1974, pp. 435-50. [Uma trad. do artigo para o português pode ser encontrada em http://www.fflch.usp.br/df/opessoa/Nagel_trad.pdf.]

52. Douglas R. Hofstadter, *I Am a Strange Loop*. Nova York: Basic Books, 2007.

53. Gazzaniga, *Human*, op. cit.

54. Russell, *Conquest of happiness*, op. cit.

55. Roberto Caminiti, Hassan Ghaziri, Ralf Galuske, Patrick Hof e Giorgio Innocenti, "Evolution Amplified Processing with Temporally Dispersed Slow Neuronal Connectivity in Primates", *Proceedings of the National Academy of Sciences* 106, n. 46, 17 nov. 2009, pp. 19551-6.

56. A cantata de Bach é a 197, "Gott ist unsre Zuversicht". Para detalhes, ver Hofstadter, *I Am a Strange Loop*.

57. Benjamin Seider, Gilad Hirschberger, Kristin Nelson e Robert Levenson, "We Can Work It Out: Age Differences in Telational Pronouns, Physiology, and Behavior in Marital Conflict", *Psychology and Aging* 24, n. 3, set. 2009, pp. 604-13.

9. GRANDE SURPRESA [pp. 275-323]

1. Claude Shannon, "A Mathematical Theory of Communication", *Bell System Technical Journal* 27, 1948, pp. 379-423, 623-56.

2. Katie Hafner, "Texting Might be Taking a toll", *New York Times*, 25 maio 2009.

3. Para mais informações sobre as ligações entre a entropia (da informação) de Shannon e a entropia termodinâmica, ver, por exemplo, Edwin Jaynes, "Information Theory and Statistical Mechanics", *Physical Review* 106, n. 4, maio 1957, pp. 620-30; Edwin Jaynes, "Information Theory and Statistical Mechanics II", *Physical Review* 108, n. 2, out. 1957, pp. 171-90.

4. Donald Bartheleme, "Not-knowing", em *Not-knowing: The Essays and Interviews of Donald Bartheleme*, org. de Kim Herzinger. Nova York: Random House, 1997.

5. Jonathan Safran Foer, *Extremely loud and incredibly close*. Boston: Houghton Mifflin, 2005. [Ed. bras. *Extremamente alto & incrivelmente perto*. Trad. de Daniel Galera. Rio de Janeiro: Rocco, 2006.]

6. O *cloze test* originou-se em W. Taylor, "Cloze Procedures: A New Tool for Measuring Readability", *Journalism Quarterly* 30, 1953, pp. 415-33.

7. Mystery, *The Mystery Method: How to Get Beautiful Women into Bed*, com Chris Odom. Nova York: St. Martin's, 2007.

8. Scott McDonald e Richard Shillock, "Eye Movements Reveal the On-Line Computation of Lexical Probabilities During Reading", *Psychological Science* 14, n. 6, nov. 2003, pp. 648-52.

9. Keith Rayner, Katherine Binder, Jane Ashby e Alexander Pollatsek, "Eye Movement Control in Reading: Word Predictability Has Little Influence on Initial Landing Position in Words", *Vision Research* 41, n. 7, mar. 2001, pp. 943-54. Para detalhes sobre o efeito da entropia na leitura, ver Keith Rayner, "Eye Movements in Reading and Information Processing: 20 Years of Research", *Psychological Bulletin* 124, n. 3, nov. 1998, pp. 372-422; Steven Frisson, Keith Rayner e Martin J. Pickering, "Effects of Contextual Predictability and Transitional Probability on Eye Movements During Reading", *Journal of Experimental Psychology: Learning, Memory, and Cognition* 31, n. 5, set. 2005, pp. 862-77; Reinhold Klieg, Ellen Grabner, Martin Rolfs e Ralf Engbert, "Length, Frequency, and Predictability Effects of Words on Eye Movements in Reading", *European Journal of Cognitive Psychology* 16, n. 1-2, jan.-mar. 2004, pp. 262-84.

10. Laurent Itti e Pierre Baldi, "Bayesian Surprise Attracts Human Attention", *Vision Research* 49, n. 10, maio 2009, pp. 1295-306. Ver também Pierre Baldi e Laurent Itti, "Of Bits and Wows: A Bayesian Theory of Surprise with Applications to Attention", *Neural Networks* 23, n. 5, jun. 2010, pp. 649-66; Linda Geddes, "Model of Surprise Has, 'Wow', Factor Built In", *New Scientist*, jan. 2009; Emma Byrne, "Surprise Moves Eyes", *Primary Visual Cortex*, out. 2008; T. Nathan Mundhenk, Wolfgang Einhäuser e Laurent Itti, "Automatic Computation of an

Image's Statistical Surprise Predicts Performance of Human Observers on a Natural Image Detection Task", *Vision Research* 49, n. 13, jun. 2009, pp. 1620-37.

11. Em Kim Zetter, "Researcher's Analysis of al Qaeda Images Reveals Surprises", *Wired*, 2 ago. 2007.

12. Neal Krawetz, "Body by Victoria", blog *Secure Computing*, www.hacker-factor.com/blog/index.php?/archives/322-Body-By-Victoria.html.

13. T. S. Eliot, "The Love Song of J. Alfred Prufrock", *Poetry*, junho de 1915. [A trad. dos versos é da ed. bras. *T. S. Eliot: Poesia*. Trad. de Ivan Junqueira. Rio de Janeiro: Nova Fronteira, 1981.]

14. Marcel Duchamp, *Fountain*, 1917.

15. C. D. Wright, "Tours", em *Steal Away*. Port Townsend: Wash., Cooper Canyon Press, 2002.

16. Milan Kundera, *The Unbearable Lightness of Being*. Nova York, Harper & Row, 1984. [Esta e outras citações são da ed. bras. *A insustentável leveza do ser*. Trad. Teresa Bulhões Carvalho da Fonseca. São Paulo: Companhia das Letras, 2009.]

17. David Shields, cit. em Bond Huberman, "I Could Go on Like This Forever", *City Arts*, 1º jul. 2008.

18. Roger Ebert, resenha de *Quantum of Solace*, 12 nov. 2008, em rogerebert.suntimes.com.

19. Matt Mahoney, "Text Compression as a Test for Artificial Intelligence", *Proceedings of the Sixteenth National Conference on Artificial Intelligence and the Eleventh Innovative Applications of Artificial Intelligence Conference*. Menlo Park, Calif.: American Association for Artificial Intelligence, 1999. Ver também Matt Mahoney, *Data Compression Explained*. San Jose, Calif.: Ocarina Networks, 2010, www.mattmahoney.net/dc/dce/html.

20. Annie Dillard, *An American Childhood*. Nova York: Harper & Row, 1987.

21. Eric Hayot, em "Somewhere Out There", episódio 374 de *This American Life*, 13 fev. 2009.

22. *A liberdade é branca*, dir. Krzysztof Kieślowski, Miramax, 1994.

23. David Bellos, "I, Translator", *New York Times*, 20 mar. 2010.

24. Douglas R. Hofstadter, *Gödel, Escher, Bach: An Eternal Golden Braid*. Nova York: Basic Books, 1979.

25. "Six Years Later: The Children of September 11", *The Oprah Winfrey Show*, 11 set. 2007.

26. George Bonanno, "Loss, Trauma and Human Resilience: Have We Underestimated the Human Capacity to Thrive After Extremely Adverse Events?", *American Psychologist* 59, n. 1, jan. 2004, pp. 20-8. Ver também George Bonanno, *The Other Side of Sadness: What the New Science of Bereavement Tells Us About Life After Loss*. Nova York: Basic Books, 2009.

27. Robert Pirsig, *Zen and the Art of Motorcycle Maintenance.* Nova York: Morrow, 1974.

28. Ver, por exemplo, artigos de Sharon Goldwater, da Universidade de Edimburgo; Mark Johnson, da Brown University; Thomas Griffiths, da Universidade da Califórnia em Berkeley; Jenny Saffran, da Universidade de Wisconsin; Dan Mirman, do Moss Rehabilitation Research Institute; Daniel Swingley, da Universidade da Pensilvânia, entre outros.

29. Eugene Charniak, entrevista pessoal.

30. Shannon, "Mathematical Theory of Communication", op. cit.

31. *The American Heritage Book of English Usage: A Practical and Authoritative Guide to Contemporary English.* Boston: Houghton Mifflin, 1996.

32. Esses três exemplos foram extraídos de Bill Bryson, *The Mother Tongue: English and How It Got That Way.* Nova York: Morrow, 1990.

33. Dave Matthews Band, "You and Me", *Big Whiskey and the GrooGrux King,* RCA, 2009.

34. Norton Juster, *The Phantom Toolbooth.* Nova York: Epstein & Carroll, 1961.

35. Guy Blelloch, "Introduction to Data Compression", manuscrito, 2001.

36. David Foster Wallace, "Authority and American Usage", em *Consider the lobster.* Nova York: Little, Brown, 2005.

37. Takeshi Murata, "Monster Movie", 2005.

38. Kanye West, "Welcome to Heartbreak", dir. de Nabil Elderkin, 2009.

39. Kundera, *A insustentável leveza do ser,* op. cit.

40. Hofstadter, *Gödel, Escher, Bach.*

41. Kundera, *A insustentável leveza do ser,* op. cit.

42. Timothy Ferriss, entrevista a Leon Ho, *Stepcase Lifehack,* 1º jun. 2007.

43. Heather McHugh, "In Ten Senses: Some Sentences About Art's Senses and Intents", conferência, Universidade de Washington, Solomon Katz Distinguished Lectures in the Humanities, 4 dez. 2003.

44. Forrest Gander, *As a Friend.* Nova York: New Directions, 2008.

45. Claude Shannon, "Prediction and Entropy of Printed English", *Bell System Technical Journal* 30, n. 1, 1951, pp. 50-64.

46. Shannon, "Mathematical Theory of Communication".

CONCLUSÃO: O HUMANO MAIS HUMANO [pp. 324-32]

1. David Levy, *Love and Sex with Robots.* Nova York: HarperCollins, 2007.

2. Robert Epstein, "My Date with a Robot", *Scientific American Mind,* jun./jul. 2006.

3. Gárri Kaspárov, *How Life Imitates Chess*. Nova York: Bloomsbury, 2007.

4. Ray Kurzweil, *The Singularity is Near: When Humans Transcend Biology*. Nova York: Viking, 2005.

5. Ver Stephen Jay Gould, *Full House: The Spread of Excellence from Plato to Darwin*. Nova York, Harmony Books, 1996. [Ed. em port. *Full House: A difusão da excelência de Platão a Darwin*. Lisboa: Gradiva, 2000.]

EPÍLOGO: A IGNORADA BELEZA DO GUARDA-LOUÇA [pp. 333-8]

1. A ideia da Caixa de Cornell provém de Cindy M. Goral, Kenneth E. Torrance, Donald P. Greenberg e Bennet Battaile, "Modeling the Interaction of Light Between Diffuse Surfaces", *Computer Graphics* (*SIGGRAPH Proceedings*) 18, n. 3, jul. 1984, pp. 213-22.

2. Devon Penney, entrevista pessoal.

3. Eduardo Hurtado, "Instrucciones para pintar el cielo" ("How to Paint the Sky"), trad. Mónica de la Torre em *Connecting Lines: New Poetry from Mexico*, orgs. Luis Cortés Bargalló e Forrest Gander. Louisville, Ky.: Sarabande Books, 2006.

4. Bertrand Russell, "In Praise of Idleness", em *In Praise of Idleness, and Other Essays*. Nova York: Norton, 1935.

ESTA OBRA FOI COMPOSTA PELA SPRESS EM MINION E IMPRESSA EM OFSETE
PELA GRÁFICA BARTIRA SOBRE PAPEL PÓLEN SOFT DA SUZANO PAPEL E CELULOSE
PARA A EDITORA SCHWARCZ EM FEVEREIRO DE 2013